Martina Rellin

Die Wahrheit über meine Ehe

Martina Rellin

Die Wahrheit über meine Ehe

Frauen erzählen

Verlagsgruppe Random House FSC-DEU-0100
Das für dieses Buch verwendete FSC-zertifizierte Papier
Munken Premium liefert Arctic Paper
Munkedals AB, Schweden

BRIGITTE-Buch im Diana Verlag
Copyright © 2008 by Diana Verlag, München,
in der Verlagsgruppe Random House GmbH
Herstellung: Gabriele Kutscha
Satz: Christine Roithner Verlagsservice, Breitenaich
Druck und Bindung: GGP Media GmbH, Pößneck
Printed in Germany 2008

978-3-453-28515-6

http://www.diana-verlag.de

Inhalt

Liebe Leserin und lieber Leser!

Haben Sie spontan zu diesem Buch gegriffen und gedacht: *Die Wahrheit über meine Ehe*? Da hätte ich einiges zu erzählen … Sicher würde auch Ihre Geschichte gut in dieses Buch passen, in dem sechzehn Frauen offen und ehrlich berichten, wie sie ihre Ehen im Alltag wirklich erleben. Im Schutze der Anonymität kommen Wahrheiten zutage, die oft noch nicht mal die besten Freundinnen kennen, die man der eigenen Mutter, der eigenen Schwester nicht anvertrauen mag.

Wir irren, wenn wir glauben, in der heutigen Zeit gebe es Offenheit auf allen Gebieten, und zum Thema Ehe und Partnerschaft sei doch alles gesagt. Es gibt ein letztes Tabu, an das sich kaum eine Frau herantraut: Wie sieht es eigentlich in meiner Ehe aus?

Dieses Buch erlaubt Blicke hinter ganz normale Haustüren im Lande. So viele Frauen klagen wie Charlotte (S. 119): »Wir leben nur noch nebeneinander her.« Oder wie Gisela (S. 100): »Mein Mann ist rücksichtslos, erst redet er unbeherrscht, dann entschuldigt er sich.« Oder wie Susanne (S. 69): »Ich schlafe immer noch mit meinem Mann, aber es ist die Katastrophe.«

Bei meinen Gesprächen mit den unterschiedlichsten

9

Frauen entlarvte sich die Tabuzone Ehe, wie sie wirklich ist: oft lauwarm, lieblos, lähmend. Die Ehe als funktionstüchtiges Kleinunternehmen, in der Liebe und Leidenschaft nach und nach verloren gehen. Das klingt beängstigend und so, als wäre es höchste Zeit, den Notstand auszurufen: deutsche Ehe in Gefahr! Alarmierend einerseits, gewiss – andererseits gibt es keinen Grund zur Panik, denn wenn so viele klagen und murren, kann das nur heißen: Die Unzufriedenheit ist weit verbreitet, es ist also völlig normal, dass wir uns unsere Ehe oder feste Partnerschaft aufregend, erfüllend und lebendig wünschen. Dieser Wunsch geht aber leider meist nicht in Erfüllung. In der Regel versuchen Frauen ausgiebig, das, was sie in ihrer Ehe stört, zu ändern. Gelingt das nicht, arrangieren sie sich mit dem Zustand ihrer Ehe, bemühen Humor und Gelassenheit, meistens gibt es ja auch in der nüchternsten Ehe gute Tage oder grundsätzlich Tolles, wie die gemeinsamen Kinder. Die Mehrzahl der Frauen sieht also keinen Grund, sich morgen scheiden zu lassen – aber vielleicht übermorgen.

Ja, Männer sitzen oft monate- oder jahrelang auf dem Pulverfass der eigenen Ehe, ohne dies zu ahnen. Die Mehrzahl der Scheidungen in Deutschland wird von Frauen eingereicht, in rund 56 Prozent der Fälle stellen sie den Antrag, Männer werden nur in 36 Prozent der Fälle aktiv. Der abgemeldete Ehemann versteht meist die Welt nicht mehr: »Wieso Scheidung? Es ist doch alles in Ordnung!« Eben nicht, in Deutschland landet mittlerweile jede dritte Ehe vor dem Scheidungsrichter. Bald wird sicher jede zweite Ehe geschieden wie in Schweden.

Das, was Frauen in diesem Buch erzählen, lässt erschreckende Schlüsse zu: Nicht etwa nur 30, 40 oder 50 Prozent der Frauen kennen gute Gründe, ihre Ehen aufzulösen, sondern viel mehr. Rechnen wir ruhig mit einer Zahl zwischen 90 und 99,9 Prozent, denn: Kaum eine Frau, die im Laufe ihrer Ehe nicht irgendwann an Scheidung denkt.

Deutschlands Ehen gleichen ungesicherten Sprengstoffdepots. Die Lunten liegen aus, ein Funke genügt, und das Ganze fliegt in die Luft. In diesem Buch führen Frauen erstmals durch ihre ganz persönlichen Munitionsdepots. Wohlgefüllt stehen da Fässer und Fässchen mit Aufschriften wie *Mangel an Gesprächen und Aufmerksamkeit, Mangel an Zärtlichkeit und Sex, fehlende Achtung und Respekt vor Leistung in der Familie, im Haushalt, im Beruf,* und ganz hinten in der Ecke findet sich meist noch ein Tönnchen mit dem Gefahren-Etikett: *Träume, die sich nicht erfüllt haben.* Frauen behalten die Existenz dieses hochexplosiven Sprengstoffs üblicherweise für sich.

Paare erlauben Außenstehenden in der Regel nicht, hinter die Fassade ihrer heilen Ehe-Welt zu blicken, gerade Frauen arbeiten hart daran, die harmonische Kulisse immer hübsch instand zu halten, fleißig polieren wir das Bild von der eigenen Ehe auf Hochglanz, so wie wir es aus der Werbung, aus Fernsehfilmen mit Happy End und nicht zuletzt aus unseren Mädchenträumen kennen.

Über das, was fehlt in der eigenen Ehe, was schiefläuft oder stört – darüber spricht man nicht, so will es die Konvention, da heißt es dann: »Das geht doch keinen etwas an«, oder: »Das machen wir unter uns aus«. Es fällt schwer, diese stillschweigende Übereinkunft zu durchbrechen – sie ist positiv einerseits, denn sie signalisiert dem Partner: Ich stehe loyal zu dir, unsere Zweisamkeit ist mir wichtig, ich lasse nichts nach außen dringen über unsere Ehe. Andererseits macht dieses selbstverordnete Schweigen hilflos. Es bleibt die bohrende Frage: Sind die anderen alle glücklicher als wir?

Wie sehr wir uns oft in den Ehen der anderen täuschen, zeigt ein simples Beispiel, das Sie gewiss aus dem Freundeskreis oder der Verwandtschaft kennen. Da hört man: »Karin und Ben haben sich getrennt.« Ungläubiges Kopfschütteln – huch, wieso die denn, die waren doch immer so glücklich? Offenbar nicht! Aber wir haben es geglaubt. Karin haben wir beneidet: Wie zuvorkommend Ben immer zu ihr war, Liebling hier und Liebling da, auf Partys tanzte er unermüdlich mit seiner Frau.

Wenn wir dann hören: »Karin hat einen Neuen«, oder »Ben hat eine Neue«, ist der Fall für uns klar – wir fragen Karin gar nicht erst: »Wie kam es denn dazu?« Wir wollen gar nicht wissen: Wie sah es in dieser Ehe wirklich aus? Das ist bequemer für uns, denn die Wahrheiten, die da vermutlich ans Licht drängen, könnten Anlass sein, sich selbst zu fragen: Und – wie ist es um meine Ehe bestellt?

In diesem Buch erzählen Frauen ihre ebenso persönlichen wie unterschiedlichen Geschichten:

– Mein Mann und ich reden kaum noch miteinander.
– Wir haben keinen Sex mehr.
– Unser Sex macht mir keinen Spaß.
– Mein Mann kümmert sich nicht um die Kindererziehung.

- Mein Mann steht mir nicht bei, wenn meine Schwiegermutter mäkelt.
- Hätte ich für Mann und Kinder bloß nicht den Beruf aufgegeben.
- Andere Frauen bekommen viel mehr Aufmerksamkeit als ich.
- Manchmal frage ich mich, warum ich mit ihm zusammenbleibe.
- Mein Ehemann macht mich klein.
- Ich bin mir nicht sicher, ob ich meinen Mann im Alter gern pflegen würde.
- Mein Ehemann hat mir Gewalt angetan.

Es sind Alltagserlebnisse, die Schlaglichter auf den Zustand deutscher Ehen werfen. Wie fühlt sich Susanne am Valentinstag, wenn abends ein frischer Blumenstrauß auf dem Tisch steht, die Freundin das registriert und offensichtlich denkt: Susanne hat's gut, ihr Mann denkt an so was. Wird Susanne da erzählen, dass ihr Mann morgens die siebzehnjährige Tochter mit Blick auf den Berg Pfandflaschen anwies: »Bring die zurück, und von dem Geld kannste deiner Mutter Blumen kaufen …«

Auf den folgenden Seiten finden sich viele solcher Begebenheiten, und Sie werden beim Lesen merken: Nicht immer muss es sich bei Ehe-Wahrheiten um Defizite handeln. Manchmal ist die Wahrheit, die sich hinter einer Ehe-Fassade verbirgt, auch einfach ein gut gehütetes Geheimnis, das sogar stabilisierend wirkt – wie bei Katja und Torben, die sich nach dreizehn Ehejahren durch übliche Alltagsquerelen hangeln. Tiefe Sicherheit für ihre Ehe erhalten die beiden durch den ganz besonderen Anfang ihrer Beziehung, der weit mehr Vertrauen als bei anderen Paaren erforderte. Und wer käme bei dem alten Paar Gisela und Günter darauf, dass diese Ehe für beide schon die zweite ist, mittlerweile seit dreißig Jahren, dass der Sohn, der schon lange aus dem Haus ist, unter besonderen Umständen mit in die Ehe gebracht wurde.

Ob großes Geheimnis, kleine Verletzung oder Dauerscharmützel – meist herrscht Schweigen da, wo mehr Offenheit entlastend wirken könnte. Dieses Buch will zum Reden ermutigen, und als erster Schritt dient die Erkenntnis: Du bist nicht allein mit deiner Unzufriedenheit, die anderen Ehen sind auch nicht glücklicher als deine. Dann: Du bist nicht schuld, zumindest nicht allein, wenn es bei euch nicht läuft – es fällt auf, wie viele Frauen die Verfehlungen ihrer Männer auf die eigene Kappe nehmen.

Es gibt also keinen Grund für nagende Selbstzweifel, im Gegenteil: Es ist erlaubt und wünschenswert, dass gerade Frauen das eigene Streben nach Perfektion auch in der Ehe und der Beziehung abstreifen. Die Tatsache: Die anderen Ehen sind auch nicht besser, sollte nicht bedrückend wirken, sondern Mut machen, die eigene Gegenwart und Zukunft selbst zu gestalten.

Dieses Buch bietet dafür keine Patentlösungen, denn die gibt es nicht. Aber es bringt uns mit den erzählenden Frauen ins Gespräch über deren Alltag – und unseren eigenen. Wenn Sabine berichtet: »Mir macht es nicht aus, wenn mein Mann unter der Woche nicht da ist, ich kann es genießen, für mich zu sein«, widersprechen einige vielleicht: Das kann nicht der Sinn einer Ehe sein, ich hätte das höchstens ein Jahr geduldet … Und wenn Nadja offenbart: »Ich möchte Kinder mit meinem Mann, aber das, was ich bei ihm sexuell nicht bekomme, hole ich mir woanders« – stutzen viele möglicherweise empört: Wie kann sie nur, als wir mal Probleme mit der Erotik hatten, habe ich versucht, meinen Mann zu einer Eheberatung zu bewegen – leider wollte er nicht. Manche nicken unwillkürlich, wenn Maren sagt: »Ich habe die letzten drei Jahre gebraucht, um zu begreifen: Nicht ich bin das Problem. Sondern er.«

Die Ehe-Geschichten der Frauen in diesem Buch laden ein, sich selbst zu erforschen. Zuzustimmen: Kenne ich auch. Erleichtert durchzuatmen: Gott sei Dank ist mir das nie passiert. Einfach zu staunen: Das gibt es also wirklich …

Und es ist tröstlich zu erfahren: Auch in der guten Ehe kommen Probleme vor, gibt es Krisen. Nehmen wir zum Beispiel die Ehe von Anita und Werner, sie sind seit sechsundvierzig Jahren verheiratet, im Bekannten- und Freundeskreis gilt diese Ehe sehr zu Recht als beispielhaft, sieht man doch, wie vertraut die beiden miteinander sind. Aber auch diese beiden wären nicht mehr zusammen, hätten sie nicht in jungen Jahren bravourös Krisen gemeistert, an denen andere scheitern. Etwa, als in ihrem zehnten Ehejahr Werner ein Jahr lang Wochenendpendler, Anita mit drei kleinen Kindern zu Hause war, die gemeinsamen Samstage und Sonntage zur Prüfung wurden, weil er, kaum zu Hause, das Kommando übernehmen wollte. Bei anderen Paaren gesellt sich zur Frau in dieser Lage der *andere* Mann, der Verständnis hat, Zeit hat, zärtlich ist – und schwups, reist wieder ein Scheidungsantrag zum Gericht. Warum nun passiert das einigen – und anderen, wie Anita und Werner, nicht?

Fragen wir Frauen wie Anita: »Wie macht ihr es, dass eure Ehe nicht nur haltbar, sondern auch wirklich gut ist?«, dann kommt als Antwort mit einiger Wahrscheinlichkeit: »Wir reden viel miteinander, man kann doch alle Probleme durch Gespräche klären.«

Ich weiß, die meisten Leserinnen atmen jetzt tief durch und denken: Mein Mann redet sowieso nicht mit mir, oder: Mein Mann redet zwar mit mir, aber er versteht mich nicht, oder auch: Wir reden immer wieder miteinander, aber es ändert sich nichts. Wo nun liegt das Geheimnis der Gespräche von Anita und Werner? Sie werden es in Anitas Geschichte (S. 270) erfahren …

Frauen versuchen, mit Männern – und Kindern – glücklich zu leben, starten vielleicht durchaus mit ähnlichen Voraussetzungen, haben ähnliche Lebensumstände – und doch fällt die jeweilige Ehe-Erfahrung unterschiedlich aus. Warum kommt die eine Frau gut damit klar, dass der Mann fern von zu Hause arbeitet (Susanne), die andere sieht die Wochenenden mit Skepsis (Anita)? Warum verändert der Wunsch nach einem zweiten Kind die Ehen so unterschiedlich (Manuela, Charlotte, Anne …)? Welche unterschiedlichen Hoffnungen verbinden sich mit dem entscheidenden Zeitpunkt, wenn die Kinder aus dem Haus sind? Mehr Zweisamkeit (Anne), das Ende der Ehe, ganz neu würfeln (Susanne) – und dann kommt es anders, als man denkt? Wenn er nicht endlich, dann – wie konsequent mag ich meine Interessen durchsetzen? Auch ganz wichtig: Welche Bedeutung hat die eigene Berufstätigkeit für das Selbstwertgefühl der Ehefrau?

Für dieses Buch habe ich landauf, landab mit Frauen gesprochen, in großen Städten, kleinen Städten, auf dem Dorf, in West wie Ost, in Nord wie Süd, ich sprach mit Frauen aus unterschiedlichen sozialen Schichten und Berufen, mit religiösen Frauen wie mit Atheistinnen, Müttern wie Nicht-Müttern, und es waren, wie Sie sich vorstellen können, weit mehr Gespräche und Frauen, als auf den folgenden 280 Seiten Platz haben. Alle diese Gespräche haben meine Sicht auf mein eigenes Leben, mein eigenes Erleben noch stärker verändert als die Gespräche für meine Bücher zuvor, in denen Frauen mit Liebhaber, Ost-Frauen und Mütter erzählten. Ich habe mich gefragt: Warum gingen mir gerade diese Ehe-Gespräche so nah? Natürlich, weil ich in ihnen spontan auch viele Wahrheiten über meine eigene Partnerschaft ausgesprochen habe – unwillkürlich. Das passiert, wenn du dich mit deinem Gegenüber unterhältst, auf ein Gespräch einlässt und dich dabei nicht an einen vorbereiteten Fragenkatalog klammerst, der abzuarbeiten ist.

Womit Sie schon einen Hinweis auf meine Arbeitsweise haben. Ich ziehe nicht mit durchnummerierten Fragen los, die alle Frauen beantworten sollen: Wann haben Sie sich kennengelernt, wie war Ihr erster Eindruck von ihm, wann haben Sie das erste Mal miteinander geschlafen, wer wollte wann wie viele Kinder und zu guter Letzt: Würden Sie Ihren Mann wieder heiraten? Die Aneinanderreihung dieser Antworten wäre eintönig, durch die freien Gespräche entfaltet jede Geschichte ihre eigene Dynamik, entwickelt eigene Schwerpunkte – und Leserinnen und Leser sind schlau genug, um selbst zu merken: Wer wollte in dieser Ehe eigentlich keine Kinder mehr? Hätte diese Frau sich besser scheiden lassen sollen? Wird diese Ehe halten?

Eine sehr unterhaltsame Frage für uns alle ist sicherlich: Würden Sie Ihren Mann noch einmal heiraten? Ich lege Sie Ihnen sehr für den nächsten Hochzeitstag ans Herz oder für eine anstehende Geselligkeit, der Sie ein bisschen Pfeffer geben möchten. Fragen Sie sich doch einmal selbst: Würden Sie denn Ihren Mann wieder heiraten? Die Antwort fällt in der Regel länger aus als ein klares »Ja« (oder »Nein«). Gerade bei Frauen über sechzig hörte ich in den vergangenen Monaten häufig den Satz: »Ich weiß gar nicht, warum ich überhaupt geheiratet habe oder mit einem Mann zusammenleben wollte.« Da war doch mal was vor – zugegeben – längerer Zeit? Etwas mit Lust und Liebe und Kinderwunsch und der Idee, Familie sein zu wollen? Ach ja.

Bleibt noch zu sagen, dass alle Frauen in diesem Buch ihre Geschichten, so wie ich sie aufgeschrieben habe, vor der Veröffentlichung gelesen und für richtig befunden haben. Selbstverständlich wurden alle Änderungen von Namen, Berufen und weiteren Umständen, die auf die Identität der Frauen schließen lassen könnten, ebenfalls genau besprochen, sorgfältig abgewogen und abgestimmt.

An dieser Stelle möchte ich allen Frauen danken, die mir für dieses Buch von ihren Ehen erzählt haben, die mich in ihr Leben, in ihr Zuhause eingeladen haben, die mir Freundinnen geworden sind. Sie haben mir Vertrauen ent-

gegengebracht und mir über die jeweils eigene Geschichte hinaus Anregungen gegeben. Und sie haben mich immer wieder ermuntert: »Ich bin schon so gespannt auf die
anderen Geschichten in diesem Buch.«

Viel Freude beim Lesen, Mails sind willkommen unter

post@martinarellin.de

Manuela, 39,
Krankenschwester, 16 Jahre verheiratet, 2 Kinder

Er hat mich mundtot gemacht

Als Manuela das zweite Mal schwanger wird, ist sie neun Jahre verheiratet und liebt ihren Mann wie am Anfang. Immer noch sieht sie in ihm den schönen, freundlichen Alex der ersten Jahre – doch seine Gefühle für sie haben sich geändert, und das lässt er sie spüren. Im Krankenhaus arbeitet Manuela weiter selbstständig, umsichtig, zuverlässig, zu Hause schnurrt ihr Selbstbewusstsein auf Fingerhutgröße zusammen. Doch eines Tages begreift sie, dass Alex sie schon lange nicht mehr liebt, und ihr alter rebellischer Geist erwacht.

Als ich unter Kolleginnen ganz vorsichtig versuchte zu erzählen, wie es bei uns aussah, kam nicht: »Mir geht es genauso …« Ich hab gemerkt, die anderen glauben, ich übertreibe, ich dachte: Du bist ja blöd, dass du überhaupt angefangen hast – die Kolleginnen, die am meisten schwärmten von ihren Männern, ließen sich später übrigens als Erste scheiden.

Auch bei meiner Mutter mochte ich mich nicht aussprechen, meine Schwester hatte nämlich eine echt miese Ehe, meine Mutter sagte oft: »Ein Glück, dass bei *euch* alles in Ordnung ist.« Das ist schlimm, wenn die anderen dir sagen: »Du hast 'n klasse Mann, der kümmert sich und macht und tut …« Und du weißt: Das war einmal …

Die ersten neun Jahre mit Alex liefen ja wirklich super, die waren richtig schön. Da konnte ich noch alles: mit Geld umgehen, selbstständig entscheiden, einkaufen, Behördengänge erledigen. Bis ich das zweite Mal schwanger wurde. Unsere Tochter Märta war neun, ich arbeitete schon seit zwei Jahren als Krankenschwester auf der Intensivstation.

Ich wurde also schwanger, und ich wollte das Kind. Mit Alex' Reaktion hatte ich überhaupt nicht gerechnet. Als ich ihm abends beim Essen sage: »Du, so wie's aussieht, wirst du Vater«, sagt er mit versteinertem Gesicht: »Ich will keine Kinder mehr.« Einfach so. Er wollte eine Abtreibung. Ich war geplättet.

Er hat dann gleich am nächsten Tag einen Termin bei der Frauenärztin vereinbart, und wir sind zusammen hingegangen. Es wurde erst mal alles untersucht, alles aufgeschrieben. Alex hat viel geredet, ich weniger, aber die Frauenärztin meinte dann: »Es sieht ja nicht so aus, als ob Ihre Frau wirklich eine Abtreibung will.« Der nächste Schritt Richtung Schwangerschaftsabbruch wäre ja gewesen: Ich hätte auch noch zu einer offiziellen Beratungsstelle gehen müssen.

In mir hatte sich schon in der Arztpraxis so eine Traurigkeit breitgemacht, ich fing erst an zu weinen, dann wurde ich von Heulkrämpfen geschüttelt. Ich konnte auf dem ganzen Rückweg kein vernünftiges Wort mehr reden, auch zu Hause nicht. Alex hat auf meine Not dann reagiert: »Na gut, dann behalt es.«

Als unser erstes Kind sich zehn Jahre zuvor angekündigt hatte, waren wir beide überglücklich gewesen – wir waren verliebt, gemeinsam hatten wir meine Pillenschachtel verbrannt.

Ich habe versucht zu verstehen, warum Alex sich auf unser zweites Kind nicht freute, so richtig gesagt hat er es ja nicht. Alex' Ablehnung schob ich dann hauptsächlich darauf, dass er bei der Arbeit gerade so viel Neues hatte, er war als Physiotherapeut in eine Gemeinschaftspraxis eingestiegen, musste sich viel kümmern.

Meine Schwangerschaft war schwierig, denn ich hatte das Gefühl, dass ich mich offiziell nicht freuen darf. Als mein Bauch sichtlich dicker wurde, sah Alex das, und er sagte: »Das hätte ich mir nicht antun dürfen.«

Ich war damals eifersüchtig auf jede halbwegs attraktive Frau, die auf dem Fernsehschirm erschien, weil ich zu der Zeit ja nicht die perfekte Figur hatte. Ich dachte: Er vergleicht mich. Als ich im siebten, achten Monat war, erzählte mir meine Schwester: »Du, gestern war Alex da und hat zu Frank gesagt, er will noch in die Videothek, sich 'n Porno leihen.« Ich fand das so unwürdig – Alex läuft während meiner Schwangerschaft rum und erzählt, dass er sich solche Filme leiht. Gut, wir hatten keinen Sex mehr, aber ich dachte: Ein paar Monate kann er das ja wohl noch aushalten, darunter leidet ein Mann doch nicht.

Marlin wurde dann pünktlich zum errechneten Termin geboren, gesund, munter, alles ein Grund zur Freude. Alex war mit im Krankenhaus gewesen, und er war auch stolz auf seinen Sohn, ja, das war er. Aber zu mir hat er nicht gesagt: »Das hast du ja gut hingekriegt«, oder so.

Zwei Tage nach der Entbindung wollte ich nach Hause kommen aus dem Krankenhaus, da sagt Alex zu mir am Telefon: »Wieso heute schon?« Also hab ich mir ein Taxi genommen. Als ich zu Hause ankam, hatte Alex eine Alkoholfahne, seine Haare lagen ganz schmalzig am Kopf, und ein Kollege war noch zu Besuch vom Abend zuvor, er schlief bei uns im Arbeitszimmer seinen Rausch aus. Im Haus sah es aus wie im Schweinestall, ich habe erst mal sauber gemacht.

Das sollte erst der Anfang sein. Es gab damals so viele Situationen, die übel waren. Gleich in den ersten Tagen sage ich zu Alex: »Wenn du nach Hause kommst, bring Brot mit.« Er antwortet ganz süffisant: »*Ach, schaffst du das nicht, Brot holen? Na klar, du bist ja schon mit einem Kind nicht klargekommen …* « Ich bin darauf nicht eingegangen – ich fühlte mich schuldig, ich hatte ja das Kind haben wollen.

Das ging so weiter. Wenn ich eingekauft habe, hat er gemeckert, ich hätte zu viel Geld ausgegeben. Ein richtig großer Fehler, den ich gemacht habe, war zu sagen: »Hier hast du meine ec-Karte, kauf du ein, wenn du das besser kannst.« Ich bin fast nicht mehr einkaufen gegangen.

Dann hab ich nach Alex' Ansicht irgendwann angeblich nicht mehr richtig sauber gemacht. Einmal frag ich ihn, wo der Staubsauger ist. Er walzt das richtig aus: »*Ja, wo ist denn der Staubsauger? Ich hab ganz vergessen, du weißt ja nicht, wo unser Staubsauger steht.*« Bevor Alex abends nach Hause kam, bin ich regelmäßig noch mal durch die Wohnung gespurtet, damit ja nichts rumliegt. Einmal hatte ich auf einem Esstischstuhl zusammengeknülltes Papier übersehen. Alex hat es mit spitzen Fingern hochgepflückt und gesagt: »*Na ja, jetzt bin ich ja wieder zu Hause, da kann ich ja aufräumen …*« Das kam so richtig gönnerhaft. Ich verstehe bis heute nicht, warum ich darauf nicht geantwortet habe.

Als Nächstes fing Alex an rumzugeizen. Er wollte, dass ich den Küchenlappen zum Tischabwischen mit kaltem Wasser ausspüle, warmes wäre Verschwendung. Man muss sich mal vorstellen … Natürlich hab ich warmes Wasser genommen, aber den Wasserhahn, einen Einhandmischer, hinterher immer auf kalt gestellt. Manchmal habe ich das vergessen. Eigentlich ist es zum Lachen, wenn es nicht so traurig wäre: Irgendwann war das warme Wasser weg. Alex hatte es abgestellt!

Als Märta dann auf ihrer ersten Klassenfahrt war, dachte ich: Wenn meine Mutter den Marlin nimmt, könnten Alex und ich uns mal wieder einen schönen Abend machen. Ich schlug ihm vor: »Lass uns doch mal wieder zu zweit ausgehen.« Von Alex kam nur: »Wie, was …« Er wollte das nicht. Ging dann aber allein weg.

Es gibt so viele Sachen, an die ich mich erinnere wie gestern. Ich hab damals 65 Kilo gewogen, Alex hat immer rumgestänkert: »Manuela will mit ihrem Gewicht ins Guinessbuch der Rekorde.« Was wird er gemeint haben, 66 Kilo? Wir waren bei Freunden zum Essen, ich hatte noch nicht mal Brot gegessen, wollte mir gerade noch eine Kelle von der leckeren Kürbissuppe nehmen, da sagt er: »Manuela, tut das not?« Und beim Nachtisch: »*Ja, nimm nur, nimm du nur.*« Ich habe mir darüber nicht so die Gedanken gemacht, aber am nächsten Tag hat mir ein

Freund gesagt: »Mir tat das so leid, wie er dich runter-geputzt hat.« Das war mir dann peinlich, richtig peinlich.

Für die meisten Freunde und Bekannten, die mittlerwei-le hauptsächlich aus seinem Umfeld kamen, war er wei-ter der nette Alex. Ich hatte unwahrscheinlich Angst, dass alle mich unmöglich finden, weil ich ja nach Alex' Mei-nung sowieso immer peinlich war. Ich habe mich kaum etwas getraut, weil er ja der ewige Bestimmer war. Meine alten, engen Freundinnen, die hatten von Anfang an ge-sagt: »Der hat so eine überhebliche Art.« Ich hab das an-fangs nicht erkannt – oder wollte es nicht erkennen.

Neulich hab ich alte Fotos rausgesucht. Besonders auf diesen zwei Passfotos kann man es genau sehen: Hier, das ist der alte Alex, der, den ich so lange geliebt habe, er sieht total hübsch aus, er war ein richtig hübscher Mann. Er guckt hier auch noch so lieb, so freundlich.

Und hier das andere Foto: Es ist gar nicht so viel spä-ter, zwei Jahre vielleicht – aber eben nach Marlins Geburt. Da sieht Alex viel älter aus, härter, verbitterter.

Alex ist eigentlich wirklich schön, und er weiß das auch. Er geht zum Taekwondo, er trainiert seinen Körper. Sein einziges Manko: Er ist klein, gerade mal so groß wie ich. Kleine Männer sind ja oft recht speziell. Irgendwann bei einer Party, da waren hauptsächlich *seine* Freunde, hab ich mitgekriegt, wie gestichelt wurde: »Rechthaber mit vier Buchstaben, der letzte ein x …« Ich hörte das, und plötzlich fiel es mir richtig auf: Alex wusste auch bei seinen Freunden immer alles besser, kaum hatte einer was gesagt, meinte Alex: »So 'n Quatsch« und »das stimmt nicht«.

Als Marlin drei war, hatte ich angefangen, Nachtwachen im Krankenhaus zu übernehmen. Dann bekamen wir einen Kindergartenplatz für unseren Sohn, ich bin auf eine Dreiviertelstelle gegangen. Wir hatten außer unserem Haus auch noch einen Kleingarten, dicht an einer Badestelle, den hatten wir von Alex' Opa übernommen. Alex wollte den Garten verkaufen, er hat immer rumgemeckert: »Im Garten muss was an den Beeten gemacht werden, am Rasen …« Ich kümmerte mich um unser Haus, den Garten am Haus, Opas Garten … Ich habe zwar nur sechs Stunden gearbeitet, aber es war einfach zu viel. Ich wollte auf eine halbe Stelle gehen, da hat Alex gesagt: »*Du, ich hab auch kein' Bock, acht Stunden zu arbeiten, ich mach dann auch Teilzeit.*«

Ich hatte damals Dauernachtwache, Alex fand das gut. Erstens wegen des Geldes, zweitens war ich morgens wieder da und konnte Marlin in den Kindergarten bringen. Alex hat sich zwar durchaus um Marlin gekümmert – unseren Sohn das spüren zu lassen, dass er eigentlich kein Kind mehr gewollt hatte, dafür ist Alex zu intelligent, dafür hat er zu viel über Psychologie gelesen. Aber ich wollte, dass Alex so wenig wie möglich tun muss.

Irgendwann saß ich dann völlig kaputt bei meiner Hausärztin, hab ihr gesagt: »Ich bin immer so müde, ich habe Kopfschmerzen, mir tut der Rücken weh.« Sie hat gesagt: »Und was haben Sie sonst noch? Ich meine: noch für Probleme?« Ich weiß, wie ich da gesessen hab vorm Schreibtisch, zusammengesunken: »Ich schaff nix mehr.« So war es, ich war völlig k.o. Ich habe zu der Zeit auch ganz viel geschlafen, manchmal bin ich sogar im Sitzen eingeschlafen. Alex hat natürlich nicht erkannt, was mit mir los ist. Da arbeitet einer mit kranken Körpern, interessiert sich angeblich für Psychologie und merkt trotzdem nichts. Die Ärztin hat mir Tabletten und Spritzen verschrieben.

Ich habe versucht, ein bisschen Ausgleich zu finden. Einmal wollte ich mit Kolleginnen abends ins Schwimmbad. Ich hatte schon den ganzen Tag über ein schlechtes Gewissen, weil Alex ja an diesem Abend die Kinder ins Bett bringen musste. Ich bin extra nach der Arbeit schnell nach Hause geflitzt, um zwei Stunden sauber zu machen. Nach dem Schwimmen komme ich fix und fertig nach Hause, lasse meine Badetasche und die Einkäufe im Auto, setze mich ins Wohnzimmer. Ich hab erst mal erzählt. Alex geht raus, kommt wieder rein und sagt zuckersüß: »*Soll ich jetzt auch noch dein Auto ausladen?*« Ich sage: »Wieso?« Er: »*Manuela, das ist kein Problem ...*« Wieder in diesem gewissen Ton. Ich sag zu ihm: »Sag mir doch mal, wann du schon mal mein Auto ausladen musstest.« Er hat nur gelacht, er hat immer noch gelacht, als er schon im Badezimmer war und sich die Zähne putzte. Da bin ich zu ihm rein und hab nachgehakt: »Sag mal, hast du je mein Auto ausladen müssen?« Er hat weiter gelacht. Ich habe ausgeholt – und ihm eine Ohrfeige gegeben. »*Ist gut, Manuela, ist ja guuuuut.*« Wieder dieser Ton ... Ich hab ihm gesagt, wenn ich ihm nicht gut genug bin, soll er sich eine andere suchen. Ich bin ins Bett gegangen, er hat irgendwann aufgehört zu lachen. Plötzlich macht er die Schlafzimmertür auf und sagt: »*Manuela? Du ... Geh doch mal zum Psychiater.*« Als er ins Bett kam, hab ich mich erst schlafend gestellt, dann hab ich Dumme mich auch noch entschuldigt.

Mit seinem ganzen Verhalten hat Alex mich weiter kleingemacht. Ich hab mich total zurückgenommen, und er wurde immer besser. Er war ja der Perfekte, er konnte alles. Meine Mutter sagt heute, ich hätte mich von Anfang an bei Alex ziemlich angepasst. Ich kann das nicht so sagen. Man selbst merkt das vielleicht gar nicht.

Dann kam der eine Tag, das war, als wenn in meinem Kopf ein Schalter umgelegt wurde. Alex lag im Liegestuhl auf der Terrasse, ich habe, wie man das eben manchmal so macht, gefragt: »Liebst du mich noch?« Er hat gegrinst und dann so langgezogen geantwortet: »Wie soll ich dir das sagen, ohne dass du gleich …« Hä? Ohne dass ich gleich was? Damit konnte ich nichts anfangen. Diese Antwort … Die ging nicht aus meinem Kopf. Ich kann nicht beschreiben, wie ich mich gefühlt habe. Überhaupt nicht gut.

Da fing meine Aufmüpfigkeit an. Aus Protest hab ich Sachen gemacht, von denen ich wusste, dass sie Alex nicht gefallen. Ich habe mir ein Handy zugelegt und Alex nichts davon erzählt. Ich hatte Angst, dass er mich wieder zuquatscht, von wegen *unnötig, albern, sparen*. Ich hatte damals das Gefühl, ich bin unfähig, mit ihm zu diskutieren: Das hatte er schon erreicht, er hatte mich richtig mundtot gemacht. Im Kopf, da hatte ich immer die richtigen Antworten parat, aber ich wusste: Sobald ich ihm die sage, fange ich an zu stottern. Irgendwann ließ ich das Handy rumliegen, und Alex bekam das mit. Er hat sich wahnsinnig aufgeregt.

Nach dem Handy war meine nächste Aktion, ein eigenes Konto zu eröffnen, wo mein Gehalt drauf landet. Alex habe ich gesagt: »Ich überweise dir meinen Anteil für unseren Lebensunterhalt, also Kredit, Nebenkosten.« Er konnte sich gar nicht wieder einkriegen.

Ich fing dann an, nach dem Nachtdienst, wenn ich völlig putzmunter war und langsam abschalten wollte, mit fremden Menschen zu simsen. Ich hatte eines Nachts eine Kurzmitteilung auf dem Handy-Display gefunden, in der stand: »Wenn du in Kontakt treten willst mit anderen, schreibe …« Ich dachte ganz naiv: Vielleicht find ich da noch eine Nachtschwester. Ich schrieb: »Nachtdienst zu Ende …«

Bis ich begriffen hatte, dass das eine Kontaktanbahnung war, hatte ich auch schon angefangen, mit Männern zu texten. Ich wusste bis dahin gar nicht, dass es so was gibt: Flirten per SMS. Das Schreiben war nett, aber mehr auch nicht.

Ich hab's Alex gesagt, was ich da mache, so war ich drauf. Aber er antwortete nur: »Das will ich gar nicht wissen. Begreifst du das nicht? Geht das nicht in deinen Kopf rein?« Da hab ich noch eins nachgelegt und gesagt: »Was wär denn, wenn ich mich verliebt hätte?« Das kam mir einfach so über die Lippen, ein Versuchsballon. Alex hat total pampig reagiert: »Und – wie würdest du dir das vorstellen?« Er sprach über Haus, Kredite, Geld, die Kinder. Dann hat ganz direkt gesagt, dass er mich schon seit sechs Jahren nicht mehr liebt. Einfach so, peng-peng. Marlin war fünf. Alex und ich sind uns die nächsten Tage aus dem Weg gegangen.

Im Nachtdienst habe ich auf meinem Handy nach einer alten Kurzmitteilung gesucht von jemandem mit dem Namen *Ein anderer einsamer Nachtarbeiter*. Er hatte geschrieben: Ich schicke »Glückssträhnen« statt »Unglückstränen«. Den hab ich spontan angerufen. Es war total nett am Telefon, es stellte sich raus, dass er ganz nah wohnt, sechzig Kilometer weit entfernt in G., wir haben uns verabredet. Ich fuhr am nächsten Tag mit dem Zug hin und hatte allen Ernstes Angst, dass ich falsch aussteige. Als ich da war, dachte ich: Du hast das ganz allein geschafft.

Das Reden mit Thomas war toll. Er war gerade von seiner Frau verlassen worden, wir haben uns zugehört, uns gegenseitig Mut gemacht. Und wir haben – gelacht. Meine eine Freundin hat mich gleich nach dem ersten Treffen angesprochen: »Manuela, du hast 'n Freund, du siehst gut aus, du gehst gerade.« Thomas und ich haben kein Verhältnis angefangen, ich hätte mir so was damals gar nicht vorstellen können, ich hatte noch zu verdauen, dass Alex mich nicht mehr liebt und wie er mir diese Tatsache um die Ohren gehauen hatte. An einem Abend war dann eine Cousine von Alex zu Besuch, die ich noch nie besonders mochte, sie ist eine falsche Schlange. Wir haben Wein getrunken, ich hab mich früh ins Schlafzimmer verabschiedet. Das Fenster war auf, es geht auf die Terrasse, die liebe Cousine hat genau gesehen, dass ich noch mit meinem Rest Wein auf dem Fensterbrett hockte. Alex saß mit dem Rücken zu mir. Da sagt sie: »Du, Alex, liebst du eigentlich Manuela noch?« Er sagt: »Lieben, was heißt lieben …« Sie reden so 'n bisschen über Beziehungen und bla, da fragt Cousinchen: »Wie war das eigentlich damals mit Cornelia?« Cornelia, seine Kollegin, mit der er vor Marlins Geburt in einer Praxis gearbeitet hatte! Die immer noch in unserem Freundeskreis war. Ich hatte lange völlig aus dem Gedächtnis gelöscht, dass ich Alex und die Kollegin mal bei einem Kuss ertappt hatte. Nicht einfach so 'n Küsschen auf die Wange – nein, ein richtig langer Kuss auf dem Parkplatz des Ärztehauses. Ich war so geschockt, ich bin einfach an ihnen vorbeigegangen. Ich hatte das verdrängt – jetzt fiel es mir wieder ein. Ich bin langsam auf den Fußboden gesackt und habe mir angehört, was Alex noch so zu erzählen hatte. Er war einwandfrei fremdgegangen zu der Zeit, als ich schwanger wurde.

Am nächsten Tag habe ich ihm gesagt, dass ich alles mitgehört hatte. Er meinte: »Das mit Cornelia darfst du nicht weitererzählen, ich hab's ihr versprochen.« Das durfte ja wohl nicht wahr sein, dass er mich belehrt, aber seiner Cousine, dem größten Tratschmaul überhaupt, wird alles berichtet.

In den Tagen nach dem Abend am offenen Fenster fiel mir vieles wieder ein. Ich war noch nicht schwanger, da will ich mich im Garten auf der Liege langmachen, gerade noch rechtzeitig entdecke ich: ein Kondom, offensichtlich gebraucht. Ich habe mir ein Stück Küchentuch geschnappt und das Ding entsorgt. Irgendwie hab ich den ganzen Nachmittag drüber nachgegrübelt, wie das Teil da hinkam. Fremde Besucher im Garten? Alex würde doch nie …? Ich hab ihn abends drauf angesprochen, und er war total giftig, hat das abgestritten. Logisch. Sechs Jahre später kam mir die Erleuchtung: er und Cornelia auf unserer Liege. Hallo? Da wird dir doch ganz anders.

Freundinnen hatten früher schon gesagt: »Alex geht garantiert manchmal fremd.« Ich daraufhin immer: »Das glaub ich niemals.« Sie hatten recht. Alex hat es dann ja zugegeben nach dem Terrassengespräch: »Nicht nur Cornelia …«

Ich bin irgendwie nicht klargekommen mit dem neuen Wissen, das eigentlich altes war. Einerseits war ich entschlossen: Diesmal redest du dir nichts nett. Andererseits war es einfach viel zu viel für mich. Ich habe Marlin zu meiner Mutter gebracht und mich dann am Freitagabend furchtbar mit Wein betrunken, am Samstag hab ich weitergemacht, das reichte mit für den Sonntag. In der Woche hatte ich keinen Dienst, ich hab wie aufgezogen das ganze Haus geputzt, von oben bis unten.

Am Mittwoch kam dann der große Zusammenbruch: Mein Kreislauf klappte weg, ich konnte noch selbst mit dem Taxi ins Krankenhaus fahren. Ich kannte die Ärztin in der Aufnahme, ich habe nur geheult – sie hat mich direkt in eine psychosomatische Klinik eingewiesen. Da war ich zwei Wochen, das reichte. Meine Bettnachbarin war Psychologin, wir haben viel geredet, sie hat mich gefragt: »Warum hast du dich die letzten Jahre denn nicht von deinem Mann getrennt?« Ich habe rumgedruckst: »Wegen Geld? Weil ich Angst hatte, allein nicht zurechtzukommen?« Sie hat gesagt: »Nein, noch mal: Warum hast du dich nicht getrennt?« Ich wieder: »Weil ich Angst hatte? Nee … Ich kann ja alles: einkaufen, kochen, die Kinder, die Arbeit …«

Es kam mir die Erkenntnis: Ich habe ihn schlicht noch geliebt – den Alex von damals, als es mit uns angefangen

hatte. Ich begriff auch: Du hättest ihn schon lange raus-
schmeißen sollen.

Als ich aus der Klinik nach Hause kam, hab ich Alex
gesagt, dass wir uns am besten offiziell trennen, nur noch
zusammen wohnen, uns beide um die Kinder kümmern.
Da fiel Alex ein richtiger Stein vom Herzen! Er war fröhlich, total nett zu mir! Am nächsten Tag stehe ich auf –
er hatte mir Croissants geholt, Tee gekocht. Ich kann mich
nicht erinnern, dass er vorher je Tee gekocht hatte. Das
war ganz merkwürdig. Aber nachvollziehbar: Er musste
nichts machen, es war mein Vorschlag, dass wir uns trennen.

Wir haben es versucht, getrennt zusammen unter einem
Dach. Aber wir fingen an, richtig zu streiten in der Zeit.
Einmal kam Marlin in der Küche dazu und fragte: »Wollt
ihr euch scheiden lassen?« Alex hat gesagt: »Nein.« Das
war wieder so typisch Alex: Er hatte keine Ahnung, wie
wir mit Marlin umgehen sollten, er wollte allem auswei-
chen. Ich habe gesagt: »Doch, wir werden uns scheiden
lassen. Aber wir haben dich beide weiter lieb und sind
beide weiter für dich da.«

Ich wollte Alex dann nur noch wehtun, es kamen nur
noch Spitzen von mir, als wenn ich ihm alles heimzahlen
wollte. Ich dachte damals: Wenn Alex nicht wäre – wie
würde ich dann leben? Irgendwann habe ich ihm gesagt:
»Ich will dich hier nicht mehr sehen, ich kann dein Ge-
quatsche nicht mehr hören.« Er hat sich eine Wohnung gesucht.

Als Erstes habe ich Marlins Kinderzimmer neu eingerichtet. Er hatte es wenig genutzt, weil er lieber bei uns im

Wohnzimmer und in der Küche war, da hatte Alex gemeint, man müsse das Zimmer nicht groß heizen. Auch im Schlafzimmer musste man nicht heizen, es sei ja sowieso gesünder, kalt zu schlafen, schön mit Fenster auf zur Terrasse. Jetzt ist es überall gemütlich warm. Als Nächstes habe ich Alex' Fotos abgenommen, die überall gerahmt im Haus hingen – da hängen jetzt Bilder, die die Kinder gemalt haben. Die Holzliege im Garten hab ich von der Sperrmüllabfuhr holen lassen und mir eine Hollywoodschaukel gekauft, da liege ich jetzt manchmal schon nachmittags drin und lese ein bisschen – so eine Hollywoodschaukel war für Alex immer das Überflüssigste überhaupt.

Als ich nach Alex' Auszug das erste Mal wieder allein im Supermarkt stand für den Wocheneinkauf, wurde das zum Kraftakt für mich. Ich musste mich orientieren: Wo steht was? Was brauche ich? Aber ich hab's geschafft. Wenn ich sehe, was ich jetzt so auf die Reihe kriege. Ich habe heute einen viel größeren Haushalt als früher: die beiden Kinder, wir haben einen siebzehnjährigen Gastschüler aus den USA, Märtas Freund ist viel bei uns, und – Thomas, meine SMS-Bekanntschaft. Der hat zwar seine eigene Wohnung, aber er ist auch meistens hier.

Als Alex raus war aus dem Haus, war alles ganz anders, ich fühlte mich plötzlich frei. Ich kannte das ja gar nicht mehr mit Kuscheln und Schmusen. Ich war viel zu lange diejenige gewesen, die an Alex rankroch, wie eine räudige Hündin, die darum bettelt, ein bisschen gestreichelt zu werden. Und wenn dir einer auch noch sagt: »Du bist zu dick«, ist es dir peinlich, nackt zu sein. Bei Thomas hab ich gemerkt, wie schön das sein kann, wenn einer sagt: »Das stört mich überhaupt nicht.« Thomas hat auch gesagt: »So 'ne komische Frau wie dich hab ich noch nie getroffen. Wieso weißt du so viel? Du bist total klug.« Ich hab für mich begriffen: Das wird alles wieder.

Ich hatte nach der Trennung das Gefühl: Du hast ja keine Freunde. Gut, unsere Freunde waren eigentlich alle Alex' Freunde gewesen, ich hatte *meine* mehr oder weniger aufgegeben, weil sie ihm nicht gefielen. Ich dachte ja auch, alle werden mich für die Schuldige halten, ich war ja bald nach Alex' Auszug mit Thomas zu sehen. Darum habe ich mich ziemlich zurückgezogen. Die Freunde haben mir dann aber definitiv gesagt: »Natürlich wollen wir dich treffen, wir kennen dich doch genauso lange wie Alex.« Wir sprachen drüber, dass wir uns eine Weile aus den Augen verloren hatten, die anderen haben gesagt: »Du bist ja nicht mehr gekommen.« Stimmt, nicht mehr zum Sport, in den Biergarten, zum Stadtfest, wo wir uns sonst so getroffen haben. Zu meinem letzten Geburtstag waren sie dann wirklich alle da, es war so lieb, so herzlich, alle haben sich so viel Mühe mit den Geschenken gemacht. Dieser Geburtstag war ein ganz wichtiger Tag in meinem Leben.

Ich habe viel nachgedacht über das, was da über die Jahre abgelaufen war. Plötzlich war meine Sichtweise neu, ich habe mich gefragt: War Alex schon immer so kleingeistig, so schwach, so dürftig? Ich war wieder gerade und wusste: Ich kann auch was. Eine Freundin hat gesagt: »Alex ist an dir gewachsen, er hat eigentlich Angst vor dir.« Ich konnte nämlich früher ganz scharf sein, ganz bissig. Als ich Marlin bekommen habe, ist mir das vor lauter Schuldgefühlen abhandengekommen. Jetzt merke ich: Ich bin wieder so, wie ich war, die alte Giftnudel, die sofort sagt, was sie denkt, die auch sagen kann: »Jetzt machen wir das so, wie ich will.«

Mit Alex bleibe ich erst mal weiter verheiratet, auf dem Papier. Mit Thomas geht es mir ja gut, aber ich merke: Ich habe Angst, richtig Herzblut in diese Sache zu stecken, ich kann nicht mehr so bedenkenlos lieben. Ich bin kälter geworden. Sobald es näher wird, werde ich abweisend. Ich frage mich, warum das so ist, ich mir das Hintertürchen offen lasse: Ich kann gehen. Ich sage mir auch: Wenn Thomas gehen würde, geht er eben. Ich weiß, ich komm auch ohne Mann klar. Ich spüre, ich könnte durchaus wieder reinrutschen in so ein Schema wie mit Alex, und davor hab ich Angst. Ich spüre aber auch, dass ich diese Angst mit Thomas nicht zu haben brauche.

Kerstin, 46,
Kauffrau, 24 Jahre verheiratet, 2 Kinder

»Wir leben doch wie Geschwister ...«

Der eine Sohn ist in der Ausbildung, der Nachzügler gerade in die Schule gekommen, Kerstin und Jürgen steuern auf die Silberhochzeit zu, als plötzlich alles vorbei ist. »Er hat eine Neue«, raunt man sich hinter vorgehaltener Hand in der Nachbarschaft zu, und so ist es ja auch. Dass Kerstin ihren Mann zur Suche regelrecht angestiftet hat, ahnt bis heute keiner ...

Von jedem hätten wir's gedacht – aber doch nicht von Jürgen.« Das war die Reaktion von Freunden und Bekannten auf die Neuigkeit: Jürgen hat Kerstin verlassen, er hat eine Freundin. Das schlug wirklich ein wie die berühmte Bombe.

Eigentlich verständlich, wir hatten keinen hinter die Kulissen gucken lassen, das ist ja auch normal: Wer spricht schon offen über seine Ehe? Alle haben mich bemitleidet: »Du Arme, wie kann er das nur machen?«

Ich stand natürlich gut da. Ich hab noch versucht abzuwiegeln: »Ihr müsst immer beide sehen, mindestens fünfzig Prozent der Schuld hab ich.« Aber für alle war klar, wer der Schuldige war, und Genaueres wollte keiner wissen.

Mir tut es bis heute unendlich leid, dass wir uns nicht früher getrennt haben. Wirklich. Ich empfand das, was wir hatten, schon lange ein Stück weit als Lüge. Ich war nicht glücklich, und ich dachte: Jürgen kann doch auch nicht glücklich sein. Er ist mit einem Menschen zusammen, den er nicht kennt. Er kannte mich nicht *als Frau*.

Für mich hat meine Reise nach Südafrika den Umbruch gebracht. Südafrika ist ein wildes Land, so voller Kontraste. Ich war zu meinem vierzigsten Geburtstag da, ohne die Kinder, ohne Jürgen, er hatte gesagt: »Ich interessiere mich doch nicht wirklich für das Land, fahr ruhig allein mit Silke.« Silke ist meine Freundin. Sie kennt das Land gut, ich hatte mir schon lange gewünscht, dass sie mir alles zeigt.

An meinem Geburtstag saß ich abends draußen mit Silke auf der Terrasse, guckte dem herrlichen Sonnenuntergang zu und dachte: Nun hast du die Hälfte deines Lebens hinter dir, und du belügst nicht nur dich, du belügst auch Jürgen. Du willst etwas anderes, aber was? Ich wollte nicht fliehen aus meinem Leben, ich wollte mich aber auch nicht vertrösten. Mir war nämlich klar geworden: Nach zwanzig Jahren Ehe, so lange waren wir da verheiratet, haut es sexuell nicht mehr hin mit uns, eigentlich hatte es nie hingehauen.

Ich war für Jürgen die erste Partnerin gewesen. Er kommt aus einem sehr gläubigen Elternhaus, Zusammenleben vor der Hochzeit war undenkbar, Sex vor der Ehe nicht vorgesehen. Jürgen hatte wirklich gar keine Erfahrung, als wir uns kennenlernten, obwohl er fünfundzwanzig war. Ich hatte auch vor Jürgen schon Freunde gehabt, ich war neunzehn. Mit den meisten war ich nur kurz zusammen, nur mit dem Freund unmittelbar vor Jürgen hatte es länger gehalten – Karsten war ein Jahr älter als ich, der war wirklich klasse, wie der mit mir umgegangen ist, wie wir uns langsam an die Sexualität rangeschlichen haben …

Als es mit Jürgen und mir anfing, hab ich mich richtig geschämt, dass ich mit den Jungs davor geschlafen hatte, denn für meinen Mann wäre es ganz wichtig gewesen, dass ich als Jungfrau in die Ehe gehe, aber das war nun eben nicht möglich.

Jürgen und ich haben versucht zu schummeln, also vor der Hochzeit miteinander zu schlafen. Ich kam mir dabei vor wie die Verführerin, da war dieser Gedanke: Jetzt verführst du ihn … Jedenfalls: Es ging bei ihm nicht. Wahrscheinlich, weil er ein schlechtes Gewissen hatte. Ich dachte noch: Wenn beide es wollen – wo ist das Problem? Es war ja sogar klar, dass wir Kinder wollen, wenn auch nicht sofort.

Wir hatten richtig Druck von seiner Familie zu heiraten, ich hätte gedacht, das passiert nur unter Türken, dass man so gedrängt wird. Andererseits hat es meinem Ego auch gutgetan, mit neunzehn einen Mann zu haben, der sechs Jahre älter ist, mich heiraten will. Ich hatte gerade meine Ausbildung zur Speditionskauffrau angefangen. Mein Vater hat gesagt: »Mach doch wenigstens erst deine Ausbildung zu Ende, bevor du heiratest.« Meine Eltern waren gegen die Hochzeit.

Es ging alles furchtbar schnell. Im Oktober haben wir uns verlobt, im Mai geheiratet. Ausgerechnet ich, die viele Freunde hatte, nie lange mit jemandem zusammen war, also außer mit dem letzten. Ich hätte daran denken müssen, dass ich Spaß daran hatte, Jungs kennenzulernen, mich zu verlieben.

Der Gegenwind von meinen Eltern hat mich angetrieben. Gut, habe ich gedacht, dann schaffen wir das eben ganz alleine. Ich bin nebenbei, also neben der Ausbildung, arbeiten gegangen, ich habe mein Brautkleid selber bezahlt und auch die Hochzeitsreise.

Schon der Polterabend war nicht doll, es waren viele Leute aus meiner Lehrfirma da. Mein Lehrherr hatte mich beiseitegenommen und gesagt: »Also, ich sprech jetzt mal nicht als Ausbildungsleiter zu dir, sondern als Vater, ich habe auch eine Tochter in deinem Alter ... Müsst ihr heiraten?« Ich habe Nein gesagt. Er meinte: »Dann lass es.«

Je mehr andere gesagt haben »Tu es nicht«, desto mehr wollten wir beweisen, dass es gutgeht. Die eigentliche Hochzeit war nur eine Feier im kleinen Kreis, also keine rauschende Hochzeit in Weiß, wovon man als Mädchen so träumt ... Es war alles sehr steif, mein Vater lief die ganze Zeit mit hängenden Mundwinkeln rum. Natürlich gab es das ganze Brimborium mit Spielen, mit Klapperstorch, Nachttopf, Reis werfen, gemeinsam sägen – ich kann mich gar nicht genau erinnern, wie das ablief.

Auch die Hochzeitsnacht war eher desillusionierend ... Am nächsten Tag wollten wir mit dem Zug nach Paris, ich war hundemüde, als wir ins Bett gingen, und auch enttäuscht von der Feier – wir haben nur halbherzig versucht miteinander zu schlafen und das dann auf Paris verschoben. Als ich im Bett lag, hatte ich plötzlich tierische Angst, mir schoss durch den Kopf: Mein Gott, du bist jetzt verheiratet, was hast du getan?! Es kam noch hinzu: Ich wollte nicht gleich schwanger werden. Das war ein unheimlicher Druck. Die Pille konnte ich nicht ab, ich hatte verschiedene Sorten probiert, mir war immer schlecht geworden. Mit wem hätte ich über meine Ängste reden sollen? Mit Jürgen? Mit meinen Eltern? Wohl kaum. Älteren Freunden hätte ich's sagen können, die hätten mich wahrscheinlich verstanden, aber das wusste ich doch damals nicht.

Als wir ein paar Monate verheiratet waren, sind wir von seiner Familie angesprochen worden, wo denn die Kinder blieben. Ich fühlte mich immer noch zu jung für die Ehe, geschweige denn für Kinder. Wir haben nach Paris kaum miteinander geschlafen, Jürgen war so erzogen worden: Der Verkehr ist für die Kinder, also damit welche entstehen. Als ich drei Jahre später schwanger war, haben wir uns gefreut, Matthias war ein Wunschkind. Er wurde geboren, als ich dreiundzwanzig war. Ich habe aufgehört zu arbeiten, Jürgen hat als Computertechniker genug verdient. Als Matthias in die Schule kam, hab ich wieder halbtags angefangen, in der Logistikabteilung von einem großen Unternehmen.

Als ich bald Mitte dreißig war, hab ich für mich gesagt: Ich hätte gern noch ein Kind, aber man soll das Glück nicht herausfordern, wenn es bis fünfunddreißig nicht klappt, soll es nicht sein. Mein Mann wollte eigentlich keine Kinder mehr. Ich hatte nämlich inzwischen zwei Fehlgeburten gehabt, und überhaupt: Matthias' Geburt hatte mein Mann als furchtbar empfunden. Ich hatte vorher richtige Angst vor der Geburt gehabt. Jürgen war mit im Kreißsaal. Ich hatte furchtbare Schmerzen, habe gestöhnt und gejammert. Er hat gesagt: »Das schafft die nie.« Er hatte sich eine Geburt anders vorgestellt, er dachte, das läuft alles ganz harmonisch. Zehn Stunden hat's bestimmt gedauert. Mein Mann wollte mir Gutes tun, er hat mit mir geredet, er wollte mir das Gesicht abtupfen … Ich hab den angefaucht, so wie ich auch die Ärzte und die Hebammen angefaucht habe, aber die kennen das wahrscheinlich.

Jedenfalls: Das ganze Theater wollte er mir ein zweites Mal ersparen – und sich wahrscheinlich ja auch. Mit fünfunddreißig bekam ich dann unseren Sohn Tobias. Auch wenn ich gedacht habe, Jürgen ist nicht der beste Mann, also nicht der beste Liebhaber, war mir doch klar: Er ist ein unheimlich guter Vater, so einen Mann musst du erst mal wieder finden.

Jürgen hatte sich mittlerweile selbstständig gemacht, ging nicht mehr ins Büro, hat von zu Hause aus mit einem Partner gearbeitet, dauernd standen Pakete mit Computern, Druckern, Zubehör bei uns rum – Jürgen war mehr mit der Firma verheiratet als mit mir. Und ich dachte immer öfter: Wir sind doch nicht nur Eltern … Mein Mann hat mich wie eine gute Freundin behandelt, seine Sicht war offenbar: Es sind zwei Kinder da – wofür sollten wir miteinander schlafen? Ich habe mich beklagt: »Wir leben hier wie Geschwister.« Manchmal hab ich bemerkt, dass andere Männer mich attraktiv fanden, durchaus begehrenswert, ich hab das genossen.

Lange redete ich mir ein, dass es gut ist, mit Jürgen einfach freundschaftlich, als Vater der Kinder zusammenzuleben. Aber er war eben für mich kein *Mann*. Weil ihm Erfahrungen fehlten. Und ich? Weil ich so jung geheiratet hatte, konnte ich mich als Frau nicht entwickeln. Als andere abends in die Disko gingen, saß ich zu Hause mit meinem Mann. In meiner Ausbildung war ich die Einzige, die verheiratet war, alle anderen hatten ihre Freiheiten.

Ja, dann kam dieser vierzigste Geburtstag, die Südafrikareise, meine Überlegungen, etwas zu ändern. Voller guter Vorsätze landete ich auf dem Frankfurter Flughafen, Jürgen kam mich abholen.

In der nächsten Woche war ich bei einem merkwürdigen Gespräch dabei. Unser Sohn Matthias war sechzehn, ich höre, wie sein Vater zu ihm sagt: »Sex ist nicht das Wichtigste. Und wenn du keine Freundin hast, macht das auch nichts. Beim Mann ist das so: Das regelt die Natur.« Von wegen Samenerguss, meinte er wahrscheinlich.

Mein Sohn hatte Jürgen ganz gezielt gefragt: »Wie ist denn das bei dir?« Und Jürgen gibt so eine Antwort. Ich hatte zwar immer gedacht: Wir haben Söhne, die Aufklärung kann der Vater übernehmen. Erscheint doch naheliegend. Aber als ich meinem Mann so zugehört hatte, dachte ich: Diesen Part übernehme ich besser auch.

Ich habe dann mit Matthias ganz offen über diese Fragen gesprochen. Und dabei meinen Mann vor Matthias auch anders dastehen lassen, als er ist. Indem ich meinem Sohn nämlich gesagt habe, was ein guter Liebhaber ist. Dabei habe ich davon erzählt, was *mir* gefällt, ich hab von *meinen* Erfahrungen gesprochen, die aber in dem Fall kei-

44

ne mit seinem Vater waren, sondern welche mit meinem Freund Karsten vor der Ehe.

Jürgen und ich haben dann auch geredet, ich habe ihm gesagt, dass ich nicht glücklich bin mit unserem sexuellen Erleben, dass er mich nicht glücklich macht. Und er sei doch gewiss auch nicht zufrieden. Ich habe ihm gesagt: »Du musst für dich rausfinden, was dir gefällt.«

Da hat er losgelegt zu kämpfen. Ja, er hat wirklich gekämpft am Anfang. Er hat sich ändern wollen, er hat mich auch gefragt, was er dafür tun soll. Aber *ich* wollte ihn doch nicht ändern, ich habe gesagt: »*Du* musst *dich* finden.«

Als ich ihn so in die Spur gesetzt hatte, fiel ihm nichts Besseres ein, als meine Schwester Birgit zu fragen, ob sie ihm nicht mal erklären könne, was guter Sex sei. Sie hat mir das ein paar Tage später ganz verunsichert erzählt und gleich nachgeschoben: »Aber sonst ist bei euch ja sicher alles in Ordnung.« Sie war bestimmt aus allen Wolken gefallen, Sexualität ist ein Thema, das konnte ich in der Familie nie besprechen. Ich hatte mich mal im Gespräch mit meiner Schwester rangepirscht, wie es denn in ihrer Ehe so sei, da hat sie schnell gesagt: »Bei uns ist es super.«

Einmal saßen wir zu viert zusammen beim Essen, mit ihrem Mann und meinem, da hab ich noch einen Anlauf gemacht: »Birgit hat mir erzählt, bei euch ist es super.« Da hat ihr Mann ganz erstaunt geguckt und gesagt: »Wie das denn? Wir haben doch zuletzt Silvester …« Wir saßen draußen bei ihnen im Garten und haben gegrillt, es war August! Das Thema war dann erledigt. Nee, also: Da spricht ja keiner drüber.

Jürgen und ich gingen damals, in dieser Suchphase, sogar zur Eheberatung, ich war durchaus bereit, etwas zu tun. Bei mir reagierte sehr die Vernunft. Ich hab ihn einerseits dazu getrieben: »Finde heraus, was du willst.« Andererseits habe ich es aber wirklich nicht ausgeschlossen, dass *wir* es noch mal probieren. Ich dachte durchaus: Du kannst deinen Mann nicht alleinlassen, der käme allein gar nicht klar.

Ich weiß noch, die Beraterin hat uns geradezu gratuliert, weil wir uns sogar in den Arm nehmen konnten. Das ist wohl schon ungewöhnlich bei den Paaren, die zu ihr kommen. Sie hat uns dann eine Hausaufgabe gegeben, die für mich völlig unpassend war: Wir sollten uns gegenseitig einölen. Jürgen wollte das auch machen. Ich aber nicht. Mir ging es ja nicht darum, dass ich ihn nicht anfassen mochte, so war es ja nicht. Sex war bei uns einfach noch nie *gut*.

Ich hatte Sex mit Jürgen deswegen auch nach Kräften vermieden, schon lange. Ich hab mich erwischt, dass ich mich nicht nackt vor ihm gezeigt habe, weil ich nicht wollte, dass da Gefühle bei ihm geweckt werden. Ich weiß nicht, ob ihm das aufgefallen ist. Wenn wir dann mal miteinander schliefen, habe ich gedacht: Das ist ja gleich vorbei. Ich war froh, wenn er mich einfach in Ruhe gelassen hat.

Jürgen wollte nicht so schnell aufgeben, nachdem ich ihm gesagt hatte, dass sich etwas ändern muss. Er ist losgezogen, rausfinden, was er will, wie er Frauen glücklich machen kann. Er hat massenhaft Bücher zum Thema angeschleppt. Er ist auch zu einer Prostituierten gegangen. Nach dem Motto: »Ich tu, was du gesagt hast.«

Dann fuhr er auch noch eine Woche allein in den Urlaub, nach Ibiza. Das war im Juli. Er kam wieder: braun, völlig neu gestylt, Lackslipper, rosa Hemd, Sonnenbrille mit blauen Gläsern und Goldrand, Goldkette. Ibizamäßig wie aus dem Karikaturenheft. Matthias hat gesagt: »Papa, mach dich nicht zum Affen.«

Ich habe dann jemanden kennengelernt. Ja. *Ihn.*

Es passierte einfach so, ich konnte nichts dafür. Unser Unternehmen war aufgekauft worden. Da gibt es am Anfang ja jede Menge Besprechungen, Zusammenkünfte, ich war als Betriebsrätin dabei, er aus der Chefetage vom Käuferkonzern. Als ich ihn gesehen habe, dachte ich: der oder keiner. Er ist einfach ein Typ Mann … Mir war schon klar: Eigentlich ist da gar nichts möglich. Ich war verheiratet, er war verheiratet. Aber er hatte eine Ausstrahlung … Es war wohl auch dieses Unnahbare, dieses Unerreichbare.

Bei einer Betriebsfeier ging es dann los. Ich habe mir ein Herz gefasst und ihm gesagt: »Ich würde gern mal fünf Minuten mit Ihnen reden.« Ich weiß nicht, was er gedacht hat, dass ich als Mitarbeiterin, als Betriebsrätin irgendwas loswerden wollte …

Ich habe ihm dann gesagt, dass er mir nicht mehr aus dem Kopf geht. Er meinte daraufhin ganz souverän: »Dann lass uns erst mal tanzen.«

Im Laufe des Abends kam dann von ihm: »Ich bin verheiratet.« Ich habe gesagt: »Ich auch.« Er meinte: »Das geht doch nicht.« Ich habe gesagt: »Alles geht.«

Wir haben uns ein paar Tage nicht gesehen. Dann hat er mich zum Essen eingeladen. Wir sind ein zweites Mal

Essen gewesen. Hinterher hat er gesagt: »Gehen wir zu dir oder zu mir?« Im Nachhinein kann ich sagen: Er war überhaupt nicht so unnahbar, wie ich gedacht hatte. Aber es hat mich schon Überwindung gekostet. Und mein Mut hat ihm gefallen.

In der Firma ist niemandem etwas aufgefallen – wie auch, Heiko und ich hatten ja höchstoffiziell und zusammen mit vielen anderen miteinander zu tun. So fing es an.

Jürgen hat weiter gesucht. Und im Internet eine Frau kennengelernt. Er kündigte an, dass er nach Dänemark fahren will, eine Woche. Die Frau näher kennenlernen. Im Juli war Jürgen auf Ibiza gewesen, im August hat er Marianne gefunden, im September waren sie im Urlaub, danach haben sie sich regelmäßig getroffen. Mir hat das nichts ausgemacht. Bei mir hatte immer noch keiner mitgekriegt, dass da jemand war …

Dann kam der erste Advent. Ich hatte seit wohl zwanzig Jahren immer am ersten Advent meine Familie zum Kaffee, Mutter, Schwester, Bruder mit Kindern sollten kommen. Jürgen hatte ich am Samstag gebeten einzukaufen, er hat auch fröhlich gesagt: »Kein Problem«, und alles besorgt. Kurz bevor die Ersten am Sonntagnachmittag kommen sollten, der Tisch war gedeckt, hat er gesagt: »Ich gehe jetzt.« Ich habe gesagt: »Wohin?« Er hat gesagt: »Ich gehe und lass mich scheiden.« Ich: »Aber doch nicht heute, nicht jetzt! Meine Mutter kommt gleich.« Er sagte: »Das ist mir egal.« Wir standen im Windfang, er lehnte in der offenen Haustür, draußen fegte der Nachbar den ersten Schnee weg. Ich hab gesagt: »Mach erst mal die Tür

zu, es müssen ja nicht alle mithören.« Da rief schon Tobias aus dem Wohnzimmer: »Papa, wo willst du denn hingehen?« Ich habe gesagt: »Ich kann die alle ausladen,
dann können wir reden.« Jürgen hat gesagt: »Ich kann
nicht, ich geh jetzt.«

So.

Ich habe nur gedacht: Warum heute? Wo das Haus voll
wird? Weil er zu feige war natürlich. Zu feige, es den Kindern zu sagen, meiner Mutter. Das wollte er mir überlassen. Da habe ich gemerkt: Er ist so schwach, ihm fehlt
das Fingerspitzengefühl, und das nicht erst seit heute. Ich
habe dann den Kindern erklärt, was los ist: »Kommt, wir
müssen Papa jetzt gehen lassen, er fühlt sich nicht wohl.«
Die restliche Familie hat sich sehr gewundert über meine
unbeholfenen Versuche: »Jürgen braucht Zeit zum Nachdenken.«

Ich wollte zwei Tage später wieder nach Südafrika flie-
gen, das wusste Jürgen ganz genau. Er hatte im Türrahmen
gesagt: »Ich komm wieder her und kümmere mich um die
Kinder, wenn du weg bist.« Ich habe hin und her überlegt
mit halbleerem Koffer. Meine Freundin Silke hat gesagt:
»Flieg, du brauchst erst mal Abstand.«

Ich bin geflogen. In Südafrika dachte ich: Was, wenn du
einfach nicht wieder zurückgehst? Machst du einfach hier
eine deutsche Weinstube auf oder so …

Als ich nach zwei Wochen wieder zu Hause war, fand
ich ein Anwaltsschreiben im Briefkasten. Ich habe es ignoriert. Ich dachte: Wenn Jürgen meint, mir mitteilen lassen
zu müssen, unsere Ehe sei zerrüttet … Wir lebten seit einem Jahr getrennt … Soll er. Das stimmte so ja nicht.

Weihnachten habe ich wie in einem seltsamen Film in Erinnerung. Jürgen kam am Heiligen Abend – es ging einigermaßen mit ihm, mit den Kindern. Am ersten Weihnachtstag war die ganze Familie, außer Jürgen, bei meiner Mutter. Meine Mutter nahm unsere Trennung geradezu persönlich, sie hat gesagt: »Was tust du mir da an? Diese Schande. Wenn das dein Vater wüsste.« Meine Mutter hat Jürgen immer gerne gemocht. Ich habe ihr gesagt: »Guck nicht auf dich – das hat doch gar nichts mit dir zu tun, sondern nur mit Jürgen und mir und den Kindern.«

Und was meinen Vater betrifft – er war ja schon fünf Jahre tot. Er hatte gewusst, dass er sterben würde, wir haben noch ganz viel miteinander geredet. Mein Vater hat gesagt: »Mein Leben geht jetzt zu Ende, ich habe immer intensiv gelebt, und wenn ich zurückblicke, war mit meinem Leben alles in Ordnung. Du überleg dir, ob du das auch mal sagen kannst, überleg dir das mit Jürgen noch mal.« Mein Vater mochte Jürgen, aber er hat immer gemerkt: Seine Tochter ist nicht glücklich in ihrer Ehe.

Ende Januar kam das Schreiben vom Gericht mit der Bitte, Stellung zu nehmen. Ich habe da angerufen, ich wusste noch nicht mal, dass man eigentlich einen Anwalt braucht. Ich habe gesagt: »Da ist meinem Mann ein Irrtum unterlaufen mit dem einen Jahr Trennung, er ist erst vor zwei Monaten ausgezogen.«

Ich wollte nicht, dass alles so schnell geht. Scheidung – da hing das Haus noch dran, es war belastet mit einer Hypothek für Schulden, die Jürgen für seine Computerfirma aufgenommen hatte. Jürgen wollte das Haus verkaufen. Was für mich gar nicht infrage kam, denn es war *mein*

Haus, das *Zuhause* für die Kinder. Mir war klar: Ich setz alles dran, das Haus zu behalten.

Jürgen und ich waren uns immer einig gewesen, dass das Haus mal für die Kinder sein soll. Ich konnte nicht verstehen, dass er das offenbar vergessen hatte. Von Jürgen kam: »Nein, ich hab 'ne neue Familie, es interessiert mich nicht mehr, was *wir* mal hatten.« Da hab ich gemerkt: Die Gemeinsamkeit ist weg.

Mit meinem Mann hatte ich früher mal drüber geredet, was wir machen würden im Falle einer Scheidung, nur so, wie man das so macht. Er hatte gemeint, dass er den Kleinen, Tobias, nehmen würde, Matthias sollte bei mir bleiben. Aber nun, als es konkret wurde, war für mich klar: Tobias geht nicht mit Jürgen. Ich wollte meinem Sechsjährigen nicht Jürgens neue Freundin zumuten, das wäre ein zu großer Schock für ihn gewesen, plötzlich mit der neuen Frau und ihrer dreizehnjährigen Tochter zusammenzuleben.

Ich habe mir damals Hilfe beim Jugendamt geholt, ich wollte darüber reden, wie ich mich am besten verhalte. Die haben auch gesagt: alles schön nacheinander, ehrlich bleiben, vernünftig bleiben. Ich hab immer gedacht: Für meinen kleinen Sohn ist Jürgen der tollste Papa der Welt, und das soll auch so bleiben. Es ist bis heute so, Tobi besucht seinen Vater gern. Mit dem großen Sohn ist es anders, er war bei der Trennung schon in der Ausbildung, sein Vater hat für ihn nicht gezahlt, das hat Matthias nicht verstanden.

Die Scheidung war dann übrigens zwei Jahre später, pünktlich zu Weihnachten, durch, ich hatte den Richter ausdrücklich darum gebeten, dass das klappt.

Die Trennung, die Scheidung, all das hat meine Beziehung zu Heiko nicht verändert. Zu ihm hatte ich ganz am Anfang gesagt: »Wenn ich noch mal einen neuen Mann in mein Schlafzimmer lasse, muss der mit 'ner Rose kommen.« Als Jürgen hier ausgezogen war, die Kinder übers Wochenende bei meiner Mutter waren, stand Heiko mit 'ner Rose vor der Tür.

Den Kindern habe ich dann bald erzählt, dass ich auch jemanden kennengelernt habe, sie haben sich für mich gefreut. Tobias hat gesagt: »Papa hat eine neue Freundin, da ist es schön, dass du auch jemanden hast.« Ich habe Heiko irgendwann mit nach Hause gebracht, wir haben einen Ausflug zusammen gemacht, er hat Tobias sehr viel Aufmerksamkeit gewidmet. Abends im Bett sagte Tobi: »Mama, der ist nett.«

Zu meinem großen Sohn hatte ich nach der Trennung von Jürgen gesagt: »Auf dieses Sofa hier im Wohnzimmer kommt mir kein Mann mehr.« Jedenfalls keiner, der auch hier wohnt. Ich lebe gern allein. Immer noch. Meine Schwester wird nicht müde, mir zu sagen: »Der Mensch kann nicht allein leben.« Ich sage: »Doch. Ich will keinen Alltag mit meinem Partner.« Seit vier, fünf Jahren freuen Heiko und ich uns jeden Tag aufeinander. Wenn wir zusammen sind, sitzen wir nicht vor dem Fernseher. Wir reden, gehen aus, wir reisen, wir fahren nach Frankfurt, nach Berlin – ein Kurzurlaub erscheint mir wie eine lange Reise. Es tut unserer Beziehung gut, dieser Wechsel zwischen Nähe und Distanz. In den meisten Ehen haut es doch nicht hin mit dieser Balance.

Viele Frauen denken ja auch über ihre Ehemänner:

Den heirate ich erst mal, und dann bieg ich mir den schon zurecht. Das habe ich auch bei Jürgen nie gedacht, ich wollte ihn nie ändern. Es ist nämlich ganz egal, welchen Traumprinzen du da als Ideal vor Augen hast: Ich würde die Achtung verlieren vor einem Mann, der sich so manipulieren lässt. Das gilt auch für Heiko. Als ich von ihm mehr erfahren habe, dass er eben schon öfter andere Frauen hatte, dachte ich: Wer weiß, was er macht, wenn er nicht bei dir ist und nicht bei seiner Frau. Auf Geschäftsreisen … Ich habe keinen Anspruch zu sagen: Zwei Frauen reichen. Er fährt auch nach wie vor mit seiner Männerrunde weg, Segeln, Golfen. Er hat mal gesagt: »Du kannst mich nicht ändern.« Ich sage: »Ich will dich gar nicht anders, weil du mir so gefällst, wie du bist.« Ich möchte ja nicht plötzlich wieder einen Hauspapa haben.

Eine meiner Freundinnen ist jetzt das vierte Mal verheiratet. Jedes Mal, wenn eine Hochzeit anstand, dachte ich früher: Hat die Mut. Und du schaffst es nicht, dich ein Mal zu trennen. Mittlerweile denke ich: Sie tauscht nur die Männer aus. Und sie glaubt, durch die Heirat bindet sie einen Mann.

Mir ist das nicht mehr wichtig, heiraten. Ich denke auch bei meinem Freund: Warum sollte er sich scheiden lassen und mich heiraten? Und ich bin ja nicht mit ihm zusammen wegen finanzieller Dinge. Mir geht es prima, ich habe gerade mit einer guten Abfindung aufgehört zu arbeiten und werde mich frühzeitig pensionieren lassen. Ich muss mir im Moment noch nicht mal eine neue Stelle suchen.

Es ist schon komisch, über meine Ehe wusste keiner Bescheid, und auch Heikos Ehe wirkt von außen betrachtet völlig normal. Die Kinder sind aus dem Haus, er und seine Frau wohnen in einer riesigen alten Stadtvilla, 500 Quadratmeter insgesamt. Heiko hat sich eine eigene Wohnung im Dach eingerichtet, dahin kann er sich zurückziehen. Ein Nachbar hat schon mal gefragt: »Na, alles in Ordnung bei euch?« Er hatte Heiko offenbar abends allein auf der Dachterrasse gesehen.

Heikos Frau hat irgendwann herausgefunden, dass es mich gibt, sie hatte sein Handy inspiziert. Ich habe Sigrid schon vor längerer Zeit kennengelernt, wir waren zu dritt essen. Die beiden haben sich verständigt über ihr Leben, sie hat seit einem Jahr auch eine neue Beziehung. Aber auf dem Papier bleibt alles, wie es ist.

Manchmal habe ich das Gefühl, sie denkt, dass ich mit Heiko etwas habe, was sie auch gern gehabt hätte. Reisen, Unternehmungen, einfach eine schöne Zeit. Sie hatte ihr Reich immer zu Hause, er war immer der Aktive, der rausgeht. Sie dachte wahrscheinlich, wenn er in den Ruhestand kommt, können sie das Leben führen, das sie immer wollte.

Als ich Heiko kennengelernt habe, war mir schnell klar: Du würdest nie in Sigrids kleine Welt tauschen wollen: Italienischkurse, Gymnastikzirkel, Shoppen. Sie hat ihn immer gerne umsorgt, für ihn gekocht, dabei ist er der Typ, der viel lieber essen geht. Sie und mein Mann – das hätte gut gepasst. Ja.

Im Nachhinein wundere ich mich noch immer, dass Jürgen einfach so gegangen ist. Ich sage seit einiger Zeit: Es war das größte Geschenk, das ich je von ihm bekommen habe. Ich war seine große Liebe, vielleicht auch weil ich so anders war. Es war auch von mir nicht falsch, dass ich ihn geheiratet habe. Ich würde es auch mit den Kindern wieder alles so machen, wie wir es gemacht haben. Ich muss bis heute nicht schlecht über Jürgen sprechen. Ich hatte ja all die Jahre nie das Gefühl, ich kann nicht atmen. Zum Schluss vielleicht. Weil ich ihm nicht sagen konnte: Du machst mich glücklich.

Ich glaube, er ist jetzt zufriedener, und ich bin es auf jeden Fall. Ich habe jetzt auch wunderbaren Sex. Meine Freundin sagte neulich so ganz allgemein: »Ja, am Anfang … Da wollen immer beide. Später muss man das als Frau für den Mann machen.« Das finde ich nicht. Pflichterfüllung ist der falsche Ansatz. Kein Wunder, wenn der Sex langweilig wird. Aber wie soll man Routine oder Langeweile verhindern? Heute bin ich auch oft diejenige, die sagt: »Ich möchte jetzt Sex haben.« Das wäre mit meinem Mann nicht möglich gewesen.

Im Moment denke ich: Vielleicht werde ich irgendwann die Hälfte des Jahres in Südafrika leben. Eine Weinfarm in Südafrika, das wär's. Das könnte ich mir auch mit Heiko vorstellen. Ein Weinberg würde es auch tun … Aber noch geht Tobias zur Schule. Man muss Träume haben, die man verfolgt, aber es müssen nicht immer alle Träume wahr werden. Wichtig ist: Man sollte welche haben …

Kennen Sie diesen Film *Die Brücken am Fluss*, in dem die erwachsenen Kinder im Tagebuch der gestorbenen Mutter auf ihr großes Geheimnis stoßen? Meryl Streep war als Farmerfrau allein zu Hause, ohne Mann, ohne die noch kleinen Kinder, als der fremde Reporter auftaucht, Clint Eastwood. Die beiden haben einzigartige Stunden zusammen. Er will sie mitnehmen. Als er schon im Auto sitzt und fahren will, sagt sie so was wie: »Ich muss hier bleiben, ich muss hier funktionieren.« Ich habe die ganze Zeit gedacht: Mädchen, in deiner Ehe bist du doch nicht glücklich! Mach doch endlich die Tür auf, steig ein und fahr mit!

Simone, 37,
Hausfrau/Produktmanagerin, 5 Jahre verheiratet, 1 Kind

Nennen wir es Unbehagen

Die große, schlanke Simone wirkt auch in Jeans und Wollpulli perfekt gekleidet, entspannt erzählt sie von ihrem erfolgreichen, aufmerksamen Ehemann Ansgar, der niedlichen Tochter Josepha und den bezaubernden Schwiegereltern. Um immer dann die Stirn zu runzeln, wenn sie versucht, ihre Zweifel in Worte zu fassen: Kann zu viel Glück am Ende doch unglücklich machen? Warum ist es so schwer, ein Paradies zu genießen?

Vor einem Vierteljahr hatten wir eine Party bei uns zu Hause, ich komme in die Küche, da stehen zehn, zwölf Gäste, mittendrin mein Mann, mit dem Rücken zur Tür. Ich höre ihn sagen: »Simone ist total gern mit der Kleinen zu Hause, und ich finde ihre Entscheidung völlig richtig, ganz für Josepha da zu sein.« Als alle in meine Richtung gucken, dreht er sich um, legt den Arm um mich und sagt: »Man muss sich nur einig sein.« Ich dachte: Wir sind uns ja einig – aber hört sich das jetzt nicht übelst nach Floskel an? Mir gingen mehrere Sachen gleichzeitig durch den Kopf, einige geeignet, auf der Stelle Streit anzufangen. Gesagt habe ich: »Sie haben doch sicher alle noch Lust auf Mitternachtssuppe? Die wird uns jetzt bestimmt schmecken.« Diese Situation in der Küche beschäftigt mich immer wieder, ich kann nicht sagen, warum.

Ansgar und ich wären eigentlich das klassische Karriere-Ehepaar ohne Kinder. Wir könnten beide in Superjobs als Produktmanager arbeiten, wir würden beide gut verdienen, könnten unser Geld nach Herzenslust ausgeben, nach Herzenslust ausgehen, reisen … Jetzt verdient nur einer gut, nämlich Ansgar. Sein Verdienst ist mehr als genug für uns drei, aber außer dem normalen Sommerurlaub reisen wir natürlich nicht. Ansgar meint, mehr als einmal zwei Wochen im Jahr kann er nicht weg, sonst bricht das Chaos aus, sonst machen die jungen Kollegen sich wichtig. Ich kenne seine Arbeit ja aus eigener Erfahrung, natürlich hat er recht.

Wir gönnen uns oft spontan ein Wochenende in Paris, in Rom, Berlin, New York, shoppen, etwas erleben, wovon wir erzählen können. Josepha bleibt dann bei Ansgars oder meinen Eltern, sie wird bald drei und ist rasend gern bei ihren Großeltern, die wiederum ihre Enkelin sehr gern mal ganz für sich haben. Ich finde diese Wochenenden zu zweit ja auch herrlich, ich giere danach, etwas zu erleben. Aber es ist nicht immer wirklich erleben, ich meine im Sinne von leben, gestalten, es ist oft konsumieren, repräsentieren, wenn wir bei diesen Reisen Freunde oder Kollegen treffen.

Ansgar macht selbstverständlich seine Geschäftsreisen, ruft heute aus München an und morgen aus Moskau – ich dagegen bin ja angeblich richtig gern zu Hause, wie er das bei der Party gesagt hat, ich hätte den Satz vielleicht komplettieren sollen: zu Hause angebunden.

Das hört sich jetzt für meinen Geschmack schon fast bitter an, dabei bin ich das gar nicht. Wenn ich genauer drüber nachdenke, arbeitet da etwas in mir, was mir nicht gefällt, was ich gar nicht richtig benennen kann. So war das auch bei dieser Party, als er so selbstsicher, so stolz sagte: Simone ist total gern mit der Kleinen zu Hause. Ja, ich liebe meine Tochter, ich bin gern mit ihr zusammen. Ich liebe auch Ansgar – aber ich fühle mich trotzdem ein bisschen, als wenn ich in die Falle getappt wäre. In eine Baby- und Ehefalle. Die mir keiner gestellt hat, schon gar nicht Ansgar, ich wollte ja immer ein Kind. Zu Hause bleiben ist auch völlig in Ordnung, aber irgendwie ist da so ein – ich weiß gar nicht, wie ich's nennen soll. Schaler Beigeschmack? Grummeln im Bauch? Unbehagen? Nennen wir es Unbehagen.

Manchmal beneide ich meine Schwester, die ist Künstlerin, sie lebt auch mit einem Künstler zusammen. Sie haben einen Sohn und eine Tochter, drei und fünf. Aber Doro lebt so frei, so ungeplant, so ungebunden, sie arbeitet, wie und wann es ihr gefällt, ihr Mann kümmert sich genauso um die Kinder wie sie. Gut, die beiden haben viel weniger Geld als wir, Party bei Doro heißt nicht: Du machst nur die Mitternachtssuppe heiß, das Catering bringt Fingerfood oder was sonst gerade angesagt ist. Party bei Doro ist Bottle-Party, wie zu Schülerzeiten, alle steuern etwas bei und nehmen anschließend ihre leeren Salatschüsseln wieder mit. Das kann ich mir bei uns zu Hause beim besten Willen nicht mehr vorstellen, ich genieße unsere materiellen Freiheiten schon sehr.

Ansgar ist es ganz wichtig, für seine Eltern, die Freunde, auch für seine Kollegen ein bestimmtes Bild von unserem Familienleben zu erzeugen: Er dynamisch, kraftvoll, durchtrainiert, seine Frau brillant, attraktiv und begehrenswert, zusammen mit der süßen, aufgeweckten Tochter ergibt das eine Bilderbuchfamilie. Ansgar sagt am Telefon über Josepha: »Sie gedeiht prächtig.« Als ich das das erste Mal hörte, dachte ich: Was sagt er da? Sind wir hier bei den Buddenbrooks? Idylle der altmodischen Art? Nein, er hat ja völlig recht: Josepha gedeiht prächtig, wie soll man es anders sagen?

Ansgar erzeugt kein falsches Bild von seiner Familie, also auch nicht von mir und sich, er lebt das alles wirklich. Er trägt Josepha und mich auf Händen, er zeigt bei der Arbeit vollen Einsatz, er ist motiviert und eloquent, er sieht gut aus – und entspricht im Grunde genau dem Bild von einem Manager, wie man es aus amerikanischen Filmen kennt.

Wir haben uns vor sieben Jahren bei der Arbeit kennengelernt, wir waren in einem Unternehmen, bis wir fanden: Besser, wir stehen uns nicht gegenseitig im Licht, Ansgar hat sich erfolgreich wegbeworben. Ich fühlte mich ja von Anfang an total angezogen von Ansgars souveräner Art, seiner Großzügigkeit, seiner Weltläufigkeit. Das wirkte so authentisch, nicht antrainiert – als ich seinen Vater das erste Mal sah, wusste ich, wo er das herhat. Ludwig ist über siebzig, Unternehmer in der dritten Generation, Grandseigneur durch und durch, er liebt es, Frauen mit Handkuss zu begrüßen, wenn er mit mir tanzt, flirtet er dezent und macht Komplimente in einer Art, wie sie früher wahrscheinlich in Benimmbüchlein standen.

Ansgar ist die moderne Ausgabe von Ludwig: beruflich völlig auf eigenen Füßen, ein Familienmensch, der mir immer die freie Entscheidung lassen würde, zu Hause zu bleiben oder berufstätig zu sein. Bis ich schwanger wurde, war es so: Wir haben uns nicht ergänzt, das mussten wir ja gar nicht, denn ich war im Grunde wie er, wir haben uns gegenseitig zu Höchstleistungen angespornt. Zusammen waren wir, ja, ich kann das gar nicht anders sagen, nicht zweihundert, sondern fünfhundert Prozent. Und jetzt ist er irgendwie alleine zweihundertfünfzig Prozent. Über meinen Prozentsatz denke ich mal nicht nach.

Als ich schwanger wurde, hatte ich gerade ein mörderisches Projekt für ein internationales Markenprodukt hinter mir. Eigentlich verstehe ich bis heute nicht, wie ich da überhaupt schwanger werden konnte. Ich stand monatelang so unter Stress, das war natürlich spannend, eine echte Herausforderung, auch körperlich ging's oft bis an die Grenzen. Ich war übernächtigt, hatte zu viel abgenommen, ich dachte schon, meine Regel wäre ganz weg. War sie auch – aber nicht wegen Überanstrengung, sondern weil ich schwanger war. Ich habe Ansgar eine SMS noch aus der Praxis geschickt: *Darling, du wirst Daddy! Küsse, ich liebe dich, Mone.* So schnell hat er noch nie zurückgerufen, er ist einfach aus einem Meeting rausgestürzt und hat am Telefon nur rumgestammelt: »Echt? Sag, dass das wahr ist! Mensch, ich fass es nicht, ich fass es nicht.« Ich wollte wieder ins Büro, er hat gesagt: »Geh doch besser nach Hause!« Ich hab gesagt: »Ich bin in der siebten Woche, nicht im siebten Monat!« Er bestand darauf, mich abends vom Büro abzuholen.

»Das muss gefeiert werden.« Er hatte einen Tisch bei Oberfeinschmecks bestellt, wir kommen rein, der Kellner führt uns an den Tisch, an dem schon ein Stuhl besetzt ist: ein Riesen-Steiff-Teddy, im Arm ein Schokoladenherz. Hatte Ansgar tatsächlich noch vorher besorgt und platziert. Für so etwas liebe ich ihn, ich habe mich total gefreut, wir waren beide super gerührt an diesem Abend. Wir haben uns an dem Tisch mit Teddy dann noch mit dem Handy fotografiert – Ansgar hat sich das Foto ein paar Tage später im Silberrahmen auf den Schreibtisch gestellt.

Dieses Foto, das passt auch zu meinem komischen Gefühl: Es ist, als wenn ich eine Rolle spiele in einem Fernsehfilm. Alles stylish, edel, perfekt. Perfekt – das ist das richtige Wort. Es ist irgendwie so perfekt, dass ich denke: Wo ist der Haken? Da muss doch bald die Krise kommen. Ich wünsche mir das nicht, und ich bin froh, dass wir im wirklichen Leben sind, nicht im Film. Denn da wäre jetzt schon längst der Einbruch des Grauens fällig gewesen: Das Kind wird ernstlich krank, der Mann hat eine Freundin, die Frau wird von den Schatten ihrer Vergangenheit eingeholt. Aber Josepha ist gesund, Ansgar hätte gar keine Zeit für eine andere, ich spüre jeden Tag, dass er mich liebt, und die einzigen Schatten, an die ich mich erinnere, sind die Augenschatten, die ich früher hatte, wenn wir bis in die Nacht im Büro am Computer saßen.

Das heißt: Meine Wünsche und Träume für die Arbeit – die haben vielleicht ganz, ganz leichte Schatten. Ich habe mich immer als Frau gesehen, die Karriere macht, ich hatte schon während meines BWL-Studiums im Ausland gearbeitet, Praktika gemacht. Ich sehe mich immer noch so: erfolgsorientiert, zielstrebig. Ich wollte auch immer Kinder, aber Ansgar und ich waren noch nicht so weit, dass wir diese Frage des *Wann* geklärt hätten. Ich habe schon manchmal gedacht: Gut, dass Josepha einfach gekommen ist. Wer weiß, vielleicht hätte ich mich nie durchringen können zu diesem Entschluss? Ein grauenhafter Gedanke, jetzt wo unsere Tochter da ist. Mich beunruhigt es wirklich, dass ich aus freien Stücken vielleicht nie gesagt hätte: »Jetzt ist ein guter Zeitpunkt für ein Kind.« Aber mir war das immer bewusst, dass ein Kind meine Karriere berühren würde, nicht Ansgars. Ich richte nicht in dieser Frage, ich weiß: Wäre Ansgar als Mann in der Lage gewesen, ein Kind zu bekommen: Er hätte es genauso getan, wie ich es getan habe.

Letzte Woche Dienstag lag ich früh zwischen sieben und halb acht noch so richtig schläfrig im Bett, Josepha schlief offensichtlich auch fest in ihrem Zimmer, da kommt Ansgar nach dem Duschen noch mal ins Schlafzimmer, normalerweise zieht er sich immer gleich an und macht sich Frühstück. Ich wundere mich also: Er in Boxershorts, nasse Haare. Er fängt an herumzutanzen und singt, zu dieser alten Melodie, *Jetzt geh'n wir ins Maxim* oder wie das heißt: »Der Ansgar bleibt zu Haus, er bleibt heut schlicht zu Haus, er küsst heut seine Süße, er küsst heut seine Süße.« Da musste ich schon lachen. Er schmiss sich dann regelrecht zu mir aufs Bett und fing an mich zu küssen. Ein wunderbarer Quickie am Morgen – davon träumen andere Ehefrauen. Natürlich hat er sich dann trotzdem angezogen, wir haben bei Latte macchiato noch einen

Moment zusammengesessen, Josepha kam in die Küche getapert, Küsschen Papi hier, Küsschen Mami da, und dann ist er los.

Ich habe gemerkt, dass ich den ganzen Vormittag so ein Dauerlächeln eingeschaltet hatte. Um elf war ich mit einer Freundin und ihrer kleinen Tochter bei uns verabredet, Josepha und Hilla lieben sich abgöttisch und spielen einfach gerne zusammen. Ich hatte grünen Tee vorbereitet, und das Erste, was Mary sagte, war: »Siehst du gut aus, du warst doch gar nicht im Urlaub.«

Ja, ich bin irgendwie einfach glücklich, und das sieht man. Warum kann ich dieses Glück nicht einfach genießen? Ich ärgere mich über mich selbst, dass ich so nach dem Haar in der Suppe suche. Und ich finde ja keins.

Neulich fragte mich meine Schwiegermutter, mit der ich mich blendend verstehe, obwohl sie so anders ist, sie ist wirklich eine Frau, die ihrem Mann immer den Rücken freigehalten hat, die ihr Studium, ausgerechnet auch noch Kunstgeschichte, abgebrochen hat, um Ansgars Vater zu heiraten. Sie sagte jedenfalls: »Jetzt, wo Josepha größer wird, kommst du doch hoffentlich nicht auf die Idee, wieder zu arbeiten?« Ich wollte gerade antworten, da sagte Ansgar schon: »Mutter, und selbst wenn – für Josepha wäre immer perfekt gesorgt, das weißt du doch.« Er steht voll hinter mir und fängt sogar potentielle Kritik von seiner Mutter ab, die ich gar nicht empfunden hätte.

Ich weiß, dass er jede meiner Entscheidungen voll mitträgt, große wie kleine. Eine Weile habe ich ihn richtig auf den Prüfstand gestellt: Er hört interessiert zu, wenn ich ihm abends erzähle, dass ich vier Stunden shoppen war und drei Paar Schuhe in drei verschiedenen Blautönen gekauft habe, er interessiert sich für meine Pilates-Kurse, die ich bald nach Josephas Geburt wieder angefangen habe – vor der Schwangerschaft bin ich wegen der vielen Arbeit überhaupt nicht mehr in den Fitness-Club, ins Spa gekommen, immer fehlte mir die Zeit. Und natürlich findet er es völlig in Ordnung, dass sich Tante Karin um Josepha kümmert, wenn ich etwas anderes mache. Tante Karin ist überhaupt der Glücksfall für uns: Sie ist mehr als Kinderfrau für uns, sie ist fünfzig, hat selbst große Kinder, kommt täglich, bis aufs Wochenende, nimmt mir das meiste im Haushalt ab und kocht auch gern.

Es geht mir einfach verdammt gut – das kann doch kein Problem sein? Es ging mir schon gut, als Ansgar und ich geheiratet haben – viele im Freundeskreis, Unverheiratete wohlgemerkt, Pärchen wie Singles, haben uns schon schlicht um diese Entscheidung beneidet: Wir tun's, wir heiraten.

Wir haben einen Ehevertrag gemacht, ganz ohne Probleme, wir konnten beide beurteilen, ob er fair ist, und der Notar, ein guter Freund von uns, meinte: »Wenn es immer so einfach wäre.«

Ich spüre schon lange den Neid von Singles und Paaren in unserem Umfeld, also jetzt kein böser, giftiger Neid, auch kein Neid auf unsere tolle Wohnung, die Einrichtung, die Autos, nein, eher ein Neid, der als Wunsch daherkommt, auch so eine Selbstverständlichkeit, so eine Leichtigkeit, eine Einigkeit mit dem Partner zu erleben. Wahrscheinlich ist das einfach selten, und ich sollte mich freuen, freuen, freuen, statt so viel nachzudenken.

Ich glaube, das, was mich wirklich kirre macht, ist die Statistik. Wenn mittlerweile jede zweite Ehe geschieden wird, warum dann nicht auch unsere? Ich bin ja eher der rationale Typ. Aber da werde ich dann sentimental. Ich möchte nicht zum Opfer dieser Statistik werden, nur weil fünfzig Prozent der Ehen früher oder später dran sind.

Ich merke, dass mich in den letzten Monaten so eine Unruhe befällt, ich habe schon überlegt, ob ich wenigstens irgendetwas Ehrenamtliches, Karitatives machen sollte, sozusagen, um von meinem Glück etwas abzuarbeiten. An klassische *Charity*, Geld sammeln mit Events, dachte ich dabei nicht, eher an etwas sehr Bodenständiges. Zum Beispiel bei einer dieser Tafeln, die Lebensmittel vorm Wegwerfen in Supermärkten einsammeln und an Bedürftige verteilen oder in einer Suppenküche. Ansgar würde es gut finden, unzweifelhaft. Aber ich hab diese Idee erst mal verschoben, ich weiß: Wenn ich etwas anfange, dann dauert es nicht lange, und ich habe das komplette Projekt an mich gezogen, sozusagen Suppenküche global oder In-je-dem-Dorf-'ne-Tafel. Ich glaube, es fällt mir unglaublich schwer, einfach mal nichts zu tun, also relativ nichts. Ich war immer auf Karriere gepolt, bei der Arbeit fuhr ich immer auf der Überholspur, und dass ich jetzt so sehr zurückgeschaltet habe, ist aus der Sicht der Simone von früher, der Nicht-Mutter, ein Rückschritt. So ganz habe ich diese Sichtweise leider offenbar noch nicht abgelegt. Ich neige gewiss nicht zu Kapitalismus-Kritik, aber im Moment frage ich mich: Wieso war ich eigentlich immer so getrieben, wofür? Wenn du plötzlich lebensbedrohlich krank wirst, willst du auch nicht zurück in die Tretmühle Job. Und ich hatte nun den denkbar wunderbarsten Grund auszusteigen. Nie würde Ansgar sagen: Frauen wollen eben doch nur versorgt sein. Er zeigt mir deutlich: Was du geleistet hast, vor Josepha, war mehr, als ich geschafft habe, was du mit Josepha schaffst, ist auch mehr – denn das können Männer ja nun mal nicht, Kinder kriegen. Ansgar und ich sind uns einig, dass wir bald noch ein zweites Kind wollen, ich könnte mir sogar ein drittes vorstellen.

Ich horche gerade, ob ich mir mein Unbehagen gerade weggeredet habe ... Irgendwie schon. Ich arbeite noch dran, mein ständiges Misstrauen abzubauen, weil ich merke: Es ist so unglaublich schön, einfach mal keine Probleme zu haben. Wer weiß, wie lange es vorhält.

Wenn ich mit anderen Frauen spreche, fällt mir immer wieder auf, wie unzufrieden viele sind. Das müssen ja gar keine konkreten Beschwerden sein, aber wenn eine Frau von ihrem Mann sagt: »Der denkt doch nur an seine Karriere«, dann ist für mich schon durch die Wortwahl, durch dieses *der,* alles klar. Über Ansgar könnte ich nur sagen: »Er denkt an seine Karriere, er denkt auch an unsere Familie, und das ist gut so.«

Was mir unglaublich gefallen würde: Wenn Ansgar und ich ein eigenes Unternehmen gründen würden. Warum sollen wir uns immer für andere auspowern? Natürlich ist es schön, viel Geld in einem sicheren Job zu verdienen, aber was ist schon sicher? Asien, das wär's für mich. China. Ansgar könnte sich das auch vorstellen. Ich hab doch jetzt nicht eben gesagt: »Ansgar sagt auch ...« oder »Ansgar findet ...«? Darüber hat sich nämlich Doro neulich aufgeregt, dass manche Frauen nur noch so reden: »Also, mein Mann sagt ja …«, »Mein Mann findet …« Seit sie mich drauf aufmerksam gemacht hat, höre ich das überall. Ich glaube, ich sage das nicht. Weil *ich* ja finde: Asien wäre interessant. Und ich kann mir auch vorstellen, dass *wir* uns da wieder mal einig wären.

Ich glaube, so ganz verwunden habe ich es doch nicht wirklich, dass Ansgar jetzt beruflich an mir vorbeizieht – obwohl er nichts dafür kann und ich diese Tretmühle wirklich nicht vermisse. Aber ich habe schon irgendwie das Bedürfnis zu zeigen, dass ich eben nicht nur Hausfrau und Mutter bin. Seit einem halben Jahr treffe ich mich dreimal die Woche mit einem Chinesischlehrer. Ich halte das geheim. Nicht, weil wir etwas zu verbergen hätten – ich lerne Chinesisch. Der Gedanke macht mir geradezu infantile Freude: Ich fliege mit Ansgar irgendwann nach China, und ich rede mit den Leuten in ihrer Sprache.

Susanne, 44,
Statikerin/Hausfrau, 18 Jahre verheiratet,
1 Kind

Der Countdown läuft

Susanne erzählt völlig entspannt von Lieblosigkeit und Alltagstrott in ihrer Ehe, im Gegensatz zu vielen anderen Frauen hat sie nicht resigniert – arrangiert mag sie sich haben, aber das nur auf Zeit. Der Countdown läuft, sobald Tochter Lea die Ausbildung abgeschlossen hat, »wird neu gewürfelt«, so Susanne. Ihr Mann ahnt nichts von Susannes geordnetem Rückzug, der ihm eine sanfte Landung im neuen Junggesellendasein ermöglichen soll.

Geschenke für mich, zum Geburtstag und zu Weihnachten, die kaufe ich mir schon lange lieber selbst. Aber neulich war Valentinstag. Mein Mann zeigt beim Frühstück auf den großen Beutel mit den Pfandflaschen und sagt zu unserer Tochter: »Bring doch bitte heute die Flaschen zurück, und von dem Geld kaufst du deiner Mutter dann Blumen.« Mhm, ja, ich habe nicht gesagt: »Halt, stopp.« Es waren viele leere Flaschen, es reichte für zehn Rosen. Abends waren Freunde da, die Blumen standen auf dem Esstisch. Die Frau hat die Rosen so komisch angesehen. Vielleicht hatte ihr Mann den Valentinstag vergessen. Ich kann mir vorstellen, wie sie dann auf dem Rückweg zu ihm gesagt hat: »Hast du gesehen – Susanne hat Blumen von ihrem Mann gekriegt.« Was bei uns dahinsteckt, hinter diesen zehn Rosen, kann sie ja nicht wissen.

Man will sich im Freundeskreis doch keine Blöße geben. Wir zum Beispiel sind eine größere Runde, wir kennen uns viele Jahre, viele von uns haben zusammen studiert, wir haben ungefähr zur selben Zeit die ersten Kinder gekriegt. Wir sehen uns etwa alle vier Wochen, wir sind oft zusammen in Urlaub gefahren. Wenn man dann allmählich merkt: Bei uns, also in *unserer* Ehe, fängt es an zu kriseln – will man dann die Unstimmigkeiten vor anderen austragen? Das macht doch keiner gern.

Die ersten Krisenzeichen in unserer Ehe zeigten sich im Urlaub. Nicht dass ich die damals erkannt hätte, das muss ich heute eingestehen. Mein Mann und ich hatten irgendwann wirklich schlimme Phasen im Urlaub. Das ganze Jahr über ist man nur am Wochenende ständig zu dritt zusammen, und plötzlich hat man zwei Wochen, von morgens bis abends. Man muss sich, vielleicht auch noch mit Freunden, auf gemeinsame Unternehmungen einigen: »Wollen wir an den Strand, Schatz?« Oder fahren wir über Land? Besichtigen wir ein Schloss? Da kam bei meinem Mann und mir viel an angespannter Stimmung hoch, die zu Hause sicher auch da war, aber nicht so durchbrach, dazu wurde dann auch noch unsere Tochter bockig.

Wir waren oft mit Freunden und deren Kindern verreist, unser Kind ist ja Einzelkind. Mein Mann ist nicht unfreundlich gewesen zu den Freunden, nicht mausig.

Aber er hat eben einen gewissen Rumpelcharme, so nenne ich das. Und wenn dann auf der Reise irgendwas war mit den Freunden, was meinem Mann nicht gepasst hat, wer musste das dann regeln? Ich. Das fand ich belastend.

Es hat lange gedauert, bis mir das Licht aufging: Urlaub ist schwierig. Wir verreisen jetzt schon lange im Höchstfall eine Woche – länger möchte ich mir das nicht antun.

Den Urlaub, die ganze Planung, die überlässt er sowieso mir. Ich kann aussuchen, wohin wir fahren, sage ihm das, er ist dann einverstanden. Aber er meckert rum, wenn er merkt: Jetzt geht's los. Er sagt dann: »Ach, Urlaub, ach, muss ich neun Stunden Auto fahren.«

Wir sind jahrelang immer in den Oster- oder Herbstferien gefahren. Im Sommer ging nicht – da brummt es im Baugewerbe, mein Mann ist Ingenieur. Winterurlaub hätte er wohl gern gemacht, er ist früher Ski gelaufen – ich nicht. Vor zwei Jahren hab ich gedrängt: »Organisier du doch mal 'n Winterurlaub, ich kann mich ja in Ruhe hinsetzen und drei Bücher lesen, wenn ihr Ski lauft.« Aber: Er hat keine Anstalten gemacht. Dann eben nicht.

Meine Tochter kann sich jetzt noch einmal aussuchen, wohin wir alle drei zusammen verreisen – sie ist siebzehn. Es könnte unser letzter oder vorletzter gemeinsamer Urlaub sein. Aber das weiß ja keiner außer mir. Es könnte unser letzter Urlaub sein, nicht, weil sie nicht mehr will – sondern weil *ich* nicht mehr will.

Als Lea noch ganz klein war, hab ich einen fürchterlichen Fehler gemacht – ich habe auf meine berufliche Karriere verzichtet. Für unsere Tochter. Andererseits, was heißt *Fehler*: Für mich war das damals die einzig denkbare Entscheidung. Lea war sehr anfällig für Krankheiten, sie war manchmal drei Wochen krank, dann drei gesund, dann wieder drei krank … Ich wollte eigentlich nach zwei Jahren wenigstens halbtags wieder zurück als Statikerin zu meinem alten Arbeitgeber, der hätte mich auch genommen, aber bei Lea zeichnete sich ab: Kindergarten geht gar nicht, sie hätte jede kleine Erkältungswelle mitgenommen. Ich habe damals gedacht: Gut, du steckst zurück, du bleibst zu Hause. Auf die Idee, dass mein Mann vielleicht auch anders hätte arbeiten können, weniger oder Teilzeit, auf die Idee sind wir nicht gekommen.

Mein Mann hatte sich durchaus aufs Kind gefreut, er wollte gern eine Tochter. Als sie geboren wurde, war auch Friede, Freude, Eierkuchen. Bis Lea zwei Jahre alt wurde, war er der glücklichste Vater der Welt, er hat sie gewickelt, gefüttert. Es stellte sich raus, dass sie Spätentwickler ist, deswegen langsamer lernte zu laufen, zu sprechen. Kaum tauchten Probleme auf, war sie plötzlich *mein* Kind. Als Lea noch nicht zur Schule ging, habe ich mich manchmal für den späten Nachmittag oder frühen Abend zum Kino mit einer Freundin verabredet, damit mein Mann sich kümmern muss. Er hat dann zwar geschimpft, war aber immer rechtzeitig da, die beiden haben sich ein paar nette Stunden gemacht. Aber es war schon so, auch als sie zur Schule ging: Für unsere Tochter war ich verantwortlich, auch dafür, dass sie einen passablen Schulabschluss schafft und jetzt eine Ausbildung zur Tierpflegerin macht. Ich hab das gern gemacht – die Mutterrolle hätte ich auch ehrlich gesagt nie wirklich teilen mögen.

Mein Mann fand es jedenfalls damals völlig in Ordnung und auch durchaus normal, dass ich zu Hause blieb, seine Mutter hatte immer nur halbtags gearbeitet, sich also quasi ein Taschengeld dazuverdient zum Gehalt ihres Mannes. Seine Mutter war immer für ihre Kinder und ihren Mann da gewesen, und warum sollte das bei uns anders sein?

Dass ich also zu Hause geblieben bin, finde ich nach wie vor richtig, unsere Tochter hat's gebraucht. Aber ich hätte früher wieder anfangen sollen zu arbeiten, so viel wie eben möglich gewesen wäre. Dann hätte mein Mann vielleicht begriffen: Wir haben *beide* unsere Arbeit, und zu Hause haben wir alle Aufgaben zu *teilen*. Bei uns hat es sich nämlich anders eingeschliffen: Ich habe ihm die Hausarbeit regelrecht abgewöhnt. Und er hat immer gesagt: »Du bist ja zu Hause, du hast ja Zeit.«

Ich habe nicht nur die Hausarbeit gemacht, ich habe auch unser komplettes Sozialleben organisiert. Es ist bis heute so: Wenn Freunde anrufen, mein Mann am Telefon ist, redet er zwar mit denen. Wenn's aber drum geht, eine Verabredung auszumachen, gibt er mir den Hörer: »Hier.« Das sprechen ja meistens die Frauen miteinander ab. Sogar für das, was eigentlich nur ihn betrifft, fühlte ich mich lange zuständig, ich habe ihn jahrelang erinnert: »Willst du nicht mal wieder deine Mutter anrufen?« Um mir dann sein Gemaule anzuhören. Heute sage ich mir: Warum soll ich ihm alles abnehmen? Und tu's nicht mehr.

Als ich vor sieben Jahren wieder anfing zu arbeiten, hab ich in vollem Ausmaß begriffen, wie sich unsere Ehe entwickelt hat.

Es hatte sich ergeben, dass ich im Kulturamt anfangen konnte. Mein Mann ist als Bauingenieur immer noch im selben Beruf wie damals, als wir uns kennenlernten. Auch wenn ich jetzt voll arbeite, bin ich natürlich früher zu Hause als mein Mann. Kommt er dann, reden wir meist kaum ein Wort mehr als die normalen Begrüßungsformeln. Mein Mann geht direkt ins Wohnzimmer, nimmt die Fernbedienung und macht den Fernseher an. Dann erwartet er sein Essen. Bei uns gibt es oft lecker *Mir-doch-egal* oder *Was-weiß-ich* – das sind die üblichen Antworten auf meine Frage: »Was soll ich denn kochen, worauf hättest du denn Appetit?«

Sitzen wir mal alle zusammen ohne Fernsehen am Tisch, beschwert sich meine Tochter mittlerweile schon manchmal: »Mensch, will sich denn hier keiner unterhalten?« Ich sage dann: »Ach, lass ihn. Er mag einfach nicht reden, wenn er von der Arbeit kommt.« Das ist ja wohl bei vielen Männern so.

Hat er dann mehr oder weniger schweigend gegessen, textet er mich jeden Abend eine Stunde lang voll mit dem, was er so tagsüber erlebt hat, was ihn beschäftigt. Das war schon immer so. Ich verstehe, was er erzählt, ich komme ja vom Fach. Das Problem ist: Wir *unterhalten* uns nicht wirklich. Mein Mann will sich im Gespräch mit anderen nur spiegeln, bestätigen. Er erzählt, die anderen sollen zuhören. Ihm hat zu Hause, bei seinen Eltern, nie jemand zugehört. Wahrscheinlich muss er da was nachholen.

Wenn *ich* etwas erzählen will, hört er weg. Ich habe das Gefühl: Er will vom Alltag der anderen beiden Personen in seinem Haus gar nichts hören. Er weiß bis heute nicht, mit wem ich in einem Büro arbeite, auch wenn ich die Namen der Kollegen immer wieder erwähne. Er interessiert sich einfach nicht für meine Arbeit, er akzeptiert nicht, dass ich da etwas Eigenständiges mache. Er meint ja auch, dass wir uns im Amt nur die Fingernägel lackieren und den ganzen Tag Kaffee kochen. Wenn er das nun nur im stillen Kämmerlein äußern würde – tut er aber nicht. Er vertritt diese Meinung auch vor Freunden.

Ich vermute mittlerweile: Viele würden es verstehen, wenn ich mich von meinem Mann trennen würde – das wäre sicher nicht so, wenn er sich von mir trennen würde.

Mein Mann hat kein Einfühlungsvermögen, daran fehlt's ihm, und das nicht nur mir gegenüber. Einmal kam unsere Tochter nach Hause, hatte wirklich strähnige Haare, Pickel im Gesicht und sah insgesamt nicht besonders glücklich aus, Pubertät eben, da sagt er zu ihr: »Wie siehst du denn heute aus?«

Auch bei mir … Ich meine – jede Frau braucht doch ein paar Komplimente. Ich habe mir irgendwann diesen Pagenkopf zugelegt, vorher waren meine Haare lang, straßenköterblond, jetzt sind sie rot. Mein Mann hat gesagt: »Wie siehst du denn aus?« Vor Freunden meinte er: »Ich hab ein Auto gesehen, das kannte ich, darin eine Person in Klamotten, die mir bekannt vorkamen, aber die Frau?« Jetzt findet er meine Frisur ganz gut, aber wenn ich die Haare wieder blond färben würde, kämen wieder solche Bemerkungen von ihm, das ist sicher.

Es ist schwer, sich selbst einzugestehen, dass man es nicht gepackt hat, dass sich die eigene Ehe irgendwie totgelaufen hat. Es ist schrecklich ernüchternd. Ich bemühe mich, es so zu sehen: So wie es ist, ist es eben, und das, was ist, haben zwei zu verantworten, nicht einer allein. Und schon gar nicht ich. Das sage ich mir jetzt immer, und es tröstet.

Mein Papa ahnt schon lange, dass etwas nicht stimmt. Er leidet mit mir. Er hat schon vor fünf Jahren gesagt: »Susanne, wenn du dich trennst, hast du meine volle Unterstützung, du kannst auch bei uns wohnen.« Vor einem halben Jahr hat er mich aber gewarnt: »Wenn du jetzt vorhast, dich scheiden zu lassen, warte, bis Lea mit der Ausbildung fertig ist.« Er hat mir das dann richtiggehend als Versprechen abgenommen, weil zu befürchten ist: Wenn ich jetzt gehe, würde mein Mann mir und Lea das Leben schwermachen, mit schlechter Stimmung, Streit um Finanzen. Letztlich müsste Lea das ausbaden. Das will ich natürlich nicht, ich wünsche mir, dass sie in Ruhe ihre Ausbildung fertig machen kann. In anderthalb Jahren ist sie durch – dann wird neu gewürfelt, dann kann ich gehen.

Eigentlich ist es so: Man ist in der Zweisamkeit einsam, das empfinde ich schon lange. Es stört mich aber nicht mehr besonders, seit ich für mich weiß: Der Countdown läuft. Manchmal sehe ich meinen Mann heimlich an und denke: Wenn du wüsstest. Ich bin da gar nicht schadenfroh, ich will ihm ja nichts Böses. Es gibt aber aus meiner Sicht auch nichts, was man noch durch Reden wieder geradebiegen könnte. Es ist kein Anknüpfungspunkt mehr da.

Ich habe mich verändert, entwickelt. Mein Mann nimmt mich aber nicht so, wie ich heute, wie ich seit einigen Jahren bin. Mein Mann sieht mich nach wie vor als die Frau, die er kennengelernt, die er geheiratet hat. Die also viel zu lange bereit war, ihm den Rücken frei zu halten, zu Hause zu bleiben, den Haushalt zu machen, nicht Auto zu fahren. Heute würde ich mich bei jeder einzelnen dieser Fragen anders verhalten.

Mein Papa sagt immer: »Eine Frau muss Skat spielen können, ihr eigenes Geld verdienen und autofahren.« Skat konnte ich schon als Mädchen, Geld verdiene ich auch wieder seit sieben Jahren, aber das Autofahren hatte mein Mann mir abgewöhnt. Als ich meinen Führerschein ganz neu hatte, da war er seinen gerade los, er hatte sich beim Rasen erwischen lassen.

Wir wohnen ja draußen in der Pampa, man muss mit dem Bus zur Regionalbahn fahren und dann weiter in die Stadt, das finde ich unbequem. Ich fuhr morgens immer bei meinem Mann im Auto mit. Nun durfte er ja nicht fahren – fuhr also ich, fröhlich durch das Gewusel im Stadtverkehr, es ging ganz wunderbar. Dann meine erste richtig lange Strecke: Wir wollten mit dem Auto an die Ostsee. Ich fuhr wie eine Eins, ich hab gestaunt.

Kaum hatte mein Mann seinen Führerschein zurück, saß wieder nur noch *er* hinterm Steuer. Meine Freundin Imke sagte irgendwann: »Du musst doch auch mal fahren …« Meinen Einwand, mein Mann sei so ein schlechter Beifahrer, wischte sie zur Seite: »Ich fahr bei dir mit, dein Mann steigt bei meinem ein.« Wir wollten zusammen ins Kino. Ich kam auch gut hin, bin dann aber beim Einparken hinten und vorne angestoßen, der Kotflügel bekam eine Beule. Ich hatte so ein schlechtes Gewissen – da fahre ich das erste Mal wieder mit unserem Wagen und dann das.

Ich bin dann lange gar nicht mehr Auto gefahren. Ich hab mir eingeredet: Ich brauch das nicht. Dabei wohnten wir ja nicht plötzlich dichter an der Bahn. Mein Papa hat irgendwann gesagt, als er gemerkt hatte, ich schränke mich zu sehr ein: »Du kriegst mein Auto.« Und weil ich so wenig Fahrpraxis hatte: »Und ich bezahle dir ein paar Fahrstunden, damit du dich sicher fühlst.«

Jetzt ist es so: In *meinem* Auto fahre ich, in *seinem* Auto fährt mein Mann. Und ich habe mir mit meinem Auto noch nicht die kleinste Schramme geholt.

Wenn mein Mann und ich … Leute besuchen, dann fahre meist ich. Ich weiß ja: Ich kann auch lustig sein, den Abend genießen, ohne ein Glas Wein. Es ist komisch: Wenn ich fahre, findet er das einerseits praktisch, ich merke aber auch, dass er sich zusammennehmen muss, um keine dummen Bemerkungen zu machen. Der allerliebste Beifahrer ist er mir, wenn er genug Alkohol getrunken hat, dann schläft er ein und sagt nichts. Mir wäre es fast am liebsten, wenn wir mit zwei Autos irgendwohin fahren, hintereinander her, aber das wäre ja Verschwendung.

Neulich Abend war ich nach der Arbeit mit Kollegen in der Stadt verabredet, ich hab zu meinem Mann gesagt: »Ich weiß noch nicht, wann ich nach Hause komme, es wird spät.« Ist ja kein Problem, auch mitten in der Nacht: Ich setze mich in mein Auto und fahre nach Hause. Allein, unabhängig von ihm. Er hat mich zu lange immer überall hingefahren. Es wurmt ihn, dass er merkt: Seine Frau ist nicht mehr so von ihm abhängig.

Andererseits kommt von ihm nichts, was die Gemeinsamkeit stärken könnte. Früher fand er es toll, mit mir ins Museum zu gehen. Heute geht er höchstens mal mit in eine Kirche. Bauwerke interessieren ihn nach wie vor – was ja nicht verwunderlich ist bei seiner Arbeit. Wenn ich aber sage: »Wir könnten doch mal in eine Ausstellung gehen, Rembrandt …«, oder auch ganz konkret: »Morgen Abend ist im Kulturamt Vernissage, eine Fotoausstellung, komm doch mit …«, dann will er nicht.

Überhaupt: Wenn ich ihn frage: »Was stellst du dir denn vor, was noch so kommen soll?«, dann antwortet er unter Garantie: »Dass das Haus schuldenfrei wird«, oder »… dass wir uns nächstes Jahr ein neues Auto kaufen.«

Vergangenen Freitag kommt er überraschend um fünf nach Hause und fragt: »Wollen wir noch irgendwas machen?« Ich war total erstaunt und antwortete: »Was möchtest du denn gern, sag einfach mal, wir machen das.« Von ihm kam dann nichts. Er hat ein Problem mit Entscheidungen, wenn sie nicht beruflich sind. Früher wäre ich in die Bresche gesprungen, hätte gesagt: »Lass uns ins Kino gehen, ins Konzert.« So haben wir immer gemacht, was ich wollte. Manchmal tut es mir auch leid, wenn ich heute so abweisend bin.

Am schlimmsten sind die Wochenenden. Grauenhaft … Unser Wochenende ist so getaktet: aufstehen, Frühstück, dann geht er in die Werkstatt. Am liebsten schläft er dann noch. Mittagsschlaf oder von vier bis sechs schlafen findet er schick. Jeden ersten Sonntag im Monat heißt es: Kaffee und Kuchen bei der Schwiegermutter. Das ist steigerungsfähig durch Weihnachten – alle Jahre wieder sitze ich unterm Tannenbaum und denke: Jetzt machste den Zirkus doch wieder mit. Wie viel Zeit man mit Dingen verbringt, die man eigentlich nicht will.

Ich habe oft gedacht die vergangenen Jahre: Wenn dir vieles so völlig egal ist, wenn wir kein Interesse mehr haben aneinander – wieso leben wir noch zusammen? Jahrelang gab es für mich natürlich eine eindeutige Antwort auf diese Frage: wegen unserer Tochter. Gerade kleine Kinder brauchen beide, Mutter und Vater, auch wenn der wenig da ist oder wenig redet.

Vor ein paar Jahren gab es eine Zeit, da war klar: Mein Mann hat plötzlich richtig Spaß bei der Arbeit. Mein Papa meinte schon: »Ob der 'ne Freundin hat?« Mein Mann hatte damals eine Geschäftspartnerin, die sah gut aus, die fand er bestimmt attraktiv. Etwas Näheres lief unter Garantie nicht, das wäre ihm zu anstrengend gewesen. Aber ich dachte schon damals: Wenn da was wäre – es würde mir nichts ausmachen! Ich habe meinen Mann sogar aufgezogen: »Wenn du was mit 'ner anderen hättest, kann die gleich alles haben. Also, die kriegt dann von mir deine Strümpfe zum Sortieren und die Hemden zum Bügeln, dann bin ich fein raus …«

Ich schlafe immer noch mit meinem Mann, aber es ist die Katastrophe. Die Gedanken müssen dann wandern gehen … Das ist so, wie Lisa Moss, diese Prostituierte, es in ihrem Buch beschreibt. Mit dem feinen Unterschied: Man prostituiert sich für den eigenen Mann. Was soll ich sagen: Wir hatten auch in der Anfangsphase nicht so tollen Sex. Ich wüsste gar nicht, wie es anders sein könnte, wenn ich es nicht vor meinem Mann schon mal erlebt hätte.

Im Freundeskreis oder unter Kollegen wird ja gern mal rumgefrotzelt: »Na, läuft denn noch was bei euch?« oder »will sie nicht?« oder »kann er nicht?« Ernsthaft darüber geredet, also über Sex in der Ehe, wird natürlich nicht. Ich kann mir nicht vorstellen, warum es bei anderen so viel besser sein sollte als bei uns.

Ich habe eine Kollegin, die ist Single, die surft im Internet auf Kontaktseiten. Die Kollegen haben gesagt: »Oh, wie interessant, zeig mal.« Aus Spaß hab ich mir solche Seiten zu Hause auch mal angeguckt. Im Chat schrieb ich dann mit Männern, die sich sofort mit mir treffen wollten. Ich habe deutlich gemacht, dass ich nicht auf ein Abenteuer aus bin, eigentlich niemanden treffen will. Aber viele waren so charmant, so nett, so freundlich. Da dachte ich: Und dein Mann ist so ein Stiesel. Ich habe hin und her überlegt – mal einen anderen treffen … Das schadet doch nicht. Mit zweien habe ich mich verabredet, das war auch sehr lustig – aber mehr auch nicht. Ich habe mich dann nicht wieder eingeloggt.

Wenn ich mich trenne, dann bestimmt nicht für einen anderen Mann. Sondern für mich. Ich glaube schon, dass viele Frauen erst den Absprung schaffen, wenn da ein anderer, ein neuer Partner aufkreuzt. Ich denke, ich brauche diesen letzten Anstoß nicht.

Mein Mann könnte merken, dass ich mich innerlich entferne, aber er tut es nicht. Er merkt auch nicht wirklich, dass sich etwas verändert hat. Es ist doch so: Man kennt sich lange, die Fehler des anderen ignoriert man. *Ich* ignoriere *seine* Fehler. Mir ist es zu doof, ihm immer noch die Wäsche wegzuräumen. Was nicht im Wäschebeutel ist, wird eben nicht gewaschen, ich sammle nicht mehr im Schlafzimmer, im Bad, in der Werkstatt Hemden und Socken zusammen, mir macht es mittlerweile nichts mehr aus, die Waschmaschine nur halb voll laufen zu lassen.

Mein Mann denkt bis heute, die Spülmaschine beißt. Er käme nie auf die Idee, da was einzuräumen, auszuräumen. Wenn man als Frau einmal damit angefangen hat, seinen Mann zu bedienen, wird das zur Gewohnheit. Es ist schwer, das wieder rauszukriegen. Auf die Frage beim Frühstück »Haben wir noch Butter?«, bin ich früher aufgestanden, hab welche auf den Tisch gestellt, heute sage ich: »Butter ist im Kühlschrank.« Neulich fragt er: »Wo sind denn Handfeger und Müllschippe?« Ich sage: »Die hab ich nicht versteckt, die sind schon seit sieben Jahren da, wo sie immer liegen.« Als wir ins eigene Haus gezogen sind, haben wir vereinbart: Ich putze, er kümmert sich um den Garten. Aber er tut es nicht. Es ist kein großer Garten, aber er macht von sich aus nichts. Ich muss sagen: »Willst du nicht mal wieder Rasen mähen?«, wenn ich sehe, dass die Halme schon ins Kraut schießen. Neulich war er im Keller, kommt wieder hoch, sagt, er würde gern noch 'ne Runde durch den Park joggen. Ich sage: »Wir könnten ja auch 'ne halbe Stunde harken.« Er ist joggen gegangen. Er will nicht. Ich bin ziemlich organisiert, ich kriege meinen Haushalt gut auf die Reihe, meine Tochter hilft ja auch. Ich könnte auch den Garten noch organisieren. Aber ich tu's nicht.

Unsere Trennung würde ich schon richtig vorbereiten. Im Moment besteht nämlich eine große Abhängigkeit –

nicht für mich, für ihn. Ich mache meinem Mann einen großen Teil seiner Buchhaltung. Seine Kontoführung habe ich schon mal auf Onlinekontoführung umgestellt, damit er nicht immer jede Überweisung unterschreiben muss. Für die Onlinesachen musste ich ihn erst mal fit machen, das ist mir auch halbwegs gelungen. Auch unsere privaten Finanzen manage ja komplett ich. Sicherheitshalber habe ich die regelmäßigen Zahlungen schon mal mit Daueraufträgen und Einzugsermächtigungen eingerichtet – damit man ihm nicht Strom, Wasser, Gas und Telefon abstellt, nur weil seine Frau weg ist und die Überweisungen liegen bleiben.

Wenn meine Tochter mit der Ausbildung fertig ist …

Ich muss mich sehr zurücknehmen, es ist nicht mehr meine Aufgabe, mich um alles zu kümmern. Lea ist gerade schwer verliebt, sie hat ihren ersten richtigen Freund. Und ich bin richtig froh, dass sie die Liebe, die Partnerschaft nicht infrage stellt. Sie könnte ja auch auf die Idee kommen: Das mit Lars wird sowieso irgendwann alles grau und fies. Sie sieht ja bei uns, bei ihren Eltern, dass diese Ehe nicht wirklich glücklich ist. Aber sie kommt nicht auf die Idee, das auf sich zu übertragen. Und das ist auch gut so, sie muss ihre Erfahrungen selbst machen. Ich würde nicht noch mal heiraten.

Wenn ich dran denke, wie es in meiner Ehe in zwanzig Jahren aussehen könnte … Mein Mann ist ja ein Kandidat für 'nen Herzinfarkt. Bisher ist noch nichts passiert, Gott sei Dank. Krankheit – es ist ja nun nicht so, dass ich denke: Lass den Alten mal so liegen. Aber Pflege … Nee, ich glaube, ich will das nicht.

Ich hänge nicht an diesem Haus, ich könnte hier leicht wieder ausziehen. Wir haben zwar zusammen einen Kredit aufgenommen für den Ausbau, aber es ist *sein* Haus: Nicht nur im Grundbuch, es ist das Haus seiner Kindheit, seiner Familie. Mir geht es auch nicht so, dass ich wie andere Probleme damit hätte, den Garten aufzugeben, wir haben ja in dem Sinne keinen richtigen Garten, ein bisschen Rasen, ein paar Rosen. Ich habe mich nie drum gekümmert, es gibt also keine Pflanzen, die mir ans Herz gewachsen sein könnten.

Meine Freundin ist bei ihrem Mann ausgezogen, sie hat sich mit ihren Kindern eine Wohnung genommen, sie vermisst ihren Garten wirklich, sie trauert ihm richtig nach. Sie hatte Blumenbeete angelegt, einen richtigen großen Kräutergarten. Ihr Mann ist im Haus wohnen geblieben. Und was sagen ihre Verwandten? »Der arme Roland, wer soll denn jetzt putzen?« Irre, nicht?

Meine Schwiegermutter ist dazu übergegangen, ihren Mann auf einen Sockel zu stellen, er kann sich ja auch nicht mehr wehren, er liegt im Bett, er spricht nicht mehr sehr viel. Der steht jetzt so hoch auf dem Sockel, den sehen wir gar nicht mehr. Früher war er ein ganz normaler Mann mit allen Fehlern, sie hat auch über ihn geschimpft. Heute sagt sie Sätze wie: »Euer Vater war immer pünktlich, immer zuverlässig.« Wie bitte?

Ich erinnere mich nur zu gut an ihr total verkniffenes Gesicht, als Schwiegervater auf den letzten Drücker zum Standesamt, zu unserer Hochzeit kam. Und als Schwiegermutter sich davon so halbwegs erholt hatte, kam der nächste Hammer – von mir. Ich wollte ja ursprünglich

meinen Namen behalten, und als sie das auf dem Standesamt mitkriegte, ist ihr der Unterkiefer runtergeklappt, das
habe ich gesehen.

Ich wurde dann bekniet, und nach vier Wochen habe
ich nachgegeben und doch seinen Namen angenommen.
Seinen Namen: Meier. Es hat Monate gedauert, bis ich
mich am Telefon mit Meier melden konnte, die Kollegen
haben schon gelacht. Auch die Unterschrift, die neue Unterschrift, die fiel mir unendlich schwer. Ich habe mich
jetzt dran gewöhnt, aber eigentlich ist es bis heute so: Ich
bin nicht Frau Meier geworden – ich habe den Namen angenommen.

Vera, 47,
Pastorin, 21 Jahre verheiratet, 2 Kinder

Ich möchte ein Leben
mit Zärtlichkeit

Junge Paare begleitet sie bei der kirchlichen Trauung, zur silbernen und goldenen Hochzeit gratuliert sie herzlich – schade, dass die meisten Paare die Gelegenheit nicht nutzen, ihrer Pastorin die Sorgen und Nöte mit der Partnerschaft zu offenbaren. Vera hätte ein offenes Ohr. Ihre eigene Ehe ist auch nicht perfekt – keiner in der Gemeinde käme auf die Idee: Unsere Pastorin geht fremd. Und das fast ohne schlechtes Gewissen.

Nie hätte ich gedacht, dass dieser Satz aus dem Johannesevangelium für mein Leben einmal so eine Bedeutung bekommen würde: Wer von euch ohne Schuld ist, der werfe den ersten Stein. Das spricht Jesus zu den Menschen, als die Pharisäer eine Ehebrecherin vor ihn in den Tempel zerren und ihre Steinigung fordern. Nicht einer greift nach einem Stein – wer ist auch völlig frei von Sünde ... *Warum* diese Frau die Ehe gebrochen hat, wird in der Bibel nicht erörtert. Warum *ich* mich einem anderen Mann zugewandt habe, weiß ich nur zu genau. Aber wenn herauskäme, dass ich meinem Mann untreu bin, würde es keinen interessieren, wie es so weit kommen konnte. Es gäbe nur die allgemeine Empörung in der Gemeinde: Unsere Pastorin geht fremd.

Mein schlechtes Gewissen meinem Mann gegenüber hält sich in Grenzen. Ein schlechtes Gewissen verspüre ich aber sehr wohl meiner Berufung gegenüber. Und meiner Gemeinde. Die Leute erwarten, dass wenigstens bei Pastors die Welt in Ordnung ist, wenn das eigene Leben schon kompliziert ist. Das ist auch irgendwie klar: In den Pastor kann man etwas hineinprojizieren, was im eigenen Leben schwer zu erfüllen ist. Wenn jemand zu mir sagt: »Sie sind ein Vorbild für mich, im Glauben wie im Leben«, dann sage ich immer: »Nun mal gaaaaanz langsam mit den jungen Pferden. Im Glauben möchte ich gern Vorbild sein, aber im Leben? Diese Bürde ist groß, finden Sie nicht auch?«

Es ist nicht so, dass ich nicht mehr mit meinem Mann zusammen sein mag, wirklich nicht. Jens arbeitet in der kirchlichen Verwaltung. Ich schätze seine Intelligenz, seine politische und religiöse Einstellung, unsere gemeinsame Freude am Reisen, das Familienleben mit unseren beiden Töchtern. Nicht zuletzt die Tatsache, dass ich trotz Ehe und Familie immer problemlos in meinem Beruf arbeiten konnte. Das hört sich alles gut an, nicht? Meine Mutter sagt auch immer: »Jens ist ein toller Mann, so einen hätte ich auch gern.« Ich würde dann am liebsten sagen: »Ja, stimmt, er ist toll – aber er schläft nicht mehr mit mir.« Meine Eltern würden leiden, wenn ich mich von Jens trennen würde, für sie ist er der Traumschwiegersohn.

Auf Zärtlichkeit mit meinem Mann muss ich schon lange verzichten, das letzte Mal haben wir vor fünf Jahren miteinander geschlafen. Jens gibt mir das Gefühl, dass ich als Frau nicht begehrenswert bin, ich fühle mich auch emotional vernachlässigt, doch das Allerschlimmste ist: Über all das will mein Mann mit mir nicht reden. So gewandt er in Diskussionen über Politik, Religion, Gesellschaft ist – über Sex kann er mit mir einfach nicht sprechen.

Jens und ich haben uns vor zweiundzwanzig Jahren kennengelernt. Ich hatte schon einige Freunde gehabt, aber keinen hatte ich zu Hause vorgestellt. Bei Jens wusste ich: Den heirate ich. Als ich ihn das erste Mal nach Hause mitbringen wollte, druckste ich herum, und mein Vater sagte: »Was ist denn mit dem, ist er so hässlich?« Ich habe gesagt: »Nein, aber es ist ernst.« Mein Vater war sofort der Meinung: Das ist ein guter Mann.

Wir haben schnell geheiratet, unsere beiden Töchter kamen kurz hintereinander, sie sind beide schon aus dem Haus. Unsere erste Zeit war schön und unbeschwert. Jens fand es gut, dass ich mein Studium abschließen und arbeiten wollte. Um die Kinder hat sich meine Mutter viel gekümmert, es gab den kirchlichen Kindergarten. Ich habe meinen Abschluss gemacht, das Vikariat, dann in einem Pfarramt und schließlich in der Jugendbetreuung gearbeitet.

Es kam schleichend, mein Gefühl der Unzufriedenheit. Als ich auf die vierzig zuging, nahm ich es das erste Mal so richtig wahr. Damals standen viele Entscheidungen an: Wie würde es weitergehen mit einem schwierigen Bauprojekt? In einer Konfirmandengruppe gab es extreme Spannungen. Sollte ich trotzdem eine Fortbildung anfangen? Meine Gedanken und Sorgen konnte Jens nicht nachvollziehen, er sagte meistens: »Ach, denk doch nicht so viel nach ...« Damals wurde ich darauf aufmerksam, wie oft er das eigentlich sagt. Ich habe gemerkt: Jens interessiert sich gar nicht für meine Probleme. Das hat wehgetan, richtig wehgetan. In dieser Phase der persönlichen Unsicherheit kam bei mir plötzlich der Gedanke: Du könntest dich gar nicht trennen. Nicht aus finanziellen Gründen, wie es bei anderen ja oft ist. Nein, als Pastorin macht es sich einfach schlecht, wenn du geschieden bist.

Ich habe damals immer wieder auch das Grundsatzgespräch mit meinem Mann gesucht: Was ist mit uns? Wenn er nicht reden wollte, habe ich nachgebohrt: »Lass uns drüber sprechen.« Auch darüber, warum es nicht mehr so ist wie früher mit der Zärtlichkeit, mit der Erotik. Jens hat gesagt: »Ach, drüber reden, lass es uns lieber machen.«

Aber da tat sich nichts. Ich habe versucht, meinen Mann am Frühstückstisch zu verführen, ich habe ihm nachmittags die Arme um den Hals gelegt, aber er meinte nur: »Doch nicht mitten am Tag!« Ja, und wenn man immer zurückgestoßen wird, hört man irgendwann auf mit seinen Bemühungen.

Das war eine wirklich schwierige Phase. Ich weiß noch, wie erschrocken ich war, als ich merkte: Ich fing an, die Männer in meiner Umgebung ganz anders anzusehen. Ein Kollege aus einem Jugendheim gefiel mir, also jetzt nicht körperlich, nein, ich fand es toll, wie er mit den Kindern umging, ich ertappte mich, wie ich ihn dabei beobachtete. Da dachte ich schon: Was ist denn jetzt mit dir los? Es ging aber noch weiter. Irgendwann fing ich an, Fantasien zu entwickeln, die ich sonst nie gehabt hatte. Ich fragte mich: Wie wirke ich auf den? Nicht als Kollegin, sondern als Frau. Ich war richtig alarmiert. Im Rückblick ist klar: Mir fehlte schon damals Aufmerksamkeit als Frau, ich hatte ein körperliches Defizit.

Mein großes Bedürfnis nach Zärtlichkeit blieb. Ich bin mit Zärtlichkeit aufgewachsen. Meine Mutter hat mich oft geküsst, bei meinem Vater saß ich auf dem Schoß. Jens ist wahrscheinlich nicht so groß geworden. Ich weiß das nicht so genau, wir sprechen ja nicht drüber. Ich kann es aber mutmaßen, seine Mutter ist eine sehr kühle, beherrschte Frau. Sie war Kriegswitwe, hatte zwei Töchter und bekam dann noch Jens mit ihrem zweiten Mann. Der starb aber, als Jens fünf war. Seine Mutter hatte es schwer, die Kinder durchzubringen, Jens musste schon früh erwachsen werden, ihm fehlt das Spielerische, die Leichtigkeit.

Das ist alles schön und gut, Verständnis aufzubringen, nachzudenken, warum sich Dinge so entwickeln, wie sie sich entwickeln – aber die eigenen Sehnsüchte bleiben doch.

Plötzlich ertappte ich mich verschärft bei Tagträumen und Fantasien. Die Hauptrolle darin spielte der Architekt, der unser neues Gemeindehaus plante. Wenn er mir Musterfliesen für die Böden zeigte, guckte ich mich an seinen Händen fest, stellte mir vor, wie es wäre, wenn sie mich streicheln würden. Wenn wir telefonierten, musste ich oft nachfragen – so fasziniert war ich von seiner rauen, tiefen Stimme. Ich habe diesen Mann richtig taxiert. Ich dachte: Mach was, Vera, eine Therapie, rede mit Jens. Ich dachte auch zum allererersten Mal: Wie wäre es, wenn du eine außereheliche Beziehung anfängst? Mir ging durch den Kopf, was das für Konsequenzen haben würde, haben könnte. Du kriegst heute auch als geschiedene Frau eine Pfarrstelle … Natürlich habe ich nicht mit Jens drüber geredet.

Ich habe verschiedene Bücher zum Thema fremdgehen gelesen, ich dachte: Das willst du auch. Ich habe ja nicht damit gerechnet, dass ich es *wirklich* mache.

Also: Seit einem Jahr gibt es Martin in meinem Leben. Wir treffen uns so alle sechs bis acht Wochen. Martin ist auch Pastor, verheiratet wie ich. Wir haben uns bei einem Vorbereitungstreffen für den Kirchentag kennengelernt. Martin fiel mir sofort auf: Dieses Jungenhafte, Spitzbübische, die Art, wie er die anderen zum Lachen brachte. Er ist so alt wie mein Mann, sieht ihm sogar ähnlich – aber im Gegensatz zu Jens genießt es Martin, Leute um sich zu scharen, im Mittelpunkt zu stehen, zu diskutieren.

Beim Essen am Abend haben wir uns gegenübergesessen. Erst habe ich gedacht, ich bilde mir nur ein, dass er mir länger als üblich in die Augen sieht, ich wurde schon ganz kribblig. Der Tisch, an dem wir saßen, war ziemlich schmal, ich spürte sein Knie an meinem. Ich habe mein Bein nicht weggezogen. Trotzdem ist später jeder auf sein Zimmer gegangen.

Ich hatte mich über diesen Abend gefreut, ihn aber auch schon fast vergessen, als Martin bei mir im Dienst anrief. Als wir auflegten, dachte ich: Der könnte doch dein Liebhaber werden. Noch im selben Moment habe ich mich für meine Gedanken geschämt.

Ich habe Martin dann einen Brief geschrieben – dass es mich freut, für ihn offenbar nicht nur Kollegin zu sein, sondern auch eine Frau. Beim Schreiben dachte ich: Das schreibst du wirklich?

Zwei Monate später haben wir uns dann getroffen. Wie weit würden wir gehen? Ich hatte schon darüber nachgedacht, wohin wir denn … Wir gingen nirgendwohin. Diesmal. Aber beim nächsten Mal. Er hatte alles vorbereitet. Es gibt tatsächlich Stundenhotels …

Ich fand das gut, dass er das herausgefunden, ein Zimmer reserviert hatte, das hätte ich nie fertiggebracht. Seit dem ersten Mal ist dieses Hotel unser Treffpunkt, wir haben schon alle Zimmer durch, ohne Palme, mit Palme, ohne Spiegel, mit Spiegel. Mit Martin fühle ich mich wie ein Teenager. Ich genieße es so, dass ich begehrt werde, ich finde mich wieder schön! Gut, ich habe durchaus Falten, aber die sind altersgerecht. Meine Haare sind grau, meine Figur geht einigermaßen. Trotzdem dachte ich manchmal: Vielleicht findet mein eigener Mann mich nicht mehr attraktiv? Ich hatte ein ziemlich angeknabbertes Selbstbewusstsein.

Martin und ich haben unsere Abmachungen. Er ruft immer mich an, nie von zu Hause oder vom Handy, immer nur aus dem Pastorat oder wenn er mit dem Hund unterwegs ist, aus der Telefonzelle, immer nur, wenn er weiß, ich bin im Dienst. Einmal saß zufällig Jens in meinem Arbeitszimmer, als ich Martins Telefonnummer auf dem Display erkannte. Ich bin rangegangen und habe geistesgegenwärtig gesagt: »Die Unterlagen sind in der Buchhaltung, da müsste ich Sie auf den anderen Apparat legen, einen kleinen Moment.« Im anderen Zimmer konnte ich die Tür hinter mir zumachen und in Ruhe telefonieren.

Manchmal wundere ich mich, dass mein Mann so wenig misstrauisch ist. Es gibt E-Mails, mein Computer steht ganz normal in meinem Arbeitszimmer – mein Mann könnte da ran, wenn er wollte. Aber er käme nie auf die Idee, meine Mails anzusehen, da bin ich hundertprozentig sicher. Und wenn er diese Mails doch aus irgendeinem dummen Zufall sehen würde, dann musste es vielleicht so kommen.

Jens könnte merken, dass ich mich verändert habe. Ich reagiere nicht mehr so wie früher auf unsere Querelen. Letztes Wochenende zum Beispiel. Ich sage: »Was kochen wir denn heute Abend?« Er sagt: »Wieso, ich fahr nachher in die Stadt, Jochen macht doch seine Fete …« Jens weiß es genau: Ich kann am Samstag nicht spontan weg, ich muss den Sonntagsgottesdienst vorbereiten. Trotzdem sagt er: »Du kannst ja mitkommen.« Das zeigt mir, wie wenig Anteil er an meiner Arbeit nimmt, er muss wissen, dass ich nicht von jetzt auf gleich alles stehen und liegen lassen kann. Ich war traurig, denn es ist mittlerweile so wenig, was wir zusammen machen. Er murmelte nur: »Was du immer hast …« Er fuhr dann allein.

Jetzt, wenn ich das erzähle, kann ich drüber lachen. Das wäre bestimmt nicht so, gäbe es Martin nicht. Mit Martin ist es ja nicht nur körperlich, es ist auch emotional. Wir können uns lieben, dann nebeneinander im Bett liegen und reden … An so etwas habe ich am Anfang nicht gedacht, er sicher auch nicht.

Durch Martin bekomme ich Kraft und Lebensfreude, die mich verrückterweise auch im Alltag mit Jens trägt. Mich macht es immer noch traurig, wenn Jens nicht mit mir spricht, wenn er sich abends neben mich legt und gar nicht versucht, meine Hand zu nehmen. Wenn Jens mir einen Kuss gibt, ist das nur noch so ein Hauch auf die Wange. Aber: Ich streite deswegen nicht mehr. Vielleicht fällt es mir jetzt leichter, bestimmte Sachen nicht so persönlich zu nehmen, weil ich nicht mehr um Zuwendung buhlen muss.

Ich habe schon mal drüber nachgedacht, wie es wäre, wenn Jens auch jemanden hätte. Eine Freundin. Ich meine, ich kann mir das nicht vorstellen, er ist nicht der Typ dafür, er geht allen überflüssigen Kontakten aus dem Weg. Für ihn ist das Wichtigste das Berufliche, er ist stolz darauf, mit seinen einundfünfzig Jahren da zu stehen, wo er steht. Es freut ihn, wenn er um Rat gefragt, von den Kollegen geschätzt wird.

Aber *wenn* er nun eine Freundin hätte … Es könnte doch passieren. Vielleicht würde es wehtun, vielleicht wäre ich auch froh darüber – aber dann wäre es wahrscheinlich nur eine Rechtfertigung für mich, fürs eigene Vergehen. Jetzt sage ich es doch: Vergehen. Ich sage *Vergehen*, und doch habe ich trotzdem meinem Mann gegenüber kein schlechtes Gewissen, denn ich nehme ihm ja nichts weg.

Es ist schade, dass ich mit überhaupt niemandem über meinen Zwiespalt reden kann. Meine Freundinnen kommen zum Reden in diesem Fall nicht infrage, denn sie arbeiten mehr oder weniger auch alle bei der Kirche, und vor allem: Sie finden meinen Mann alle so toll.

Mein Vater, der kriegt durchaus mit, dass Jens und ich Probleme haben, er hat auch schon gesagt: »Früher habt ihr euch geküsst, als ihr hier wart.« Wenn ich mal vorsichtig anfange, biegt er das ab und sagt: »Ich will gar nicht wissen, wie es bei euch ist.«

Eine Weile dachte ich, ich könnte vielleicht mit meiner Mutter offen reden. Sie hatte mir oft ihr Leid geklagt über meinen Vater, aber was sollte ich dazu urteilen? Ich stehe dazwischen, weil ich als Tochter natürlich auch immer die Seite meines Vaters sehe. Ich habe ihr manchmal gesagt: »Das ist eben so, wenn man lange verheiratet ist.« Ich tue ihre Probleme in dem Fall also immer ein bisschen ab.

Als ich versucht habe, mit ihr über meine Situation zu reden, kam von ihr: »Ach, der arme Jens hat ja auch sooo viel zu tun …« Und direkt an meine Adresse: »Reiß dich zusammen.« Komischerweise sieht meine Mutter ansonsten immer die Frau in der Opferrolle. Das war auch so, als sie mir von der Geliebten meines Vaters erzählte. Da wusste ich allerdings überhaupt nicht, wie ich reagieren sollte. Mittlerweile denke ich: Gewisse Dinge muss meine Mutter gar nicht wissen.

Ich merke ja, wie die Menschen allgemein über die Problematik *Ehe, Scheidung* denken. Ich hatte so viele Gespräche mit Gemeindemitgliedern, als bekannt wurde, Bischöfin Käßmann lässt sich scheiden. Viele haben gesagt: »Ich bin ja sooo enttäuscht.« In den Zeitungen stand: Die Ehe der Bischöfin ist gescheitert. Gescheitert – was soll das denn heißen? Mein Gott, nach sechsundzwanzig Jahren Ehe, davon werden viele glückliche Jahre gewesen sein. Jedenfalls bekam ich zu hören: »Wenn selbst eine Bischöfin es nicht schafft …«

Ich habe versucht klarzumachen: Pastorinnen und Pastoren, auch Bischöfinnen und Bischöfe, sind keine besonderen Menschen, sie sind Menschen mit einem besonderen Auftrag, mehr aber auch nicht.

Neulich habe ich einen Artikel gelesen, in dem es um die Frage ging: Gibt es die ewige Liebe? Ich meine: Jede Liebe verändert sich doch im Laufe der Zeit. Die Liebe für immer gibt es wahrscheinlich nicht, aber man kann trotzdem eine schöne, eine gute Zeit miteinander haben. Ich fand das interessant, was ein Paartherapeut in diesem Artikel gesagt hat: Am Ende einer Paartherapie kann auch die Trennung stehen, eine Trennung, auf die sich beide einigen, weil sie gemeinsam feststellen, es geht nicht mehr, wir haben unterschiedliche Interessen entwickelt. Meist sind es ja die Frauen, die unter der Situation mehr leiden und das schon länger, sie bleiben aber wegen der Kinder. Ich wäre auch nie auf die Idee gekommen, meinen Mann und die Kinder auseinanderzureißen. Ich spüre bis heute, dass es für meine Töchter wichtig ist zu wissen: Wir sind beide da.

Ich versuche oft, mit jungen Hochzeitspaaren auch über solche Fragen zu sprechen. Das ist aber ganz schwierig, denn die jungen Menschen wollen glauben, dass ihre Ehe ewig hält – auch wenn sie im Umfeld natürlich schon Scheidungen erlebt haben. Sie wollen in der Kirche auch unbedingt das »Bis dass der Tod euch scheide« hören. Man muss das nicht unbedingt sagen, es gibt schöne Alternativen wie »So lange die Liebe dauert«. Aber die meisten Paare wollen das nicht. Sie legen auch Wert auf diese Fragerei: »Willst du, Svenja, den hier anwesenden Sebastian zum Mann nehmen …« Aus theologischer Sicht ist auch das *Ja-Wort* eigentlich ohne Bedeutung, aber die

Paare möchten nicht drauf verzichten. Für sie ist ja auch die kirchliche Heirat, wie sie das nennen, oft die eigentliche, nicht die standesamtliche. Natürlich hängt das mit der Feier, den Ritualen in der Kirche zusammen. Streng theologisch betrachtet, ist die Trauung in der protestantischen Kirche nicht eheschließend, die Ehe wird auf dem Standesamt geschlossen. In der Kirche feiern wir einen Gottesdienst aus Anlass der Heirat, die Trauung in der Kirche ist eine ritualisierte Art der Freude. Die, so scheint es, immer mehr auch einen Beschwörungscharakter hat: Möge es gutgehen, möglichst lange. Dazu passt auch: Es mag zwar weniger geheiratet werden, aber dafür werden die stattfindenden Hochzeiten eher größer und aufwendiger gefeiert.

Nun stelle man sich mal vor: Schon kurz nach einer Hochzeit, sagen wir, nach ein, zwei Jahren, muss ein Paar sich eingestehen, dass es nicht gut läuft in der Ehe, dass beide eigentlich nicht zusammenpassen. Und an die Hochzeit wurden so viele Erwartungen geknüpft, man hat groß gefeiert, die Familie hat sich in Unkosten gestürzt, die vielen Geschenke ... Da kann die Ehefrau doch nicht nach zwei Jahren kommen und sagen: »Liebe Familie, war 'ne schöne Feier, aber: Leider-leider klappt es nicht mit uns.« Wenn man das andeutet, wenn eine Frau mit Freundinnen, ihren Eltern darüber spricht, dass etwas nicht stimmt, kommt ganz sicher: »Das wird schon wieder, warte mal ab.« Ich bin auch damit groß geworden, mit dieser Haltung, dass man nicht so schnell aufgibt.

Wenn ich mit alten Ehepaaren spreche, und das tue ich ja oft, einfach so, wenn einer Geburtstag hat oder beide goldene Hochzeit feiern, dann kommt das Gespräch auch oft auf die Ehe. Viele haben eine ganz schlichte Erklärung dafür, warum sie nach so vielen Jahren noch zusammen sind: Man ist zusammen, weil man zusammengehört. Irgendwie. Oft wird dann noch ergänzt: »Es war nicht immer leicht, wir hatten auch schwere Zeiten, aber trotzdem …« Die sprechen sich dann mit Mama und Papa an, er sagt Sätze wie: »Ich geh nachher noch mal den Rasensprenger anstellen, Mama.« Und sie antwortet: »Mach das ruhig, Papa.« Du weißt: Das ist hier jeden Nachmittag so, seit Jahren. Was du natürlich nie erfahren wirst: Was ist über all die Jahre hinter den Kulissen passiert?

Wie es um meine Ehe bestellt ist, wird ja wahrscheinlich auch ein Geheimnis bleiben. Demnächst fahren Jens und ich für vier Tage auf eine Nordseeinsel — das habe natürlich wieder ich organisiert, auch wenn ich das eigentlich nicht mehr tun wollte. Ich hab mich schon gefragt: Warum machst du das, warum willst du mit ihm verreisen? Aber wir sind schon immer gern zusammen auf Inseln gefahren, das war immer schön. Er ist dann ganz von seinem Alltag getrennt, ich von meinem. Ich habe extra ein Zimmer ohne Doppelbetten ausgesucht, das ist mir im Moment lieber. Im Bekannten- und Freundeskreis wird es natürlich wieder heißen: »Ihr fahrt an die Nordsee, das ist ja toll.« Hm, da entsteht auch wieder der Eindruck: Die beiden unternehmen was zusammen, die verstehen sich prima. Nach den Betten fragt ja keiner.

Vor einiger Zeit habe ich einen Brief wiedergefunden, den mir Jens von einer Fortbildung geschrieben hat, als unsere erste Tochter noch ganz klein war, der hat mir die

Tränen in die Augen getrieben. Da schrieb er: Immer, wenn er weit weg ist, merkt er, wie nah er sich mir fühlt. Ich fühle mich meinem Mann immer noch nah, ich bin mir sicher: Es würde Jens und es würde mir sehr schlechtgehen, wenn sich an unserem Leben etwas ändern würde. Ich wusste von Anfang an: Er ist eher ein Einzelgänger, er lebt ziemlich zurückgezogen, er ist viel ruhiger als ich, aber es ist für ihn wichtig, dass ich im Hintergrund da bin. Wir haben immer noch dieselben Interessen, er ist ein anregender Gesprächspartner. Ich müsste erst mal wieder jemanden finden, mit dem es so geht wie mit meinem Mann.

Vergangene Woche haben Martin und ich uns wieder getroffen, und es war – wie jedes Mal – wunderschön. Unsere Treffen sind für mich eine Kraftquelle für meinen Alltag. Natürlich frage ich mich immer noch manchmal: Was tust du da eigentlich??? Aber eine gut gelaunte, ausgeglichene, fröhliche Frau, Mutter und Pastorin ist das doch wert! Das Schöne wiegt meine Zweifel eben doch auf, bis jetzt. Wenn sich das einmal verschieben sollte, beende ich es. Das habe ich mir fest vorgenommen.

Mir würde etwas fehlen, wenn Martin plötzlich weg wäre, aber ich klammere auch nicht in dieser Beziehung. Trotz aller Skrupel habe ich mich entschieden, eine Zweitbeziehung zu haben, und ich denke auch überhaupt nicht darüber nach, den einen Mann gegen den anderen auszutauschen. Aber: Ich will eben nicht ohne Zärtlichkeit leben. So hat der liebe Gott das Leben für seine Geschöpfe nämlich nicht vorgesehen.

Gisela, 71,
Rentnerin/Lehrerin, 30 Jahre verheiratet,
2 Kinder aus erster Ehe

Ich fühle mich schuldig

Wer das Ehepaar K. sieht, vermutet nichts Arges: ein Paar, gemeinsam alt geworden, er körperlich sichtbar beeinträchtigt, sie dagegen
noch sehr agil. Wer käme auf die Idee, dass die ehemalige Lehrerin
Gisela hinter ihrem freundlichen und offenen Wesen tiefe Traurigkeit
verbirgt? Fürs Zusammenleben mit Günter hatte Gisela schweren Her-
zens ihre Kinder aus erster Ehe voneinander getrennt, das Mädchen
beim Vater gelassen. Doch Giselas zweite Ehe, geschlossen aus tiefer Zuneigung, entpuppte sich als fataler Irrtum.

In meiner ersten Ehe war es fantastisch. Wenn Volker
und ich im Wohnzimmer saßen, jeder las in einem
Buch, einer entdeckte eine interessante Stelle, dann
konnten wir das zu jeder Zeit vorlesen: »Hör doch mal,
Volker ...« Mein heutiger Mann, Günter, sagt: »Jetzt
nicht, ich bin am Computer«, wahlweise auch einfach
nur: »Psst, psst.« Oder: konzertante Musik. Volker und
ich lauschten gemeinsam, aufs Sofa gekuschelt. Mein jet-
ziger Mann hört auch klassische Musik, so ist das nicht –
aber über Kopfhörer, nur für sich. Das ist vielleicht bei
anderen Paaren genauso und wäre zu ertragen, wenn

wir ansonsten eine gute Ehe hätten. Aber mein Mann ist gnatzig, unverträglich, und das schon lange, es hat noch zugenommen, seit Günter vor vierzehn Jahren mit einem Rückenleiden Invalide wurde. Er entschuldigt sich zwar bei mir, wenn er wieder aufbrausend war, aber an mir perlt das nicht einfach so ab.

Aus unserem Freundeskreis sind fast nur noch Witwen geblieben. Sie sagen: »Dass du dir das gefallen lässt.« Sie sagen, ich sei zu gutmütig. Was soll ich denn machen? Soll ich zurückbrüllen? Soll ich ihn verlassen? Das Allerschlimmste ist: Ich habe selbst Schuld an meinem Unglück, ich habe Fehler gemacht, die ich mir nie verzeihen werde.

Wie oft hab ich gedacht: Ich bin die Effi Briest des ausgehenden zwanzigsten Jahrhunderts. Ja, ich weiß, kaum einer kennt noch diesen Fontane-Roman. Ich fange schon an zu weinen, wenn ich nur den Namen ausspreche: Effi. Ihr Mann, der Baron, will die Scheidung, weil sie vermeintlich eine Affäre hatte. Selbstverständlich verlangt der Baron, dass Effi das gemeinsame Haus ohne ihr Kind verlässt. Effi geht daran zugrunde.

Nun sind wir nicht mit Fontane im neunzehnten Jahrhundert, ich bin eine vergleichsweise moderne Frau, und so muss man das Bild korrigieren: Ich selbst, ich höchstpersönlich, habe meine Scheidung betrieben, weil ich mich in Günter, meinen Lehrerkollegen, verliebt hatte. Und ich habe zugestimmt, dass meine Tochter bei meinem ersten Mann Volker bleibt. Ich bin auch nicht, wie Effi, an Kummer gestorben. Zu sagen, ich sei seit dreißig Jahren lebendig begraben, wäre zu hart, aber glücklich hat mich das alles nicht gemacht.

Meine Sicht ist schon lange: Die Scheidung, die neue Ehe – es hätte nicht sein müssen. Wie schön wäre es, wenn ich sagen könnte: Ich habe meinen Scheidungsgrund geheiratet, und es ist immer noch die große Liebe. Aber so ist es nicht, und diese Gewissheit zu haben und trotzdem noch mit diesem Mann zusammenzuleben, fällt mir immer schwerer.

Mein erster Ehemann Volker und ich waren das ideale Ehepaar, wir führten eine Musterehe. Volker und ich hatten uns früh kennengelernt, mit sechzehn. Wir tauschten unsere ersten Küsse, viel mehr passierte nicht, wir hatten ja auch Angst vor einer Schwangerschaft. Volker und ich sind in der Jugend zusammengewachsen, haben zusammen Romantik erlebt. Das war eine ganz zarte Verliebtheit. Wir waren ja recht verklemmt erzogen.

Mit schlechtem Gewissen habe ich mein Abitur gemacht, denn ich war zwar eine ausgezeichnete Schülerin, aber die Tante, bei der ich mit meinem Vater nach dem Tod meiner Mutter lebte, hatte gesagt: »Ein Mädchen heiratet sowieso.« Ein Lehrer hat sich sehr für mich eingesetzt.

Dann hat jeder in einer anderen Stadt studiert, ich wollte Lehrerin für Deutsch und Erdkunde werden, Volker Ingenieur, unsere Liebe überstand auch die getrennten Studienorte. Als ich sechsundzwanzig war, wurde geheiratet. Unsere Tochter Ute bekam ich mit achtundzwanzig, ich hatte lange unbemerkt Zysten gehabt, die mussten erst entfernt werden. Mit fünfunddreißig wurde unser Sohn Uwe geboren.

Volker und ich haben so gut wie nicht gestritten, es war alles sehr harmonisch. Aber Volker hat sich total seinem

Beruf gewidmet, er war auch politisch aktiv, er war oft abends unterwegs, auch am Wochenende. Mein Sohn sagt heute: »Ich hab überhaupt keine Kindheitserinnerungen an Vati.« Weil Volker früh aus dem Haus ging, und wenn er wiederkam, schlief Uwe schon. Volker war einfach zu wenig zu Hause. Ich hatte meine Unterrichtsstunden in der Schule und unsere Kinder am Hals, habe für ihn die Hemden gebügelt, er ging ja jeden Tag in Anzug und Krawatte. Da hat unsere Liebe gelitten.

In der Schule gab es einen Kollegen, Günter. Mit dem hab ich gern über Geschichte diskutiert, mich auch gern mit ihm gekabbelt, denn oft waren seine Sichtweisen konservativer als meine. Dann plötzlich, vor den Sommerferien, wurde mehr daraus. Ich war neununddreißig und verliebt wie ein Backfisch. Das war eine ganz andere Verliebtheit als die keusche und züchtige mit Volker. Günter und ich konnten uns nur heimlich treffen, Günter war auch verheiratet, wir waren Kollegen – wenn man uns zusammen gesehen hätte! Diese Wahrscheinlichkeit war groß, A. ist zwar keine so kleine Stadt, aber als Lehrer kannten uns natürlich viele Leute. Wir haben uns so schöne Briefe geschrieben. Es war alles so neu, und er war ein wunderbarer Liebhaber.

Ich hätte bis zu jenem Sommer nie von mir gedacht, dass mir so etwas passieren könnte. Ich weiß noch, beim Studium hatten meine Freundin Gunda und ich über andere Mädchen, die wechselnde Freunde hatten, gesagt: »Wie wollen die Kinder erziehen.« Wir waren so schnuckelige junge Mädchen, aber moralisch so sauber, wir haben wie die Nonnen gelebt.

Nach den Ferien sagte ich es meinem Mann: »Ich hab mich verliebt.« Volker war fassungslos. Er hat gar nicht gefragt: »In wen?« Er hatte einen anderen Kollegen in Verdacht.

Wir haben ganz schnell geklärt: Wir trennen uns. Volker war so großherzig, er hat sogar noch einen Brief an meinen jetzigen Mann geschrieben: Er möchte, dass ich glücklich bin. Dieser Sommer war, bei aller Belastung, schön. Günter und ich haben Ausflüge gemacht mit beiden Kindern, das war für uns herrlich, dafür hatte Volker ewig keine Zeit gehabt.

Günters Frau Magda zog aus der gemeinsamen Wohnung aus und wieder zu ihren Eltern, nun war bei Günter Platz für mich und Uwe, der war damals vier. Ute sollte bei ihrem Vater bleiben. Volker hatte mir gesagt: »Ich lasse dich gehen, aber ich werde Ute bei mir behalten.« Ute war elf, eine sehr gute Schülerin, ein sehr sensibles Mädchen, sicher wollte ihr Vater ihr hauptsächlich das Zuhause bewahren, es war auch klar, dass die Oma sich um seinen Haushalt kümmern würde.

Für mich war das ein schlimmer Gedanke: die Kinder trennen. Mein damaliger Mann sagte, wenn ich ihm die Tochter nicht freiwillig gäbe, würde er vor Gericht um sie streiten. Günter hielt sich raus, Magda und er hatten keine Kinder.

Volker tat mir leid – ich weg, sein Sohn weg ... Ich fühlte mich ja schuldig an der Situation, die ich herbeigeführt hatte. Und die Kinder, die wussten, was passieren sollte, protestierten nicht einmal ansatzweise. Wäre von den Kindern Widerstand gekommen, ich hätte doch alles noch mal überdacht! Vielleicht wäre es dann ohnehin zu spät gewesen. Aber es kam ja nichts. Ich bin heute noch verzweifelt, wenn ich daran denke. Ich gab also Volkers Wunsch nach, Ute blieb bei ihm – Uwe, Günter und ich wohnten ja in der Nähe.

Für mich war das Leben mit Günter wie eine neue Welt: Günter kochte, er machte Frühstück, er kaufte ein, ich konnte mich meiner Arbeit in der Schule widmen wie nie zuvor. Ich sah damals nicht voraus, was die Trennung der Kinder, der Verzicht auf Ute, für mich bedeuten würde. Zumal Volker sich dann überraschend schnell mit einer Kollegin zusammentat, die ihn offenbar schon länger verehrt hatte, die nun die Oma im Haushalt ablöste und sozusagen die neue Mutter meiner Tochter wurde. Sie hatte keine eigenen Kinder.

Ute hat bald *Mutti* zu Volkers neuer Gefährtin gesagt. Das fand ich furchtbar, sie hätte wenigstens Mama zu der Erika sagen müssen. Das ist ein komisches Gefühl, wenn dein Kind bei dir ist, es erzählt von seinem Zuhause, von Vati, der ja wirklich der Vater ist, und von *Mutti* – die doch in Wirklichkeit *ich* war und nicht Erika.

Oft erzählte mir Ute Dinge, die mir wehtaten. Ich hatte den Kindern immer, wenn wir auf dem Markt waren, am Fleischerstand ein Würstchen, gleich auf die Hand, gekauft. Als Ute mit ihrer neuen Mutti auf den Fleischer zusteuerte und sich schon freute, sagte Erika: »So etwas gibt es bei mir nicht.« Ich fand das unsensibel, kaltherzig.

Ich hatte damals aushilfsweise auch einige Wochenstunden Deutsch an der Schule, auf die Ute ging. Ich entdeckte meine Tochter auf dem Schulhof, ich dachte immer: Sie sieht mich doch, sie müsste doch mal zu mir kommen. Sie kam aber nicht. Sicher, Kinder in dem Alter wollen nicht unbedingt mit Mutti oder Vati gesehen werden, nun war ich ja auch noch Lehrerin. Aber in der besonderen Situation? Das hat mir so wehgetan.

Immerhin: Mein erster Mann und ich gingen damals, wie auch später, großartig miteinander um. Wir haben die Geburtstage der Kinder zusammen gefeiert, Weihnachten, wir haben auch Jahre später alle wichtigen Familienfeiern zusammen begangen. Dabei war mein erster Mann immer entspannt und freundlich, was man von Erika und Günter nicht sagen kann.

Leider zeichnete sich schon damals ab, dass mein neuer Mann, also Günter, Charakterzüge hatte, die ich in meiner Verliebtheit nicht hatte erkennen können. Schon kurz nachdem ich in seine Wohnung gezogen war, fing er an, mich zu bevormunden. Erst fiel mir das gar nicht so auf. Günter legte fest, dass ein Haushaltsbuch zu führen sei, er teilte mir Haushaltsgeld zu und verlangte, dass ich alle größeren Ausgaben mit ihm abstimme. In meiner ersten Ehe mit Volker hatte ich alle Freiheiten bei der Führung des Haushalts gehabt, ich traf ganz allein Entscheidungen für die Familie. Auch haben Volker und ich immer frei unsere Meinung gesagt, ohne dass es zu Streit gekommen wäre. Mein erster Ehemann hatte mich immer als Partnerin anerkannt und respektiert. Ich hatte das für *selbstverständlich* gehalten, aber aus heutiger Sicht muss man wohl sagen: Für die damalige Zeit war das sehr modern. Und eine Lebensweise, die offenbar nicht alle pflegten, wie ich im Alltag mit Günter feststellen musste.

Wegen Kleinigkeiten fing Günter an zu schreien. So wie er mich manchmal anherrschte, hätte ich noch nicht mal mit einem sehr frechen Schüler gesprochen. Ich kannte so etwas bis dahin nicht von einem Mann, weder von meinem Vater noch von meinem ersten Ehemann, mit dem hatte es noch nicht mal Streitereien gegeben, als wir die Scheidung einreichten.

Ich empfand Günters Verhalten als erniedrigend. Hätte ich untertänigst immer alles so gesehen wie er, hätte es keinen Streit gegeben. Immer wieder bat ich ihn, gerade am Anfang, sich wenigstens in Gegenwart von Uwe zusammenzureißen – der war doch noch so klein. Schon damals fuhr Günter mich das erste Mal im Streit an: »Zieh doch aus, wenn es dir hier nicht passt!« Um mir in den Tagen danach wieder von seiner großen Liebe zu mir zu sprechen.

Günter redete auch gern ins Leere, als wenn ich gar nicht dabei wäre: »Völlig unmöglich ist die Frau.« Es war für mich unfassbar: Wie konnte ein erwachsener, gebildeter Mann wie Günter so unsachlich werden, so unbeherrscht sein?

Ich konnte und wollte mich als gestandene Frau von vierzig Jahren nicht daran gewöhnen, mich bevormunden zu lassen und zu duckmäusern. Ich habe mich bis heute nicht daran gewöhnt. Dass ich es so ruhig wie möglich ertragen habe, lag an meinem Sohn, ich wollte, dass er möglichst unbelastet bleibt und nicht Tag für Tag die Streitereien der Erwachsenen erlebt.

Natürlich habe ich niemandem in A. von unseren Auseinandersetzungen erzählt, mir war der Gedanke unerträglich, dass es vielleicht heißen könnte: »Unsere Lehrerin ist ja fein reingefallen mit ihrem Scheidungsgrund.« Die Einzige, die immer von meinen Nöten wusste, war meine Freundin aus Studientagen, Gunda. Sie lebte in einer anderen Stadt, ihr schrieb ich offen, was ich fühlte und dachte.

Ich habe auch immer gehofft, dass es besser wird, ich liebte meinen Mann doch sehr. Hatten wir uns gestritten und dann wieder vertragen, konnte ich mir gar nicht vorstellen, dass er so böse sein kann, dann war alles irgendwie wieder gut, und ich war froh, denn ich wünschte mir nichts mehr, als dass Uwe möglichst unbelastet aufwachsen sollte. Es war schon schlimm genug, dass seine Mutter so oft traurig war, weil wir nicht auch mit Ute leben konnten.

Zwei Jahre später zogen wir um in Günters Geburtsstadt H., die hatte er fünfzehn Jahre zuvor verlassen. Günter konnte endlich eine seit Langem ersehnte Stelle in einem kleinen Museum antreten. Die Scheidungen waren sehr schnell über die Bühne gegangen, Günter und ich hatten geheiratet, mein Sohn Uwe trug jetzt wie ich Günters Nachnamen, allen, die uns nicht kannten, mussten wir als ganz normale Familie erscheinen, Vater, Mutter, Kind. Ich hatte mir nach meiner Trennung ausgesprochen viele Gedanken darüber gemacht, was andere nun von mir dachten, und in dieser Hinsicht war mir der Umzug, die Arbeit an einer neuen Schule, nicht unlieb.

Die Kehrseite der Medaille war natürlich: Ich musste Ute in A. zurücklassen. Es wurde für mich jetzt noch schwerer, damit zu leben, dass ich die Kinder getrennt hatte. Obwohl ich das doch aus Liebe zu ihm getan hatte, trug Günter leider nicht dazu bei, mir meine Last zu erleichtern. Er hatte es schon in A. nicht gern gesehen, dass Ute uns besuchen kam, dass Uwe bei seinem Vater übernachtete. Und nach dem Umzug war er eigentlich dagegen, dass Ute die Herbstferien mit uns verbringen sollte, wir Weihnachten zusammen feiern, Uwe in den Frühjahrsferien nach A. fährt. Wenn ich das Gespräch darauf lenkte, wie schwer es mir fiel, auf Ute zu verzichten, wurde Günter völlig ungehalten. Er hatte kein Verständnis.

In H. erschlossen sich mir nach und nach Tatsachen, die ich bis dahin nur geahnt hatte. Günter war mir gegenüber von Anfang an nicht offen gewesen, hatte ich ihm Fragen gestellt über sein früheres Leben, vor meiner Zeit, war er ausgewichen, hatte etwas gesagt wie »Daran kann ich mich gar nicht so genau erinnern«, oder »Du brauchst doch nicht alles zu wissen«. Das lief meinen Vorstellungen zuwider: Ich stehe auf dem Standpunkt, dass sich beide Partner offen alles sagen müssen. So war es während meiner ersten Ehe gewesen, da hatte es keine *Geheimnisse* gegeben.

Jetzt lüftete sich allmählich der Nebel um Günters allererste Ehe, die *vor* Magda. Mein Mann hatte ja früher schon in H. gewohnt, aber was mir nicht so klar gewesen war: Er hatte sich für Magda von seiner ersten Frau getrennt, und zwar, als die gerade ein Kind bekommen hatte. Ja, meine Vorgängerin hat die erste Ehe meines Mannes auseinandergebracht. Und nun komme ich fünfzehn Jahre später mit ihm zurück in diese Stadt, ich wusste nicht, wie viele Menschen seine Geschichte kannten. Ich wusste auch nicht: Kennen sie auch meine? Die von der

Mutter, die ihre Kinder getrennt hat, um mit diesem Mann zu leben?

So etwas ging mir durch den Kopf, während die Leute in der Stadt an mir vorbeiliefen und wahrscheinlich an ihre Einkäufe oder das Abendessen dachten. Keiner hat je eine Andeutung gemacht, ich war die geachtete Lehrerin, Günter der aktive Dr. K., der im Kulturleben der Stadt eine wichtige Rolle spielte.

Zu Hause aber wurde Herr Doktor nach wie vor ausfallend, Sätze wie »Plapper hier nicht rum« waren an der Tagesordnung und trafen mich wie Faustschläge. Hinterher kam immer: »Mein Giselachen, ich lieb dich doch so.«

Ich kam bei Auseinandersetzungen mit Günter meist gar nicht dazu, mich in Ruhe zu äußern. Darum fing ich wieder an, ihm Briefe zu schreiben, die er aber im Gegensatz zu denen aus unserem ersten Sommer nicht beantwortete, die er überhaupt nur flüchtig las. Er wollte unsere Konflikte nicht grundsätzlich klären. Er bollerte herum, war dann wieder kurzfristig nett zu mir, damit war die Sache für ihn erledigt.

In unserem ersten Ehejahr war ich schon so verzweifelt, dass ich ihm geschrieben habe: Auch wenn du anders redest – ich spüre, dass du meine Liebe nicht mehr erwiderst. Ein Mann, der seine Frau wirklich liebt, kann doch gar nicht widerstehen, wenn sie sich ihm zärtlich nähert. Günter wimmelte mich oft ab, als hätte er mich satt. Manchmal hat er sich beschwert, ich sei nicht zärtlich genug – wie sollte ich denn, wenn ich dauernd nur beschimpft wurde. Ich hatte schon so oft geweint – das war während meiner ersten Ehe nicht ein Mal vorgekommen.

Und so einem Mann zuliebe hatte ich die Kinder getrennt? Es hätte sich gelohnt, wären wir glücklich gewesen, aber das waren wir nicht. Man kann im Leben alles überwinden, sagt man. Aber das stimmt nicht. Ich wusste schon damals, dass ich niemals mehr glücklich sein würde.

Es gab immer wieder für mich ganz schlimme Szenen – einmal waren Uwe und ich zu Utes Geburtstag nach A. gefahren. Am nächsten Tag mochte Uwe nicht heimfahren, er wollte bei seiner Schwester bleiben. Und ich wollte eigentlich auch nicht wieder zurück. Was erwartete mich denn da: Ein Mann, der vom Dienst im Museum kam, dann eine Stunde in seinem Sessel saß und las, anschließend in der Badewanne verschwand und erst wieder auftauchte, um fernzusehen oder mit mir Streit anzufangen.

Unser sechster Hochzeitstag war der erste, den Günter komplett vergaß, nicht mal an ein Anstandsblümchen hatte er gedacht. Als er zu Hause den festlich gedeckten Abendbrottisch erblickte, fragte er: »Was ist denn los?« Mir tat an diesem Tag am meisten mein Sohn leid. Er war damals zwölf und beschäftigte sich nach meinem Empfinden zu viel damit, dass Mutti und Papa nicht nett zueinander waren.

Es erscheint vielleicht merkwürdig, aber ich hatte damals immer noch ein großes Bedürfnis, mit Günter intim zu sein, *uns lieb haben*, nannten wir das. An den Weihnachtstagen gelang es drei Tage hintereinander, ich war froh. Am vierten Tag tat er so, als wenn er meine Annäherung nicht bemerkte. Das machte er gern so, am liebsten brach er noch einen Streit vom Zaun, dann hatte er einen richtigen Grund, Zärtlichkeiten zu umgehen. Ich fand ja, ein gesunder, kräftiger Mann hat nach vierzehn Tagen Enthaltsamkeit unbedingt das Bedürfnis, seine Frau lieb zu haben. Ich hatte inzwischen den Verdacht, dass er sich lieber im Badezimmer selbst befriedigte – warum sonst blieb er so lange drin bei verschlossener Tür?

Er hatte schon damals kein Herz. Ich habe es nicht fertiggebracht, ihm gegenüber so zu sein, wie er zu mir war. Hätte ich nur hart sein können. Wie oft hat er mich angebrüllt, und fünf Minuten später summte er vor sich hin. Er hatte schon wieder alles vergessen, während mich sein Verhalten mir gegenüber noch stundenlang beschäftigte.

Ich fühlte mich entmündigt, weil ich nichts selbst entscheiden durfte, außer wann ich wasche oder den Mülleimer runterbringe. Natürlich durfte ich auch nicht Auto fahren, es war ja *sein* Auto. Einmal waren wir in der Stadt, etwas für mich kaufen. Ich hatte an eine Bluse gedacht – als Günter sah, wie viel die Bluse kostete, die mir am besten gefiel, zog er ein Gesicht. Ich habe gesagt: »Aber ich habe doch gerade anteilig Urlaubsgeld bekommen.« Er sagte: »Und das musst du gleich zum Fenster rauswerfen.« Als wir uns noch heimlich Briefe zusteckten, hatte er mir geschrieben, dass er mir gern mal etwas Schönes schenken wollte. Er hat es bis heute nicht getan.

Ich habe mich oft gefragt: Was hat Günter eigentlich aus seinen ersten beiden Ehen gelernt? Nichts. Und aus seiner Sicht waren bestimmt die Frauen schuld an den Eheproblemen.

Ich dachte immer wieder: Eigentlich müsstest du dich von Günter trennen. Eigentlich. Ich war im Dilemma mit

Uwe – wie hätte er eine Trennung verkraftet? Wo hätten wir wohnen sollen – was hätten die Leute in H. gesagt, was die in A., wenn ich zurückgekehrt wäre? Eigentlich hätte ich mich gern getrennt, andererseits liebte ich ihn doch immer noch, auch wenn er meine Liebe so wenig achtete.

Als wir zehn Jahre verheiratet waren, hätte ich den Absprung schaffen müssen. Ich stand seelisch und moralisch am Abgrund – ich hatte mitgekriegt, dass mein Mann ein Verhältnis hatte. Wieder mal ein Verhältnis hatte, muss man ja fast sagen. Ein wohlmeinender Mensch hatte mir ein Bündelchen Briefe zugesandt, die eine junge Museumsmitarbeiterin an Günter geschrieben hatte. Vielleicht hatten sie im Museum für alle einsehbar herumgelegen, wer weiß. Wahrscheinlich wussten schon viele von seinem Verhältnis – nur ich nicht. Was tat er unserer Ehe, Familie, unserem Ruf da nur an? Diese Demütigung!

Er schrieb also wieder mal mit einer Frau Briefe. Ein halbes Jahr hatten sie mich hintergangen. Wenn ich nach Hause gekommen war, Mittagessen stand auf dem Tisch, fein – was hatte er da an seinem freien Vormittag noch erlebt? Warum hatte er es so eilig gehabt, mich und Uwe zum Bahnhof zu fahren, damit wir noch einen Zug früher nach A. erwischen? Heiligabend hatte mein Mann einen langen Spaziergang mit dem Hund gemacht – komischerweise war der hinterher sehr sauber und mein Mann überhaupt nicht durchgefroren.

Auch im vergangenen halben Jahr hatte ich ihm jeden Tag ein Begrüßungsküsschen gegeben – vielleicht war noch ihr getrockneter Speichel an seinen Lippen? Es widerte mich an. Ich war so gutmütig gewesen, so nachgiebig, hatte auch in den schlimmsten Zeiten mit ihm geschlafen, war dankbar gewesen für diese Form der Zuwendung. Mir ging so viel durch den Kopf: Was fühlte er, wenn er ihr sagte, dass er sie liebt? Wo war ich dann in seinem Kopf, wenn ich schon nicht in seinem Herzen war? Auf mir hatte er mit Worten herumgetrampelt und zur gleichen Zeit mit ihr Süßholz geraspelt.

Ich empfand das alles als Strafe dafür, dass ich meinen Mann Volker und seine Frau Magda mit ihm betrogen hatte.

Ich hatte es damals, als Günter und ich so verliebt waren, gewagt, ihm zu sagen, wir könnten doch verheiratet bleiben und uns heimlich lieben – da stieß er mich von sich, warf mir das Taxigeld hin, das ich ihm ein paar Tage zuvor geliehen hatte.

Günter war stark damals, er hat es geschafft, dass ich mich als Erste offenbart habe, dass ich als Erste zu meinem Mann gegangen bin, nicht er zu seiner Frau Magda. Ich musste den ersten Schritt machen, und ich hab ihn gemacht.

Wie würde er diesmal im Spagat zwischen zwei Frauen reagieren? Dieser Person hatte er offenbar gesagt, dass er mit mir über sein Verhältnis zu ihr gesprochen hatte. Ich dachte: Wie schade, dass sie nicht weiß, er sagt mir immer noch: »Ich liebe dich.« Aber was war es noch wert, dieses Ich-liebe-dich?

Es wäre gut gewesen, wenn er mich für diesen Trampel verlassen hätte – ein Foto hatte auch dabeigelegen, sie war eine füllige, junge Person. Das Ende hätte wehgetan, aber ich wäre frei gewesen.

Er hat Schluss gemacht mit dieser Dame. Aber ich

konnte es nicht verwinden. Ich habe ihn noch geliebt, aber ich dachte: Ich will keine weiteren Enttäuschungen mehr erleben müssen, mit fünfzig Jahren bin ich doch noch nicht zu alt, mir ein neues Leben aufzubauen. Ich habe dann einen Brief aufgesetzt für die Scheidung – und nicht abgeschickt.

Ich schlug ihm schließlich vor, er solle sich von mir trennen, damit er sich künftig die Frauen aussuchen kann, die ihm gefallen. Wie naiv von mir! Natürlich blieb er, er war doch einfach bequem – und das war ja auch auf lange Sicht klug von ihm.

Als ich vierundfünfzig war, ging Uwe zum Studium fort, drei Jahre später wurde mein Mann Vollinvalide. Seine Wirbelsäulenprobleme hatten über die Jahre zugenommen, nun waren auch noch Nervenleitungen angegriffen, er hatte tagelang starke Schmerzen und konnte sich nicht bewegen. Ihm fiel es nicht leicht, die Arbeit im Museum aufzugeben, er fühlte sich nicht mehr gebraucht, und auch die ehrenamtliche Arbeit kann das nicht wirklich ausgleichen. Die Rückenschmerzen hat er bis heute.

Man könnte denken, dass Günter nach der Invalidisierung milder wurde, aber das Gegenteil war der Fall. Und wie sollte ich ihn jetzt alleinlassen, das würde doch keiner verstehen. Für mich sind seine Launen trotzdem schwer zu ertragen. Einmal fragte ich seinen Arzt, als mein Mann das Sprechzimmer gerade für einen Moment verlassen hatte: »Können Sie ihm nicht etwas verschreiben, damit er nicht so aggressiv ist?« Der Blick dieses Arztes sprach Bände: »Ihr Mann hat starke Schmerzen, er ist krank.« Das weiß ich selbst.

Wenn es meinem Mann nicht gutgeht, hab ich Schuldgefühle. Man kann sich fragen: warum? Aber Schuldgefühle sind etwas, das mich schon ewig begleitet. Als ich anfing, mich wegen der Trennung der Kinder schuldig zu fühlen, kam auch das schlechte Gewissen wieder hoch, das ich während der letzten Schuljahre vorm Abitur hatte, weil ich doch dem Haushalt der Tante auf der Tasche lag – dabei steuerte mein Vater Wirtschaftsgeld bei.

Es ist einfach so: Ich bin ein Mensch, der sich immer schuldig fühlt. Und im Falle meiner Kinder durchaus zu Recht. Immerhin kann ich mich daran freuen, dass sie mir beide bis heute keine Vorwürfe machen, es ist mir ja auch wirklich gelungen, ihnen ihre geschwisterliche Verbindung zu erhalten, und ich habe auch ein sehr gutes Verhältnis zu allen Enkeln.

Mein Mann macht mir bis heute das Familienleben schwer. Früher waren es nur die Kinder, die man seiner Meinung nach nicht andauernd – andauernd, so sagt er das – sehen muss, jetzt sind es auch noch die Enkel, die natürlich nach Günters Meinung auch keine Geschenke brauchen. Ich lasse mich da nicht beirren, ich weiß ja, dass es ihm nicht wichtig ist, sich um andere Menschen zu kümmern. Hätte ich nicht über Jahre immer an seine Mutter geschrieben – sie hätte ewig kein Lebenszeichen von ihrem Sohn bekommen.

Im Sommer war ich eine Woche mit meiner Freundin Gunda in Frankreich, für Günter war in dieser Zeit alles perfekt über Hausdienste organisiert. Ich komme wieder, und er nörgelt: »Wie oft verreist du denn noch?« Mein Mann redet weniger als früher, und wenn er redet, schimpft er. Neulich greinte er: »Was hab ich denn noch vom Leben?« Ich habe gesagt: »Was soll ich denn sagen, ich mache den Haushalt, ich telefoniere mit Gunda, zweimal die Woche geh ich mit ihr schwimmen. Mehr hab ich doch auch nicht.«

Gunda wohnt jetzt auch schon lange hier in H., das ist für mich ein großes Geschenk, wir verstehen uns blind, wir können ewig zusammensitzen und Tee trinken und uns alles anvertrauen.

Ich habe es am Anfang meiner Ehe so gesagt, und ich sage es noch heute: Mein zweiter Mann und ich haben unsere Ehe aus tiefster Zuneigung geschlossen. Wir haben uns wegen dieser Zuneigung beide von unseren Ehepartnern getrennt, und ich war überzeugt: Wir werden glücklich. Wir sind nicht glücklich geworden.

Als das mit Günter und mir damals in der Schule bekannt geworden war, hatte ein älterer Kollege zu mir gesagt: »Man kann ja ein Verhältnis haben, aber deswegen lässt man sich doch nicht gleich scheiden.« Ich habe das damals nicht verstanden, ich hätte doch nicht zweigleisig fahren können. An den Ratschlag musste ich noch oft denken. Ich hätte einfach nicht so schnell wieder heiraten dürfen.

Und wenn ich mir die Ehe meines Exmannes über all die Jahre so ansehe – mit seiner zweiten Hochzeit ging es ja auch sehr fix. Ich finde: Seine zweite Frau, die Kollegin, die Erika, die war von Anfang an kalt. Volker und ich hatten so viele gemeinsame Freunde, manche von ihnen hat sie vergrault, andere haben mir gesagt: »Mit der Erika werden wir nicht warm.« Ich habe nicht verstanden, dass sie immer so verspannt war, aus meiner Sicht hatte sie einen Hauptgewinn: einen wunderbaren Ehemann und eine Tochter, später dann noch die vielen süßen Enkel.

Erika sagt heute noch Sachen zu Volker, die ich unmöglich finde. Beim Geburtstag eines Enkels an der Kaffeetafel: »Mach den Mund zu, sonst regnet's rein.« Das finde ich ruppig. Zwischen den beiden ist immer so eine Spannung. Weil sie so kalt ist. Mein Exmann ist nicht kalt. Ich bin nicht so. Günter ist zwar nicht kalt – er ist rücksichtslos, erst redet er unbeherrscht, dann entschuldigt er sich. Er beteuert bis heute, dass er mich liebt.

Aber man kann ja nicht aus seiner Haut. Er nicht. Und ich nicht. Aber man kann aus seiner Ehe. Man hätte gekonnt.

Wenn ich Filme sehe oder Romane lese, dann denke ich manchmal, dass ich noch nie in meinem Leben die richtige Liebe kennengelernt habe. Also eine Liebe, wo man sagt: Ich würde mein Leben geben.

Bei der letzten Geburtstagsfeier eines Enkels fing neulich abends der allgemeine Aufbruch an. Wenn man sich verabschiedet, umarmt man sich doch noch mal, drückt sich, küsst sich. Ich hatte die Kinder, die Enkel so verabschiedet, ich dachte: Gibst du dir einen Stoß, umarmst du Erika auch. Na ja. Dann Volker – mein Exmann hat sich so fest an mich gedrückt, so innig, dass ich empfunden habe: Für ihn ist es auch noch nicht vorbei.

Charlotte, 39,
Hausfrau/PR-Organisatorin, 15 Jahre verheiratet,
2 Kinder

Ich erfriere neben ihm

Das perfekte Paar beim Ärzteball: Sie im eleganten Kleid mit hoch-
gesteckten rotblonden Locken, er der erfolgreiche Arzt. Wer würde
vermuten, dass Charlotte ihren Charme und Witz auch darauf verwendet, den wahren Charakter ihres Mannes zu vertuschen – in den eigenen vier Wänden ist Michael kühl, kleinlich, ein pedantischer Erb-
senzähler, der seine eigentlich so lebensfrohe Frau unsicher und
ängstlich macht. Der Unfalltod eines Unbekannten wirft bei Charlotte die Frage auf: Willst du weiter leben wie bisher? Ihre Antwort lau-
tet: Schluss mit der frostigen Villa, her mit dem stressigen Bürojob
und Picknick im Park.

So eine Ehe wie meine erscheint allen wie aus dem Bil-
derbuch: Der Mann ist Arzt, die Frau zu Hause, sie
haben zwei intelligente Kinder, ein schönes Haus,
eine Putzfrau, sie machen Urlaub nach Gusto, und in der
Garage stehen zwei große Autos. Ich bekomme bis heute
von Patienten meines Mannes zu hören: »Also, liebe Frau
Doktor, dass Sie und Ihr Mann auseinander sind, das
verstehen wir ja gar nicht.« Ich lächle dann nur und sage:
»Ja, das passiert eben manchmal …«

Nur meine kleine Schwester Ella wusste immer, wie es wirklich bei uns aussieht – ich war todunglücklich. Jahrelang. Nachdem unser zweites Kind, Katharina, geboren war, fing es an: Michael und ich haben nur noch nebeneinanderher gelebt. Ich bin fast erfroren neben diesem Mann. Ich hatte Angst vor seinen Launen, seinem eisigen Schweigen, wenn etwas nicht so lief, wie er es wollte. Gewalttätig war er nie, der muss nicht schlagen, damit man das wie Schläge empfindet.

Ein gutes Beispiel: Katharina war als Kleinkind eine schlechte Esserin und ich entsprechend froh, wenn sie mal ordentlich zulangte. An einem Nachmittag hatte sie richtig Appetit, erst aß sie ein ganzes Mohnbrötchen, dann noch ein Sesambrötchen mit Nutella. Sie hatte ein richtiges Schokogesicht. Michael kommt nach Hause, sagt ganz freundlich zu unserer Tochter: »Pass auf, dass du nichts vollschmierst, wasch dir doch lieber das Gesicht.«

Wirklich, ganz freundlich. Kathi verschwindet nach oben ins Badezimmer, und da geht es los: »Wie sieht es hier denn aus? Alles vollgekrümelt! Also wirklich, dass du nicht dafür sorgen kannst, dass die Kinder ordentlich am Tisch essen!«

Ich dachte, ich spinne. Brötchen krümeln nun mal, und solche mit Mohn oder Sesam besonders. Ich laufe also los ins Bad, hole eine Zahnbürste und fange an, vor Michaels Augen die Krümel aus den Parkettfugen zu bürsten, auf den Knien zu seinen Füßen. Meine Stimme überschlägt sich in solchen Situationen fast: »Und, bist du jetzt zufrieden???«

So eine Situation könnte bei anderen Paaren lustig enden. Bei uns aber nicht. Michael geht wieder mal schweigend in sein Arbeitszimmer, ich bleibe blind vor Tränen auf dem Fußboden sitzen. Ich habe mich so allein und verlassen gefühlt. Allein sein, obwohl da noch einer ist. Das war irgendwann das Grundgefühl in meiner Ehe.

Michael und ich hatten wirklich Voraussetzungen, wie sie nicht viele haben. Rein materiell. Aber was nützt das? Einmal kam Michael nach Hause und sagte: »Bei unserem Autohändler steht ein Saab-Cabrio, willst du das haben?« Ein funkelnagelneues Auto, einfach so. Mir war schon klar: Er fragt mich nur, weil er selbst das Auto will. Ich habe mit meiner Freundin Irene darüber gesprochen: »Ich brauche so ein Auto nicht. Mir wäre es lieber, Michael würde mal meine Hand nehmen.«

Irene hat gesagt: »Das tut er sowieso nicht – nimm das Auto.« Das hab ich gemacht – und mit dem schicken Auto dem Bild von der heilen Arztfamilie noch ein bisschen mehr Glanz verliehen.

Finanziell hatte ich unbegrenzte Möglichkeiten. Wenn ich dran denke – bei mir stapelten sich bestimmt an die hundertfünfzig Paar Schuhe. Solche für unterschiedliche Sportarten, von Tennis bis Nordic Walking, Ballerinas in allen Farben, Pumps fürs Kostüm bis hin zu High Heels. Irgendwann merkte ich: Du verlierst den Überblick. Ich fahre also eines Vormittags mit meiner Nachbarin spontan los, Regale kaufen. Im Keller war genug Platz. Dass Michael neue Regale nicht prima finden würde, wusste ich, er mochte es nicht, wenn sich sein Zuhause veränderte, darum war es mir ganz wichtig, fertigzuwerden, bis er nach Hause kommt. Immer wieder schaute ich auf meine Armbanduhr und merkte: Wir können das gar nicht schaffen.

Natürlich hat mich das nervös gemacht. Meine Nachbarin spürte das und fragte: »Warum regst du dich so auf?«

Ich habe angefangen zu heulen, ich konnte mich kaum beruhigen. Wir waren dann fertig, kurz bevor er nach Hause kam, so blieb es bei einem: »Du hast was verändert, oder?« Im Keller fiel meine Eigenmächtigkeit wenigstens nicht so auf.

Weißt du, wie das ist, wenn andere sagen: »Ihr habt so ein schönes Haus.« Und du, du möchtest rausschreien: »Ja, aber es ist kein Zuhause! Es kann keins sein – wegen meinem Mann!« Aber natürlich behielt ich das für mich.

Einmal stand meine Freundin Franziska spontan vor der Tür, sie war in der Nähe, hatte einfach geklingelt. Ich habe sie kurz abgefertigt: »Du, der Michael ist da, er sitzt in der Küche, und ich glaube, er hätte jetzt nicht so gern Besuch.« Hinterher war mir das fürchterlich peinlich, aber meine Freundin hat mich nicht wieder drauf angesprochen. Mir war der Gedanke unerträglich gewesen: Sie kommt rein, und Michael zieht ein Gesicht. Ich kannte das ja mittlerweile von ihm: Er ist im Wortsinne asozial, er mag nicht mit anderen Menschen zusammen sein, zu Hause mag er die schon gar nicht, Besuch könnte seine Ordnung stören.

Unseren Esstisch hatte er irgendwann zu seiner persönlichen Zettelablage umfunktioniert: Da lagen Briefe von der Bank, der Versicherung, private Rechnungen, Kontoauszüge, seine Notizen. Wehe, wenn ich da irgendwas durcheinandergebracht hätte.

Ich stand immer unter Druck, ich hatte Angst ohne Ende. In meiner Küche traute ich mich kaum zu kochen.

Wenn ich Kuchen gebacken habe, saß mir immer die Furcht im Nacken, er kommt mittendrin nach Hause. Ich habe in der Praxis angerufen und mich vergewissert, wie lange er noch zu tun hat, damit der Kuchen fertig und wie aus dem Nichts gezaubert auf dem Tisch steht, wenn er nach Hause kommt.

Meiner Schwester habe ich irgendwann gesagt: »Ich halt das nicht mehr aus.« Es wurde immer schlimmer. Meine Schwester fing an, Kontrollanrufe zu tätigen, sie hat fast jeden Tag angerufen und gefragt: »Wie geht es dir?« Wenn es einen Heulrabatt gegeben hätte bei der Telekom, wir hätten keine Telefongebühren mehr zahlen müssen. Meine Schwester hat gesagt: »Wie lange willst du das hier noch mitmachen? Ich habe Angst, dass du dir was antust oder Alkoholikerin wirst.«

Ich hab wirklich ziemlich viel getrunken in dieser Zeit, also nicht so, dass ich mittags schon angefangen hätte oder ohne Alkohol nicht sein konnte, aber ich saß eben öfter abends bei einigen Gläsern Wein in der Küche, so konnte ich alles wegbeamen oder den Schleier über den Alltag heben. Meine Schwester sagte oft: »Pass auf, sei vorsichtig.«

Als Katharina fünf war, habe ich gemerkt: So geht es nicht weiter. Wir waren acht Jahre verheiratet, Valentin, unser Großer, war sieben. Gut, Katharinas Geburt hatte ich sozusagen erzwungen, ich wollte unbedingt ein zweites Kind, Michael wollte nur ein Kind – ein Kind muss nicht teilen, es hat, so wie Michael, alles für sich allein. Aber Katharina, die Kinder überhaupt, waren nicht der Auslöser für die Krise.

Ich bin zur Eheberatung gegangen. Allein. Mein Mann wollte nicht mit. Er hat gesagt: »Das ist doch Blödsinn, das ist Quatsch.«

Ich habe ihn gebeten: »Wenn es weitergehen soll, muss was passieren. Mach doch bitte wenigstens für dich eine Therapie, du bist neurotisch.« Ich habe für ihn einen Termin bei einer Psychologin vereinbart. Er kam zurück mit Riesenschweißrändern unter den Armen. Er ist noch ein weiteres Mal hingegangen, das war's. Unsere Ehe war ihm offensichtlich keine Mühe wert. Ich habe vieles versucht, um etwas in unserer Ehe zu ändern, aber Michael hat nicht mitgezogen.

Lange Zeit habe ich mich ja gefragt: Ist Michael allmählich so geworden? Oder war er schon immer so? Natürlich war er schon immer so, auch als wir uns kennenlernten. Nur: Ich habe das nicht wirklich gesehen und logischerweise auch nicht als Problem erkannt.

Michael war als Arzt an unser Krankenhaus gekommen, ich arbeitete im Labor. Damals konntest du dir bei der Arbeit durchaus mal ein Viertelstündchen Zeit für eine Tasse Kaffee nehmen. Die Stationsschwester stichelte schon: »Na, du sitzt aber oft mit diesem Dermatologen zusammen.« Mir war das gar nicht aufgefallen, dass Michael und ich uns immer öfter in der Kantine an einem Tisch trafen.

Ich fand ihn unheimlich nett – aber er war nicht mein Typ. Ich bin ja eher ein fraulicher Typ, also nicht so ein Hungerhaken, wie sie jetzt modern sind. Ich mochte schon immer athletische Männer – neben denen machst du auch als Vollschlanke eine gute Figur. Aber Michael war so ein großer Schlaks, außerdem hatte er braune Augen und schon ziemlich schüttere, braune Haare. Meine Freunde vorher waren alle blond und hatten blaue Augen. Egal.

Michael bemühte sich total um mich. Er rief eines Sonnabends bei mir zu Hause an: »Gehen Sie heute Abend mit mir in die Oper?«

Mensch, da ist er wirklich über seinen Schatten gesprungen, wahrscheinlich ist er halb gestorben vor diesem Anruf. Ich habe jedenfalls zugesagt, wir haben uns im Foyer getroffen, er wartete schon. Hinterher saßen wir bis drei Uhr morgens beim Wein an der Alster, es war eine laue Sommernacht, wie es sie in Hamburg ja nur selten gibt. Wir haben uns so toll unterhalten, er hatte viel Ahnung von Musik, wir gingen beide gern ins Kino …

Ich wollte dann für drei Wochen zu einer Weiterbildung – am Abend vor der Abfahrt kommt er mit einer roten Rose und sagt: »Ich heirate dich.« Er fuhr mir jedes Wochenende dreihundert Kilometer hinterher, brachte jedes Mal einen riesigen Blumenstrauß mit. Als ich zurückkam, hatte er den Verlobungsring gekauft, einen Goldreif mit einem Einkaräter. Ein halbes Jahr später war Hochzeit, ein Jahr später wurde Valentin geboren. Da war noch alles o. k.

Es fiel erst so richtig auf, als Michael schon in seiner eigenen Praxis arbeitete: Wenn er nach Hause kam, ging er direkt in die Küche, machte sich einen Teller mit Broten, zog einen Jogginganzug an – und ab ging's auf die Couch vor den Fernseher, Sport gucken. Und es gibt eine Menge Sport im Fernsehen: Fußball, Tennis, Tour de France, Skispringen, Biathlon, notfalls auch Darts und Billard.

Ich hatte lange Verständnis, ich habe mir gesagt: Komm, lass mal, er hatte einen harten Tag. Bis mir irgendwann klar wurde: Wenn mein Mann die Praxistür abschließt, ist sein Gesprächsbedarf für diesen Tag gedeckt. Er will dann gar nicht mehr reden.

Wenn wir mit anderen zusammen waren, saß er meist so dabei, also: zurückgelehnt, die Arme erhoben und die Hände auf dem Kopf verschränkt, die totale Abwehrhaltung. Ich hab bei Partys immer geredet wie ein Wasserfall, damit nicht so auffällt, dass er nichts sagt. Ich bin dann irgendwann viel lieber allein weggegangen, aber das gefiel ihm auch nicht.

Ich habe gekämpft. Als wir zehn Jahre verheiratet waren, habe ich das Wohnzimmer dekoriert, überall Blumen verstreut, rote Herzen hingen von der Decke, auf dem Tisch ein Geschenk in einem großen goldenen Herz. Michael kommt rein und sagt: »Was soll denn dieses Durcheinander?«

Ich stand da wie ein begossener Pudel in meinem neuen roten Cocktailkleid, drunter eine schöne Wäschegarnitur. Davon hatte ich wohl mehr als hundert verschiedene.

Ich kann wirklich sagen: Ich habe mich nicht gehenlassen in unserer Ehe, ich bin zum Friseur gegangen, zur Kosmetik, zur Maniküre, zur Fußpflege. Mir hat das so wehgetan, dass mein Mann das alles nicht wahrgenommen hat. Oft habe ich nachts neben ihm gelegen und geheult, weil ich mal wieder den ganzen Abend drauf gewartet hatte, dass von ihm etwas kommt, eine Berührung, ein Kuss, ein kleines »Gute Nacht«.

In einem Jahr, da war ich dreiunddreißig, habe ich mal ein Jahr Buch über die Beischlafhäufigkeit geführt. Zweiundvierzigmal in einem Jahr. Da würden manche sagen:

Das ist doch nicht schlecht. Wir waren elf Jahre verheiratet … zweiundvierzigmal, ja. Aber Sex war der einzige Ausdruck von Zärtlichkeit, den ich bekommen habe. Mir hätte es doch gereicht, wenn er ab und zu mal meine Hand gehalten, mir einen Kuss gegeben hätte. Aber das gab es nicht. Immerhin: Sex mit ihm war o. k.

Ich hätte wirklich so gern mehr mit ihm unternommen, mit ihm gemeinsam gemacht. Ich meine nicht Essengehen ins Sternerestaurant, nur einfach mal ins Kino zum Beispiel. Ich habe immer wieder versucht, ihn dazu zu kriegen.

Einmal hatte ich ein Wochenende für uns allein gebucht, sonst waren ja immer die Kinder dabei. Um Katharina und Valentin wollten sich an diesem Wochenende meine Eltern kümmern. Ich hatte alles vorbereitet, das Hotel ausgesucht, mit großem Sauna- und Wellnessbereich, Whirlpool im Zimmer, Meerblick. Wir mussten nur noch hinfahren.

Schon die Autofahrt. Michael hat natürlich wieder kein Wort gesprochen. Wir kommen an, eine Flasche Champagner steht auf dem Zimmer. Die habe *ich* dann aufgemacht – er hatte sich als Erstes die Fernbedienung für den Fernseher geschnappt und Sport eingeschaltet. Ich hatte mir den Abend anders vorgestellt, hatte eine von meinen flotten Garnituren an. Beim Candlelight-Dinner im Restaurant habe ich mich dann mit einer Flasche Wein weggebeamt, ich habe die fast alleine ausgetrunken. Um zehn ging es dann auf dem Zimmer weiter mit Fernsehen. Was kommt um zehn? Um sechs die Sportschau, um zehn das Sportstudio, oder? Egal. Am nächsten Morgen haben wir wortlos gefrühstückt, dann ging es nach Hause. Ich hatte mir wie immer solche Mühe gegeben, ich dachte: Das muss der doch auch sehen.

Ich hatte schon länger Herzbeschwerden, ohne dass es körperliche Befunde dafür gab. Ich bekam keine Luft mehr, hatte richtige Asthma-Anfälle – aber nur, wenn Michael in der Nähe war. Ich hatte Knoten in der Brust, verschiedene, immer wieder. Das lag an Hormonschwankungen, hieß es. In einem Jahr hat mir mein Gynäkologe öfter an die Brust gefasst als mein Mann. Einmal wurde ein Knoten rausgeholt, der war gutartig, aber mein Arzt hat gesagt: »Sie müssen etwas ändern in Ihrem Leben, sonst entwickelt sich da irgendwann etwas Böses.«

Ich hatte ihm erzählt, wie es in meiner Ehe aussieht, dass ich aber nichts ändern könne wegen der Kinder. Mein Arzt hat mich angesehen, tief durchgeatmet und dann gesagt: »Die Kinder haben ein Leben – aber *Sie* haben auch eins.«

Meine Freundin Franziska meinte damals: »Versuch's doch mal im Internet in einem Chat.« Das habe ich gemacht und einen sehr netten Kontakt gefunden zu einem Mann, einem Rechtsanwalt. Tom war auch völlig ehefrustriert, wir haben uns jeden Abend geschrieben. Ich habe ihm die alltäglichen Dinge berichtet, die ich eigentlich meinem Mann erzählen wollte. Er hat mir sozusagen am Bildschirm zugehört. Und umgekehrt genauso.

Irgendwann haben wir uns auch getroffen. Ein Mal, im Café – ich hatte wissen wollen, wie mein Seelenverwandter aussieht. Das war aber alles ganz jugendfrei. Diese Freundschaft ist bis heute geblieben. Tom hat immer wieder zu mir gesagt: »Du *kannst* gehen.« Er konnte das nicht, er musste immer Angst haben, dass ihm seine Frau die Kinder wegnimmt, die waren noch ganz klein. Tom war viel für mich da, er hat gesagt: »Du bist eine tolle Frau, wenn ich dein Mann wäre, würde ich dich ganz anders behandeln.«

Dann ist etwas passiert, was mich richtig aufgerüttelt hat. Auf der Landstraße zum Nachbarort ist ein Mann bei einem Verkehrsunfall ums Leben gekommen, so alt wie ich, einfach in seinem Auto verbrannt. Ich kannte ihn nicht, aber mich hat das beschäftigt, was in der Zeitung stand. Ich habe überlegt: Wenn du wüsstest, dir wird das nächste Woche passieren – würdest du dann die letzten Tage deines Lebens so verbringen, wie du jetzt gerade lebst? Die Antwort war: nein.

Es arbeitete etwas in mir. Ich fing an, ernsthaft nachzudenken: Ich muss nicht warten. Worauf auch? Ich will ein anderes Leben, und ich will es jetzt.

Weihnachten waren wir wie jedes Jahr mit der Familie zum Skilaufen in der Schweiz. Wir hatten Spaß tagsüber mit den Kindern, abends war zappenduster. Silvester werde ich immer unheimlich sentimental, und irgendwann an diesem Abend wusste ich: Das ist unser letzter gemeinsamer Jahreswechsel. Ich habe mich so fremd neben Michael gefühlt.

Ich weiß nicht, wie ich eine Trennung dann wirklich in die Wege geleitet hätte – das wurde mir einfach abgenommen. Eines Morgens kommt Michael in die Küche gestürzt, schiebt Teller, Tassen, alles beiseite und knallt mir ein Foto auf den Tisch. Tom und ich im Café, wir hatten die Kellnerin gebeten, uns mit der Digitalkamera aufzunehmen. Das war ein ganz harmloses Bild, wir sitzen einfach nebeneinander, nicht etwa Hand in Hand oder umarmt, was ja verfänglich hätte wirken können, wir sehen auf dem Foto nur einfach vergnügt aus. Tom hatte mir den Abzug geschickt, ich bewahrte ihn bei meinem PC im Schreibtisch auf. Da hat Michael das Foto offenbar gefunden. Warum er in meinem Schreibtisch herumgesucht hat, weiß ich bis heute nicht. Ich habe ihn nicht gefragt, weil es mich gar nicht interessiert. Dieser Fund, diese Entdeckung, die Situation in der Küche hat dann so eine Eigendynamik bekommen wie bei Dominosteinen, du tippst den ersten an, und die ganze Reihe fällt. Vielleicht hätte ich einen Stein rausnehmen können – aber ich wollte nicht.

Als Nächster kam Valentin zum Frühstück. Michael schrie: »Hier, guck dir das an, deine Mutter hat einen anderen Mann!« Dann rannte er raus, holte Katharina, um auch ihr das Foto zu zeigen. Ich fand das unmöglich. Ich hätte versuchen können, die Sache aufzuklären, ich war mit Tom ja wirklich nur ganz harmlos Kaffee trinken. Ich hab es nicht getan.

Aber es sollte noch besser kommen an diesem Morgen. Michael sagte: »Und jetzt fahren wir zu deinen Eltern, du wirst ihnen alles sagen.« Was sollte ich meinen Eltern denn seiner Meinung nach sagen: Hallo, ich habe meinen Mann betrogen? So war es ja nicht! Oder vielleicht: Ich rede mit einem anderen Mann, weil meiner mir nicht zuhört?

Ich weiß nicht, was Michael sich vorgestellt hat. Und was sollten meine Eltern mir sagen: du, du, du? Mit erhobenem Zeigefinger?

Ich meine, Michael kannte meine Einstellung zur Ehe, dass man sich eben nicht scheiden lässt. Ich wollte doch verheiratet sein, eine intakte Familie haben. Dabei hatte ich ja keine! Ich dachte aber wirklich lange: Ich kann das nicht machen. Weggehen. Ich komme aus einem kleinen Dorf, da ließ man sich nicht scheiden. Zwei Frauen im Dorf waren geschieden, das klebte als Makel an ihnen. In mir war das ganz stark drin: Du willst nicht geschieden werden. Ich wollte verheiratet sein, mit dem Vater meiner Kinder leben, mit ihm alt werden.

An diesem Morgen, am Frühstückstisch in unserer Küche stürzte meine ganze Welt plötzlich zusammen, in mir breitete sich eine ungeheure Klarheit aus. »Gut«, habe ich gesagt, »wenn du es so willst – dann fahren wir jetzt eben zu meinen Eltern.« Wir sind ins Auto gestiegen, alle vier, die Kinder saßen hinten und haben geweint, was mir unglaublich leid tat. Ich hatte keine Angst, dass Michael uns alle gegen einen Baum fährt – auf so eine Idee könnte man ja kommen. Das würde er nie tun, dafür liebt er seine Kinder viel zu sehr.

Nach einer halben Stunde hielten wir vorm Haus meiner Eltern. Michael ist gar nicht aus dem Auto gestiegen. Ich bin wie in Trance ins Haus gegangen und habe gesagt: »Ich werde mich von Michael trennen.« Das war ganz einfach. Meine Eltern haben natürlich auf mich eingeredet: »Das kannst du doch nicht machen, denk an die Kinder«, und »Überleg mal, was du alles aufgibst …« Zu guter Letzt kam: »Oder ist ein anderer Mann im Spiel?« Da konnte ich nur den Kopf schütteln. So war es ja auch nicht. Zu meiner Mutter habe ich gesagt: »Mama, du müsstest mich doch verstehen!« Ich habe gedacht: In ihrer Ehe war es wahrscheinlich so ähnlich wie bei mir. Aber sie hat gesagt: »Nein, ich verstehe dich nicht.«

Ich bin zurück zum Auto, und wir sind wortlos nach Hause gefahren. Wir haben noch vier Monate zusammengelebt, ich habe in einem der Gästezimmer geschlafen.

Was mich bei unserer Trennung am meisten mitgenommen hat: Als klar war, ich ziehe aus, ich mache ernst, es sind nicht nur leere Drohungen, da nennt Michael mich in einem unserer Gespräche plötzlich *Charly*. Er spricht mich mit meinem Namen an! Ich bin im Flur zusammengebrochen, ich bin richtig in die Knie gegangen – mein Mann hatte meinen Namen jahrelang nicht über die Lippen gebracht, und mir war das gar nicht aufgefallen. Da hab ich gedacht: Ich muss das durchziehen mit der Trennung, unbedingt.

Nach und nach hab ich alles geregelt. Ich habe eine neue Buchhalterin für die Praxis gesucht – ich hatte Michael nämlich im Laufe der Jahre die ganzen Abrechnungen und Steuersachen abgenommen, und mir war schon klar, dass es für ihn schlimm sein würde, jemand Fremdes an seine Zahlen zu lassen. Aber das hat gut geklappt.

Im Januar hatte ich angefangen, in einem A-cappella-Chor zu singen. Paul, der Chorleiter, ist mittlerweile mein bester Freund, er sagte damals zu mir: »Ich weiß eine Event-Agentur in Hamburg, die sucht eine Mitarbeiterin, bewirb dich doch.« Ich habe den Chef tatsächlich getroffen, als Erstes bin ich über eine Stufe gestolpert, ihm direkt in die Arme. Klasse Anfang für ein Bewerbungsgespräch. Er hat gefragt: »Können Sie Excel? Powerpoint? Outlook?« Alles Computerprogramme, ich wusste gerade mal, wie die heißen. Aber ich habe den Job bekommen. Als die erste Firmenparty lief, für die ich alles organisiert hatte, kam mein Chef mit einem Blumenstrauß. Seit ich dort arbeite, kriege ich Anerkennung, ich fühle mich gebraucht, und das Beste ist: Für die Kollegen, für die Kunden bin ich Charlotte, einfach Charlotte oder Charly und eben nicht *Frau Dr. P.* Es macht mir Spaß, die Arbeit, alles. Auch, meinen Kindern zu zeigen, wie schön das Leben sein kann.

Eigentlich ist es fast ein Wunder, dass alles so gut geklappt hat. Als es definitiv auseinanderging, war Michael sogar bereit, mit mir zur Mediation zu gehen. Nicht um die Ehe wiederherzustellen, sondern um die Trennung so glimpflich wie möglich über die Bühne zu bekommen, sicher auch wegen materieller Dinge, Haus, Unterhalt, aber vor allem wegen der Kinder.

Am Anfang hatte ich durchaus Probleme mit der Vorstellung: Jetzt gehst du nach fünfzehn Ehejahren, hast ihm die ganze Zeit den Rücken freigehalten, keinen Pfennig in die Rentenkasse eingezahlt … Ich konnte mir auch nicht vorstellen, unser Haus zu verlassen. Aber ich habe es getan. Ich habe für mich und die Kinder eine Wohnung gemietet in der Neubausiedlung, die unmittelbar an die Villengegend hier im Ort grenzt. Man kann unser altes Haus vom Badezimmerfenster aus sehen. Die Kinder haben ihre alten Zimmer bei Michael behalten, sie sind die Hälfte der Woche dort, die andere Hälfte bei mir. Wenn Kathi die Reitstiefel vergessen hat oder Valli die Fußballschuhe, können sie schnell rüberlaufen, die Sachen holen.

Jetzt sagen alle: »Wir ziehen echt den Hut vor euch, wie ihr das mit den Kindern geschafft habt.« Da hat eine sehr große Vernunft geherrscht. Unsere Kinder können damit gut umgehen, sie wissen genau, was sie bei wem erreichen können, ohne dass sie uns gegeneinander ausspielen. Das war von Anfang an klar, dass es das nicht geben wird, da waren Michael und ich uns einig. Für organisatorische Dinge, für Kreatives, Gäste und Feste ist Mama zuständig, für Mathe, Sport und Finanzen Papa. Und, ganz wichtig: Ich sage nichts Schlechtes über ihn gegenüber den Kindern, er nicht über mich. Ich glaube, das ist schon etwas Besonderes.

Wirklich, jahrelang hatte ich gedacht, dass ich dieses Haus als alte Frau im Sarg verlasse. Es ist ein tolles Haus, aber es war kein Zuhause, es war ein goldenes Gefängnis auf 320 Quadratmetern. Jetzt leb ich mit den Kindern auf 82 Quadratmetern, im Wohnzimmer steht eine abgelegte Couchgarnitur von meinen Eltern, aber da sitzen wir kaum, das Leben findet bei uns in der Küche statt. Ironie der Geschichte: Fürs Haus hatte Michael gerade eine ganz neue Küche gekauft, die hat 25 000 Euro gekostet. Mit Dampfgarer, selbst reinigendem Backofen, freistehendem Herd und schwebendem Dunstabzug, alles perfekt. Was hat es genutzt?

Ich fotografiere, ich habe auch schon während der Ehe fotografiert, Blumen hauptsächlich, Landschaften. Im Keller hätte ich die Fotos wunderschön aufhängen können, alles weiße Wände. Aber ich habe mich nicht getraut. Was hätte Michael gesagt? Da hätten ja Nägel in die Wand gemusst. In meiner Wohnung hängen jetzt überall meine Aufnahmen, das brauche ich für meine Seele, für ein Zuhause, in dem ich mich wohlfühlen kann.

Zum Zuhause gehört auch: Meine Kinder lernen jetzt kennen, was es heißt, ein offenes Haus zu führen. Wir haben viel Besuch, wir kochen mit Freunden. Meine Kinder sollen sehen können, miterleben können, wie es ist, wenn Liebe gelebt wird, wenn man sich drückt, umarmt, küsst. Ich hab das jetzt wieder, mit Stefan, meinem neuen Lebenspartner. Wir haben uns vor einem Jahr bei der Arbeit kennengelernt. Er ist auch geschieden, hat auch zwei Kinder. Meine Kinder kriegen jetzt beides mit: das Leben mit mir und das Leben mit Michael. Bei ihm hat sich ja nichts Wesentliches geändert, da legt er auch Wert drauf.

In der Mediation haben sie uns gesagt: »Man merkt, dass für Sie beide das Interesse der Kinder über allem steht.« So war es, und so ist es auch heute noch. Michael hat für die Kinder schon immer viel mehr gemacht als für mich. Er sagt: »Wahre Liebe gibt es nur zu den Kindern.« Der tut mehr als jeder andere Vater, den ich kenne, er kümmert sich sehr. Er ist froh, dass er mit den Kindern sein kann.

Manchmal empfinde ich das als zu eng, sein Verhältnis zu ihnen. Die drei unternehmen alles Mögliche miteinander, vor allem Sport. Sie laufen zusammen Ski, sie joggen, sie gehen schwimmen, für Katharina hat Michael sich auch seit seiner Jugendzeit das erste Mal wieder auf ein Pferd gesetzt. Katharina ist ihm überhaupt sehr nah. Sie war von Anfang an ein Kind, das uns sehr gefordert hat, wissensdurstig, abends nicht ins Bett zu kriegen. Sie ist hochbegabt, sehr ehrgeizig, auch im Sport. Abgesehen davon, dass sie wirklich ein soziales Wesen ist, Freunde hat: Sie ist so, wie Michael eigentlich auch ist. Er hat ein Einser-Abitur, hat deswegen Medizin studiert, weil man das ja quasi muss mit so einem Abi, für ihn zählen nur Leistung und Geld genau wie für seine Eltern – eigentlich hätte ich beim ersten Besuch in seinem Elternhaus erkennen müssen: Hier gibt es keine Wärme, Nähe, keine Zärtlichkeit, das ist ein Eiskeller, sei vorsichtig.

Ich weiß nicht, was er genau mit Frauen hatte, bevor wir uns kennengelernt haben. Mindestens eine war da, die habe ich auf Fotos gesehen. Seine Eltern hätten es wohl gern gehabt, dass er die geheiratet hätte … Wenn ich mal gepickt habe, mehr zu erfahren, ist er ausgewichen.

Trotz allem – ich bin ich nicht böse, wenn ich zurückblicke. Michael ist kein schlechter Mann, es ist ja auch nicht alles schlecht, was er gemacht hat. Es ist also nicht allein seine Schuld, dass es so gekommen ist. Ich habe nur einfach lange gebraucht, um zu erkennen: Wir passen nicht zusammen. Als wir uns kennenlernten, habe ich mich von seinem Interesse an mir, von seinem Engagement beeindrucken lassen. Ihm hat unter Garantie meine Lebensfreude gefallen, er war ja damals schon in sich gekehrt und traurig, vielleicht hat er gehofft, dass ich ihn mit meiner Energie mitreiße. Leider hat er eher mich runtergezogen.

Mein Leben heute ist stressiger als mit Michael, ich muss um sechs Uhr aufstehen, damit ich um halb acht im Büro sein kann. Das ist nicht meine Zeit, ich empfinde das als Quälerei. Aber ich habe ein Stundenkontingent, es ist egal, wann ich meine Arbeit mache. Wenn die Kinder aus der Schule kommen, so gegen halb drei, bin ich wieder zu Hause.

Für mich sind die Kinder bis heute der einzige Grund, weiter hier im Vorort zu wohnen. Warum sonst sollte ich bleiben? Hier kennt mich jeder. Als ich die erste Zeit morgens auf dem Bahnhof stand, wurde ich von Patienten meines Mannes angesprochen ... Natürlich kriegen die in einem kleinen Ort mit: Die Frau Doktor ist ausgezogen. Es wäre für mich leichter, wenn ich mit meinem neuen Freund in der Stadt leben könnte, wo mich keiner kennt. Wie befreiend das sein kann, erlebe ich bei der Arbeit. Dort zählt nur das Sachliche, meine Leistung, da bin ich nicht die Ex von Dr. P., da bin ich wieder eine eigenständige Persönlichkeit. Die Ärzte, Apotheker, unsere Kreise in diesem Ort eben, die vermissen mich natürlich nicht. Mir hat das anfangs schon wehgetan, dass du plötzlich mehr oder weniger Luft bist. In so einer Zeit lernst du deine echten Freunde kennen! Es gab einige, die mir sehr geholfen haben, und denen bin ich richtig dankbar dafür. Für sie war ja auch nie erkennbar, was wirklich bei uns los war. Dabei – bei anderen sehe ich: Zum Teil sind die Ehen viel schlimmer als meine, aber die Frauen bleiben, obwohl es denen viel schlechter geht, als es mir je ging.

Die Kollegen, die Geschäftsfreunde und ihre Frauen, die halten natürlich zu Michael. Mein Freund Paul sagt: »Du hast denen bestimmt Angst gemacht mit deiner Art.« Das kann schon sein. Mein Mann wirft mir bis heute vor: »Du willst immer Party. Immer feiern.« Und wenn es so wäre? Ich habe einen solchen Lebenshunger, der kaum zu stillen ist.

Mit meinem neuen Lebenspartner ist alles anders, da war ich auch von Anfang an stark. Als wir neulich gestritten haben, bin ich durch seine Wohnung und habe meine ganzen Sachen zusammengesucht und eingepackt. Er hat gesagt: »Ich muss jetzt dafür büßen, was du durchgemacht hast.« Wir sind uns lachend in die Arme gefallen. Das ist eine super Erfahrung: So geht Streiten auch.

Vorgestern habe ich Paul bei der Arbeit angerufen: »Mach früher Schluss, ich hab ein neues Cabrio gekauft.« Er hat sofort gesagt: »Wir fahren picknicken.« Ich hatte nämlich noch vor der Scheidung mein Saab-Cabrio verkauft und bin wieder einen alten Golf gefahren wie zu der Zeit, als ich Michael kennengelernt habe. Mein neues Cabrio ist ein Jahr alt, metallicblau, selbst bezahlt und nur ein Mazda – aber: ein Zweisitzer. Und darin sitzt wieder eine lachende, glückliche Charly.

Britt, 44,
Betreuerin, 21 Jahre verheiratet, 3 Kinder

Wo sollte ich denn hin?

Vor vier Jahren fuhr Britt mit ihrer dreijährigen Tochter zur Kur. Sie ahnte nicht, dass sie nie mehr zurückkehren würde in ihr Siedlungshäuschen. Dort, im Vorort einer mittelgroßen Stadt, hatte sie mehr als zwanzig Jahre gelebt, drei Kinder bekommen – ausgesetzt dem Ehemann, der ihr schlimmste Gewalt antat. Nachbarn, Verwandte, Ärzte übersahen Britts blaue Flecken, überhörten stille Schreie. Ohne Bitterkeit erzählt Britt von ihrer Ehe-Hölle, lächelt sogar, leicht ungläubig – als könne sie es selbst nicht fassen, dass sie heute mit ihrer kleinen Tochter in einer liebevoll hergerichteten Dachwohnung in Frieden leben kann, mit Hoffnung auch für die Zukunft ihrer anderen Kinder.

M eine Ehe, das, was damals passiert ist … Ich seh's heute aus einer anderen Sicht. Hätte ich damals gewusst, was ich heute weiß – ich wäre doch nicht so lange geblieben. Einundzwanzig Jahre war ich verheiratet, drei Kinder habe ich in dieser Zeit bekommen. Meine Scheidung ist bald vier Jahre her, und jetzt fange ich allmählich an, darüber zu reden, wie es in meiner Ehe aussah.

Liebe Worte gab es nicht, stattdessen Eifersucht und Gewalt, ständig war ich in Angst, dass mein Mann wieder ausrasten könnte. Erst im Frauenhaus wurde mir klar: Du bist nicht die Einzige, die so was erlebt. Jede kann es treffen, ob eine nun ungelernt ist oder gut ausgebildet. Es fällt mir immer noch schwer, darüber zu reden. Aber ich möchte mit meiner Geschichte gern anderen Frauen helfen. Ohne Hilfe hätte ich es auch nicht geschafft, aus meinem alten Leben rauszukommen.

Ich hatte ja schon keine gute Kindheit. Meine Kindheit, die war eigentlich das Allerletzte. Meine Mutter hat mich ins Heim gegeben, da war ich drei Jahre alt. Sie hatte Zwillinge bekommen und war völlig überfordert. Als ich zwölf war, durfte ich wieder zurück zu ihr und ihrem neuen Mann, der war ja sogar nett. Ich musste mich um ihre fünf Kinder kümmern. Nach der achten Klasse bin ich nicht weiter zur Schule gegangen, ich hab in der Backwarenfabrik ungelernt am Band angefangen und Geld nach Hause gebracht. Als ich mit sechzehn, siebzehn abends durchs Fenster zur Disko bin, setzte es Prügel.

Mit achtzehn hab ich dann meinen Mann kennengelernt, bei der Arbeit, er fuhr Lieferwagen. Ich habe mich eigentlich gar nicht für ihn interessiert, aber er ist mir richtig hinterhergelaufen. Er hat so gedrängt: »Komm mich mal besuchen, komm doch mal vorbei.« Er hat nicht lockergelassen. Und irgendwann hab ich ihn zu Hause besucht. Er lebte mit seiner Mutter und seiner Oma zusammen, beide total nett und liebenswert. Nach anderthalb Jahren bin ich dort eingezogen.

Unten im Haus hatten er und ich das Wohnzimmer und die Schlafstube, oben wohnten die Mutter und die Oma, die Küche haben wir uns geteilt. Die Oma von meinem

Mann, die hat es gut gemeint mit mir, auch die Mutter. Ich bin da liebevoll aufgenommen worden, als wenn ich ein Kind wäre. Sie haben mir auch Geschenke gemacht, das kannte ich vorher überhaupt nicht.

Mit der Hochzeit hat er mich überrumpelt. Ich konnte gar nicht richtig »Ja« sagen – weil er mich gar nicht gefragt hat, ob ich ihn heiraten will. Plötzlich war einfach das Aufgebot bestellt. Im Januar haben wir geheiratet, im August ist unser Junge geboren. Da ging's noch mit unserer Ehe. Ein halbes Jahr nach Daniels Geburt fing ich wieder zu arbeiten an, Schichten, das war nicht anders möglich. Die Oma hatte gesagt: »Britt, mach das ruhig, ihr braucht doch das Geld, und ich kümmere mich um Daniel.«

Mein Mann hat seine Arbeit bei der Backfabrik aufgegeben und in einer Spedition am anderen Ende der Stadt als Gabelstaplerfahrer angefangen. Damals ging es los mit seiner Eifersucht. Oft stand er nach meiner Arbeit vor dem Werkstor, um mich abzuholen. Wenn ich irgendwo allein hin bin, zum Betriebskegeln oder so, ist er mir hinterhergefahren und hat auf mich gewartet.

Nach zwei Jahren war ich wieder schwanger. In der Zeit wurde mein Mann auch auf Daniel eifersüchtig, von wegen: »Für den machst du alles, und ich kann sehen, wo ich bleibe.« Aber auf das neue Kind hat er sich trotzdem gefreut, er hat gesagt: »Hoffentlich wird's diesmal ein Mädchen.« Im vierten Monat hab ich das Baby verloren. Ich hatte bei der Arbeit so ein Reißen bekommen, wurde sofort ins Krankenhaus gebracht, aber es war nichts zu retten. Da war er so enttäuscht, er hat mir die Schuld gegeben.

Und dann fing's an, schlimmer zu werden. Ich kann das an einem Ereignis festmachen. Mit ein paar Frauen vom Betrieb hatten wir das Sommerfest organisiert, im großen Hof, mit Musik und Tanz. Dieses Fest war der Höhepunkt des Jahres. Für mich war ganz klar: Da gehst du hin. Das musste ich ja auch, weil ich alles mit vorbereitet hatte. Ich wollte allein da hin, alle kamen allein. Die Oma hat mir noch Geld gegeben für ein neues Kleid. Ich hab ein hübsches Sommerkleid gekauft, orange mit großen Blumen drauf, ich habe extra das mit fast keinem Ausschnitt genommen.

Der Tag kam, meinem Mann hatte ich gesagt: »Du kommst mir aber bitte nicht hinterher.« Ich fuhr also am Nachmittag allein mit dem Fahrrad los. Es war eine schöne Feier, alle waren ausgelassen und vergnügt, für mich gab es am Getränkeausschank jede Menge zu tun. Ich hatte da gerade aufgehört und tanzte vielleicht den zweiten, dritten Tanz, als mein Mann im Torbogen auftaucht. Ich sehe noch genau, wie er übers Kopfsteinpflaster auf uns zukommt. Er war von der Tanzfläche, so eine ausgelegte aus Holz, vielleicht noch fünf Meter weit weg. Auf dem Hof stand eine große Kastanie, da hat er sich angelehnt, einen Moment so komisch geguckt. Und dann ist er das erste Mal ausgerastet. Er ist losgestürmt, hat sich auf meinen Tanzpartner gestürzt, auf ihn eingeschlagen. Ein paar Kollegen sind sofort dazwischen, mein Mann ist abgehauen. Alle hatten das mitgekriegt. Ich hab mich total geschämt und die nächsten zwei Stunden einfach nur am Tisch gesessen. Natürlich kommen dann welche und sagen: »Na, nimm's nicht so schwer.«

Von dem Zeitpunkt an ging unsere Ehe nicht so gut. Ich hab bestimmt ein halbes Jahr mit meinem Mann nur das Nötigste gesprochen. Wenn die Oma nicht gewesen wäre … Sie hat zu mir gesagt: »Britt, ihr müsst doch miteinander auskommen, rauft euch wieder zusammen.«

Ich habe damals oft überlegt zu gehen. Aber wo sollte ich denn hin? Zu meiner Mutter konnte ich nicht, wollte ich ja auch gar nicht, wir hatten kaum noch Kontakt. Wo geht man in so einer Situation hin? Dass ich vielleicht eine eigene Wohnung nehmen könnte, auf die Idee bin ich gar nicht gekommen. Ich war total eingeschüchtert. Von meinem Mann hatte ich oft genug zu hören bekommen: »Ich hab dich ja aus der Gosse geholt.« So was wirkt.

Nein, eine richtige Ehe war das nicht. Es war mehr so 'n Hinleben. Ich wollte nicht mit ihm schlafen. Er wollte fast jeden Tag. Ich hab das abgewehrt, hab gesagt: »Ich bin müde«, »Ich bin kaputt von der Arbeit.« Aber immer ging das nicht. Einmal waren wir zum Tanz, kommen nach Hause, er wollte wieder, aber ich nicht. Da hat er mir die Kleider vom Leib gerissen und sich an mir vergangen. Danach war ich das dritte Mal schwanger.

Ich hab drüber nachgedacht, es wegmachen zu lassen. Die Oma hat da aber einen Satz gesagt, der sich mir bis heute eingeprägt hat. Wir saßen bei ihr in der Stube, sie hat mir Fotos gezeigt von ihren Kindern und ihrem Mann, der im Krieg geblieben ist. In dem Album waren auch Fotos von meinem Mann als Baby, auf dem Arm von meiner Schwiegermutter – sie hatte nie einen Vater für ihren Sohn. Heute sehe ich das so, dass er ihr das wahrscheinlich immer übel genommen hat. Jedenfalls, meine

Schwangerschaft. Die Oma hat gesagt: »Lieber eins mehr im Kissen als eins auf dem Gewissen.«

Ich wollte es also behalten. Als ich meinem Mann gesagt habe, dass ich wieder ein Kind erwarte, ist er völlig ausgeflippt. Er hat unsere Kücheneinrichtung total zerdeppert. Erst krachten die Stühle gegen die Wand, dann hat er den Tisch in die Glasfenster vom Buffet geschleudert. Ich habe mich mit Daniel im Klo eingeschlossen.

Als das passierte, lag die Oma gerade mit Lungenentzündung im Krankenhaus. Sie kam wieder heim, und er hatte noch am Abend vorher wieder Scheiben im Schrank eingesetzt, einen neuen Tisch und neue Stühle gekauft. Die Oma hat komisch geguckt, aber nicht eine Bemerkung zu den neuen Sachen gemacht. Ich hab auch nichts gesagt. Und seine Mutter auch nicht. Seine Mutter … Die hat er ja auch geschlagen. Anfangs war mir das gar nicht aufgefallen.

Die ganze Schwangerschaft über hat er nicht ein Mal gefragt, wie es mir geht. Und es ging mir nicht gut. Der Arzt hat mich krankgeschrieben. So konnte ich die Oma pflegen, die hatte sich von ihrer Lungenentzündung nicht richtig erholt und lag im Bett. Sie hat immer gesagt: »Dein Baby werde ich noch sehen, ich freue mich doch so drauf.«

Ich hab unsere Große dann im siebten Monat bekommen. Und dann passierten erstaunliche Sachen: Er, der die ganze Zeit null Anteilnahme gezeigt hat, kam tatsächlich zu mir ans Wochenbett im Krankenhaus. Ich hab ihm gesagt: »Jetzt hast du endlich 'ne Tochter.« Dem liefen die Tränen übers Gesicht … Er war so glücklich, dass es ein Mädchen war. Es war, als wenn nix gewesen wär!

144

Ich war sehr schwach nach dieser Geburt, die Ärzte ließen mich nur übers Wochenende nach Hause. Wie er sich da gekümmert hat, am Samstag, am Sonntag. Ich dachte: Das kann nicht sein!

Er hat unsere Tochter Patrizia vergöttert. Damals habe ich wirklich ein bisschen Hoffnung gehabt, dass er sich ändern wird. Ich habe mir ja auch so doll gewünscht: Den Kindern soll es mal besser gehen als mir.

Als Vater hat er auch später für unsere Tochter alles getan. Er wurde dabei aber ungerecht gegenüber Daniel. Einmal habe ich gesehen, wie er Patti Schokolade auspackt. Dani will was abhaben, kriegt aber nichts. Das schmerzt einen als Mutter. Ich bin dann hin, habe die Kinder genommen und beiden etwas gegeben. Der große Bruder war auch ganz lieb zu der Kleinen.

Ich hatte also gehofft, alles könnte gut werden, aber natürlich kam es nicht so. Mein Mann hatte weiter seine Ausraster, er hat mich weiter bedrängt, geschlagen. Als Patrizia zwei war, hat es mir das erste Mal so gereicht, dass ich die Kinder ins Auto gepackt hab und mit ihnen weggefahren bin. Ich wusste gar nicht, wohin, ich bin einfach losgefahren. Und wieder zurückgekommen. Das hab ich mehrfach gemacht. Ja, ich hab mich immer wieder zusammengerissen. Und dann war da ja auch noch die kranke Oma, die habe ich lange gepflegt. Als sie gestorben ist, war das für mich ganz schlimm.

Meine Kinder waren ja noch klein, ich konnte nicht, wie früher, in Schichten arbeiten. Ich hatte trotzdem wieder angefangen, in Heimarbeit. Als es die Möglichkeit gab, mit einer Abfindung aufzuhören, hab ich das gemacht. Das war eine schöne Summe, von der ich gar nicht genau weiß, wo er sie gelassen hat.

Meinem Mann hat das nicht gepasst, dass ich nun ganz ohne Verdienst daheim war. Er hatte gerade wieder einen neuen Job, er war jetzt Kurierfahrer. Da kam er viel rum, hat viel mitgekriegt. Er kann auch gut reden, und so hat er für mich eine Arbeit bei einem Blumenhändler gefunden. Der hatte Verkaufsstände vor dem Bahnhof und vorm Krankenhaus, da sollte ich jetzt verkaufen. Mit dieser Idee kam er nach Hause. Ich dachte: Das kann ich nicht. Ich hab mich dann aber überwunden, und es hat mir sogar Spaß gemacht. Mit einem Transporter hab ich den Tisch und die Eimer und die Blumen zum Standplatz gefahren, alles selbst aufgebaut. Die Frau vom Blumenhändler hat mir gezeigt, wie man Sträuße bindet, Gestecke herstellt, da hatte ich richtig Freude dran.

Manchmal kam mein Mann vorbei, ich musste immer damit rechnen. Er hat gesehen, dass mit den Blumen ganz gut Geld reinkommt. Er fing dann an: »Das kannste doch für dich machen, du stellst dich einfach am Busbahnhof hin ...« Er hat nur das Geld gesehen, dass auch eine Menge Arbeit dahintersteckt, eben nicht nur das Binden und Ausfahren, auch die Fahrt zum Großmarkt – das hat er nicht registriert.

Das ging viele Jahre mit dem Stand, im Sommer draußen, im Winter mit Pavillon. Die Kinder wurden größer, waren eingeschult. Zwischendurch war ich immer wieder krank, damals ging es los, dass ich einfach zusammenklappte, umfiel. Die Ärzte wussten nicht, was man da machen konnte.

Unsere Ehe hatte sich nicht geändert, wie auch, er war immer noch eifersüchtig, aufbrausend, jede Kleinigkeit konnte ihn reizen. Maitanz, Schützenfest, Fasching – ich mochte nirgends mehr mit ihm hingehen. Nur wegen der Kinder bin ich bei ihm geblieben.

Und dann lag ich wieder mal im Krankenhaus. Er kommt mich besuchen und sagt, dass der Blumenhändler verschwunden ist, durchgebrannt mit einer anderen. Jetzt könnte ich doch endlich auf eigene Rechnung vorm Krankenhaus verkaufen. Dann sagt er: »Den Gewerbeschein für dich hab ich schon.« Er hatte immer gern so rumgehetzt: »Wenn das mal nicht mehr ist mit deinem Job – eine richtige Arbeit kriegst du sowieso nicht mehr, mit über dreißig!«

Was soll ich sagen, ich kam aus dem Krankenhaus und hab mich mit dem eigenen Stand hingestellt, einen Transporter hatte mein Mann für tausend Mark von einem Bekannten gekauft.

Der Blumenstand lief ziemlich gut. Dann hat aber ein Stück weiter längs ein Einkaufszentrum aufgemacht, mit so einem Blumendiscounter. Da wurde es weniger bei mir. Ich hab dann noch Geschenke-Schnickschnack dazugenommen. Es war nicht so gut wie die erste Zeit, aber es ging. Die Kinder hatte ich manchmal mit, im Transporter, am Stand, das hat denen sogar gut gefallen, wenn schönes Wetter war, da war eine große Wiese und ein großer Spielplatz.

Er hat das Geld in dieser Zeit mit vollen Händen ausgegeben. Er hat nicht einmal mit mir drüber gesprochen, was er kaufen will. Mir ist es damals gar nicht richtig auf-

gefallen, dass er eigentlich das ganze Geld für sich ausgegeben hat.

So liefen die Jahre, alles wie gehabt, wenn er mal mit
am Stand war, war er jetzt friedlich. Da gab es keinen
Zank, er hat so geschwärmt: »Wie meine Frau das alles
macht.« Daheim kamen die Vorhaltungen: »Du hast wieder geflirtet.«

Er wollte immer noch mit mir schlafen. Von da an, als
er mir das erste Mal das angetan hatte, wollte ich gar nicht
mehr. Ich hatte nur noch Ausreden. Mir geht's nicht gut,
die Arbeit … Das war ja auch wirklich viel, ich bin zweimal die Woche mitten in der Nacht aufgestanden, um Blumen vom Großhandel zu holen.

Es gab dann noch wieder eine Situation, da hatte er
mich auch wieder gezwungen … Und ich war wieder
schwanger. Als er das wusste, hat er wieder mit mir nicht
geredet. Einmal bin ich sehr früh nach H. gefahren, Ware
holen. Ich komme mit der Ladung nach Hause. Er steht
da, guckt zu, wie ich ablade. Er sieht genau, dass das
schwere Kisten sind, sperrige Teile, aber er fasst nicht mit
an. Das war so erniedrigend. Aber ich habe einfach ge-
schleppt und gestapelt.

Irgendwann hab ich gemerkt: Ich muss sofort zur Toilette, es ging mir nicht gut, ich hatte solche Bauchschmer-
zen.

Auf der Toilette hab ich's gesehen: alles voller Blut, es
lief nur so. Ich war mir ziemlich sicher: Ich hab das Kind
verloren. Das hab ich in der Küche der Schwiegermutter
gesagt. Er kriegte das mit und sagte: »Du bist doch selbst
schuld, du wolltest es ja …«

Ich bin an dem Tag nicht zum Arzt gegangen – ich musste doch alles selber bezahlen, ich war nicht versichert. Eine Woche später bin ich dann doch zu der Ärztin, weil die Schmerzen nicht nachließen. Sie hat gesagt: »Kinder können Sie jetzt nicht mehr bekommen.« Ich wollte die Pille, sicherheitshalber. Sie hat noch mal gesagt: »Sie kriegen keine Kinder mehr …« Ich hab dann auf die Pille verzichtet.

Er hat sowieso schon lange unten auf der Couch geschlafen, ich oben im neuen Schlafzimmer. Es gab keine lieben Worte. Wir haben mit den Kindern zusammen gegessen, mehr war nicht gemeinsam. Wenn er mal nicht da war, haben die Kinder gesagt: »Es ist viel friedlicher ohne Papa.«

Einmal hat er mich wieder brutal ausgezogen – es ist fast nicht zu glauben, aber ich wurde wieder schwanger. Er hat bei den Nachbarn, bei den Verwandten rumerzählt: »Meine Frau ist schwanger, aber das Kind ist nicht von mir.« Ich weiß noch, wie ich versucht habe, meinem sechzehnjährigen Sohn zu erklären: »Das stimmt nicht.« Das konnte doch gar nicht stimmen, denn wo hätte ich denn jemanden kennenlernen sollen? Ich hab nur gearbeitet, war ansonsten zu Hause – wenn ich nur Richtung Haustür ging und mein Mann da war, kam sofort die Frage: »Wo willst du denn hin?«

Damals hatte ich den Gedanken: Lässt du dir's nehmen? Das Kind. Aber mein Sohn, die Schwiegermutter, alle haben gesagt: »Das packen wir zusammen.« Und ich hatte die Stimme der Oma im Ohr: »Lieber eins mehr im Kissen …«

Am ersten Advent hab ich verkauft, meine Mutter kam zu mir an den Stand. Ich hab zu ihr gesagt: »Zwei Wochen arbeite ich noch ...« Sie sagt: »Hä, und dann?« Ich sage: »Ich krieg ein Baby.« Da ist sie total ausgeflippt. Zu meiner Tochter hat sie gesagt: »Wenn das neue Baby da ist, bist du völlig abgemeldet.« Ich hatte meiner Tochter nicht gesagt, dass da ein Baby unterwegs ist. Sie war doch erst dreizehn. Ich habe ja auch gedacht: Wenn ich das Baby wieder verliere. Man hatte mir beim Arzt gesagt: »Sie sind fast fünfunddreißig, hatten Fehlgeburten, das ist eine Risikoschwangerschaft.« Da kann es ja sein, dass man ein behindertes Kind bekommt. Ich hatte auch Untersuchungen dafür. Ich meine, wenn dabei rausgekommen wäre, das Kind würde behindert sein, ich weiß nicht, ob ich es bekommen hätte ... Doch, ich hätte wohl auch ein behindertes Kind behalten. Aber so war es ja nicht.

Jedenfalls: Meine Tochter hat dann auf diese blöde Weise von meiner Mutter erfahren, dass sie ein Geschwisterchen kriegt, und sie war total enttäuscht von mir.

Ich bin nur ab und zu zur Schwangerenvorsorge. Ich war inzwischen privat versichert, ich musste alles privat zahlen. Am Ende hatte ich dann eine Schwangerschaftsvergiftung. Ich war zur Untersuchung im Krankenhaus, die Geburt sollte sofort eingeleitet werden. Ich hab gesagt: »Moment, ich bin mit dem Transporter da, der steht draußen, da ist Ware drauf, den muss ich erst wegfahren.« Die Ärztin hat erst gesagt: »Sind Sie denn wahnsinnig?« Und dann: »Na gut, aber Sie kommen sofort wieder.« Ich bin dann nach Hause, eine Nachbarin hat mich zurückgefahren.

Die im Krankenhaus haben die Geburt eingeleitet, aber da kamen nicht groß Wehen. Plötzlich rührte sich doch was, ich sollte vorlaufen zum Kreißsaal, und dann hatte ich eine Sturzgeburt. Ratzfatz war sie da, meine Kleine. Ich lag wohl noch zwei Stunden im Kreißsaal, meine Kleine auch. Sie hat geschrien ohne Unterbrechung ...

Von dem Zeitpunkt, von der Geburt an, ging's mir schlecht. Die Ärzte haben gesagt, dass man das oft bei älteren Müttern hat, dass sie das nicht so vertragen körperlich und auch psychisch. Vierzehn Tage bin ich im Krankenhaus geblieben. Im Krankenhaus war eine Kinderkrankenschwester, die hat mich viel gestärkt. Sie hatte gemerkt, dass ich in einer sehr schwierigen Situation war.

Er kam nicht vorbei, rief nur ein Mal kurz an. Er hat sich auch gar nicht mit gekümmert, einen Namen auszusuchen. »Du wolltest das Kind doch, nicht ich«, hab ich zu hören gekriegt, »ist mir egal, was für ein Name.« Aber Dani und Patrizia haben den Namen mit ausgesucht: Sina.

Als ich aus dem Krankenhaus raus war, hab ich vierzehn Tage später schon wieder angefangen zu arbeiten. Nach vier Wochen musste ich zurück ins Krankenhaus. Ich blieb vier Wochen. Mir ging's zum Erbarmen schlecht, ich habe nachgedacht. Und als ich raus war, bin ich direkt zum Amt und habe das Gewerbe abgemeldet. Ich kam nach Hause, und mein Mann hat Theater gemacht: Er hatte wieder eingekauft, jede Menge Kinkerlitzchen, schon fürs Ostergeschäft.

Meine Tochter hat auch in den nächsten Monaten geschrien, immer geschrien, ich habe keine Ruhe gefunden.

Mein Mann hat gesagt: »Bist du selber dran schuld, du musstest dir ja noch 'n Wanst anschaffen.«

Nach einem halben Jahr hab ich Arbeit angenommen, ich wollte die Schulden für die Osterware abbezahlen. Vier Stunden am Tag, putzen und als Haushaltshilfe bei einem alten Ehepaar. Bei denen war ich gerne, gerade die Frau war immer so herzlich. Sie hatte dann einen schlimmen Schlaganfall, ich war jeden Tag bei ihr im Krankenhaus. Als sie gestorben ist, hatte ich einen psychischen Zusammenbruch.

Meine Ehe ging weiter schlecht, aber dadurch dass die Kinder da sind, verkraftet man alles irgendwie. Ich hab auch neue Arbeit gefunden, in einer Großwäscherei. Leider hab ich da die Luft nicht vertragen, ich bin nun noch öfter umgekippt.

Dann sollte ich eine Unterleibsoperation gemacht kriegen. Mein Mann hat rumgegiftet: »Lass dir gleich das ganze Gelumpe rausnehmen.« Meine Frauenärztin sagte: »Frau S., nach dem Eingriff sollten Sie mal eine Weile Pause machen, wir beantragen eine Kur.« Die Kinderärztin meinte auch, wir, meine Kleine und ich, sollten zur Mutter-Kind-Kur fahren, Sina war auch andauernd krank. Mein Mann wollte davon nichts hören: »Kur, Kur, so ein Unsinn.«

Der Auslöser, dass ich es dann gemacht habe, praktisch gegen seinen Willen, war wieder so ein Vorfall, der mir sehr wehgetan hat. Es gab einen fünfundsiebzigsten Geburtstag in der Nachbarschaft, alle waren eingeladen, mich hatte man gebeten, doch den Blumenschmuck zu machen, eine Girlande für die Tür, Tischschmuck. Den ganzen Geburtstagsmorgen hab ich bei den Vorbereitungen geholfen, dann fing die Feier an. Die Kleine hat extra viel geschrien an diesem Nachmittag, dauernd an mir gehangen, alle fünf Minuten musste sie zur Toilette. Mein Sohn sagte irgendwann gegen sieben Uhr: »Ich lege Sina zu Hause hin.«

Ich war froh in diesem Moment. Ich war damals nicht in der Lage zu erkennen, dass für mich schon lange alles zu viel war. Ich habe mich hingesetzt und ein kleines Glas Sekt getrunken. Dann klingelte das Telefon, mein Sohn: Ob ich nicht mal rüberkommen könnte … Im Hintergrund hörte ich Sina weinen. Da bin ich wieder mal einfach umgekippt. So halb hab ich noch mitgekriegt, dass mein Mann mich vor allen Leuten angeschrien hat: »Hast du zu viel gesoffen?«

Mein Sohn kam dann zurück und hat den Krankenwagen gerufen. Ich kann mich daran nicht erinnern, er hat es mir später erzählt. Als der Notarzt da war, hat mein Mann völlig am Rad gedreht: »Nein«, hat er geschrien, »die Bluse wird nicht aufgemacht!!!« Der Notarzt hat gesagt: »Aber ich muss Ihre Frau doch untersuchen.« Er hat Sachen gebrüllt wie: »Da hat keiner was dran zu suchen, das gehört alles mir!«

Sie haben mich nicht mitgenommen, er wollte das nicht. Sie haben mir was gespritzt. Am nächsten Tag bin ich ganz taumelig aufgestanden, ich musste mich doch um die Kinder kümmern.

Er hat mir Vorhaltungen gemacht: »Du bist ja Alkoholikerin!« Da hab ich gar nicht mehr mit ihm gesprochen, nichts. Er konnte toben, wie er wollte. Für Patrizia hab ich noch die Geburtstagsfeier ausgerichtet, dann kam ganz schnell die Kurbewilligung für eine psychosomatische Klinik. Er sieht die Unterlagen, sagt: »Psycho-was? Du bist jetzt wohl verrückt?«

Ich weiß nicht, wieso ich mich durchgesetzt habe. Tatsache ist: Sina und ich sind gefahren, er hat uns mit dem Auto hingebracht.

Immer wenn mein Mann zu Besuch kam, machte er Terror. Da ging's mir noch dreckiger als vorher. An einem Tag sitze ich im Kurgarten mit einer anderen Patientin beim Kaffee, als mein Mann ankommt. Ein Pfleger bringt der anderen Patientin ein Medikament – mein Mann sagt gar nicht Guten Tag, fängt sofort an zu brüllen: »Das war ja klar, dass die Flirterei hier auch wieder losgeht.« Er ist rumgerast, hat Tische und Stühle umgeschmissen. Der Arzt kam angelaufen: »Die Polizei ist unterwegs.« Mein Mann ist zum Auto gerannt und weggefahren.

Ich bin fast im Boden versunken vor Scham. Eine Ärztin ist mit mir aufs Zimmer und fing dann an, mir Vorwürfe zu machen: »Sie sind doch nicht unschuldig daran, dass Ihr Mann sich so aufführt.« Das hat mir den Rest gegeben. Ich bin zusammengebrochen, habe heulend auf meinem Bett gelegen. Und dann ist aus mir rausgesprudelt, was bei uns zu Hause eigentlich los ist. Das war das erste Mal, dass ich über meine Probleme geredet habe, dass er mir Gewalt antut, sich jetzt auch schon mit unserem Sohn prügelt, ich immer Angst habe. Die Ärztin hat gar nichts mehr gesagt. In dieser Nacht habe ich geschlafen wie ein Stein.

In den nächsten Tagen hab ich versucht, alles, was ich erzählt hatte, wieder zurückzunehmen. Aber die Ärztin war hartnäckig, sie hat nachgebohrt. Sie war wie ausgewechselt, da kamen keine Vorwürfe mehr.

Nach sechs Wochen wurde meine Kur verlängert. Die Ärztin hat weiter mit mir geredet, mir gesagt: »Sie müssen sich das als Frau nicht gefallen lassen, was er Ihnen antut. Es gibt Wege … Wir können Ihnen diese Wege zeigen.«

Es kam dann auch raus, dass mein Mann beim Amt versucht hatte, mich entmündigen zu lassen, das hatte er den Ärzten erzählt, die ihm dann klargemacht haben, dass ich nicht in einer Psychoklinik bin, sondern zur Reha, zur Wiederherstellung.

Wenn er sich da nicht so benommen hätte in der Klinik, so danebenbenommen hätte … Eigentlich hat er mir damit einen Gefallen getan, sonst hätte sich vielleicht nie was geändert. So kam die Sache ins Rollen.

Es kam mich dann auch noch eine seiner Tanten besuchen, die in einem Verein arbeitet, der ein Frauenhaus betreut. Ich hatte mich mit so was nie beschäftigt. Dieser Tante hab ich auch erzählt, was er mit mir gemacht hat über die Jahre. Inge sagte dann: »Dass was nicht in Ordnung ist bei euch, das hab ich schon vor vielen Jahren vermutet. Wenn du willst, organisiere ich dir einen Platz im Frauenhaus in H.«

Ich hatte ja am Anfang der Kur nicht im Entferntesten an so was gedacht, wenn ich geplant hätte, nicht zurückzugehen, hätte ich doch alle Papiere mitgenommen. Nichts hatte ich dabei. Ich hatte auch kein Geld mehr. Mein Krankengeld auf unserem gemeinsamen Konto hatte er komplett abgeräumt.

Bis zum allerletzten Wochenende hatte ich mich noch nicht entschieden: Würde ich wirklich am Montag ins Frauenhaus gehen? Ich weiß es noch wie heute, dass am Sonntag mein Mann und meine Schwiegermutter zu Besuch waren, sie hat mir noch hundert Mark zugesteckt. Es war noch mal extrem mit ihm an diesem Tag. Abends hab ich den Entschluss gefasst, dass ich nicht zurückgehe.

Montagmorgen rief die Leiterin vom Frauenhaus an, sie hatte so eine angenehme Stimme, ich habe gleich Vertrauen gehabt. Als sie gemerkt hat, dass ich gar nicht wusste, wie ich mit meiner Tochter zu ihr hinkommen sollte, hat sie eine Betreuerin mit dem Auto losgeschickt, die sollte uns abholen. Die war ruppig, die hatte so einen Befehlston. Ich dachte: Machst du das auch wirklich richtig?

Als wir dann ankamen, war gleich die Leiterin da: »Sie müssen erst mal zur Ruhe kommen.« Wo ich nun in Sicherheit war, hab ich zu Hause angerufen, gesagt, dass wir aus der Klinik raus sind und nicht nach Hause kommen. Meine Tochter war dran, ihr hab ich vorgeschlagen: »Schreib dir die Telefonnummer auf, wenn du möchtest, kannst du auch hierherkommen.«

Meinem Sohn und meiner Tochter hab ich aus dem Frauenhaus zwei lange Briefe geschrieben, ich weiß bis heute nicht, ob mein Mann die hat verschwinden lassen. Mir war es ganz wichtig, den Kindern zu schreiben, dass mir alles so leidtut, direkt sagen konnte ich es ihnen ja nicht, wir hatten ja keinen Kontakt. Ich habe in den Briefen ihren Vater nicht beschimpft, ich habe sogar geschrieben, dass er manchmal auch ein liebevoller Vater gewesen ist. Beiden Kindern hab ich angeboten: Ihr könnt jederzeit zu mir kommen, meine Tür ist immer für euch offen.

Beim Schreiben dieser Briefe kamen plötzlich Wahrheiten ans Licht, die ich vorher selbst nicht kannte: Dass ich immer das gemacht hatte, was die anderen wollten, dass ich immer nachgegeben habe. Ich schätze mich heute so ein, dass ich eigentlich mit jedem Menschen auskommen kann. Wenn jemand mit mir nicht klarkommt, kann das nicht an mir liegen.

Allein wäre ich damals bestimmt nicht so stark gewesen, aber da war die Leiterin vom Frauenhaus, die mir die ganze Zeit über ein großer Halt war, auch Tante Inge, die noch Tante Bärbel mitbrachte und sagte: »Das stehen wir schon durch.« Ich habe eine richtig gute Freundin gefunden im Frauenhaus, mit der ich über alles reden konnte …

Ich weiß, dass sich alle über mich gewundert haben: Ich bin sehr schnell mit Sina in eine kleine Wohnung gezogen, ich wusste auch sehr schnell, dass ich die Scheidung wollte, aber das dauert ja. Als Erstes wurde geregelt: Wo wohnen die Kinder. Daniel war ja schon volljährig, er blieb beim Vater im Haus, Patrizia wollte auch bei ihrem Vater bleiben, auf sie hatte ich ja keinen Einfluss mehr gehabt. Für Sina hab ich das Sorgerecht gekriegt, der Vater bekam Umgangsrecht. Das war für mich nicht schön, das war fürs Kind nicht schön – Sina wollte nicht zum Papa.

Erst mal sollten sich nur die Geschwister treffen, ich weiß noch, wir waren im Bahnhofscafé verabredet, nachmittags. Ich hatte mir sicherheitshalber noch zwei Freundinnen aus dem Frauenhaus mitgebracht, sie saßen schon im Café, direkt am Fenster. Mein Sohn nimmt mir Sina ab, hat sie auf dem Arm und macht noch mal die Beifahrertür von seinem Auto auf … Da hab ich Panik gekriegt, ich dachte, er setzt sie rein, und sie nehmen mir das Kind weg. Das war aber falscher Alarm, ich war einfach sehr unruhig. Meine eine Freundin hat mir aber hinterher gesagt, sie hat gesehen, dass mein Exmann hinterm Taxistand rumlungerte. Die Kinder und ich haben dann eine Stunde Kaffee getrunken, was eine sehr kurze Zeit ist, viel besprechen kann man da nicht, gerade, wenn die Lage insgesamt so schwierig ist, und Sina war ja auch noch so klein.

Dann kam das erste Besuchswochenende beim Vater. Sina wollte nicht, aber das Jugendamt hat gesagt, ich kann das nicht verhindern. Sina kam zurück und lag schon abends mit Fieber im Bett. Ich wollte sie da in vierzehn Tagen nicht wieder hin lassen, aber ich musste ja. Sie wurde zurückgebracht, hatte wieder hohes Fieber, der Kinderarzt hat sie ins Krankenhaus eingewiesen. Sie lag im Bett und fing an, sich die Haare büschelweise auszureißen, sich zu kratzen. Alles typische Missbrauchsanzeichen, das hat man mir im Krankenhaus gesagt. Aber es war nichts nachzuweisen. Meine Tochter war zwar schon fast vier, aber gesprochen hat sie kaum etwas.

Allein der Gedanke, Sina wieder zu ihm zu lassen … Das Jugendamt konnte das nicht verstehen: Was soll mit dem Mann sein? Dass meine Tochter plötzlich vor allen Männern Angst hatte, im Krankenhaus anfing zu zittern, wenn ein Pfleger näher kam, sodass die Ärztin dann Krankenschwestern eingeteilt hat, das wollten sie nicht hören. Ich hab mich gefühlt, als wenn ich unglaubwürdig wäre.

Mein Exmann tauchte sogar im Kinderkrankenhaus

auf, hat da auch wieder rumkrakeelt. Eine Freundin hat gesagt: »Nimm das auf Band auf, spiel das dem Jugendamt vor, dann müssen sie dir glauben.« Ich hab das Band noch. Da hört man, wie er rumbrüllt. Es ging dann plötzlich schnell über die Anwältin und übers Gericht: Ihm wurde das Umgangsrecht entzogen.

Er hat aber meine Adresse rausgekriegt. Da saß er irgendwann abends im Treppenhaus und hat auf uns gewartet. Als er anfing, das Haus zusammenzuschreien, bin ich mit meiner Tochter losgerannt und wieder ins Frauenhaus geflüchtet. Wir sind nach einer Woche zurück in die Wohnung, aber er tauchte immer wieder auf. Jedes Mal bin ich mit Sina dann ins Frauenhaus gegangen, sie hatten da schon richtig ein Reservezimmer für uns.

Wir sind damals noch mal umgezogen, hierher unters Dach, diese Wohnung ist größer, Sina hat ihr eigenes Zimmer. Meinem Exmann wurde vom Gericht verboten, sich uns zu nähern, er darf auch nicht vor Sinas Schule stehen. Sie geht jetzt in die zweite Klasse. Natürlich bleibt immer eine Restangst: Hält er sich dran? Aber es macht ja ganz den Eindruck.

Unser Leben hat sich jetzt beruhigt. Sina ist immer noch schüchtern, aber sie hat viel aufgeholt, sie redet mit den Leuten, sie singt in einem Kinderchor, sie hat in der Musikschule mit Flötenunterricht angefangen. Und ich habe seit zwei Jahren eine feste Arbeitsstelle in einem Behindertenwohnheim. Ich hatte mir selbst ein Praktikum gesucht, als ich so lange arbeitslos war, und die wollten mich dann behalten. Ich arbeite wieder in Schichten, auch am Wochenende, aber wir kriegen das auf die Reihe.

Im Großen und Ganzen bin ich zufrieden. Wahrscheinlich kann ich im Frühjahr sogar einen kleinen Garten im Hof bekommen, da stelle ich dann für Sina ein großes Planschbecken auf.

Was für mich besonders schön ist: Meine große Tochter ist vor zwei Jahren bei ihrem Vater ausgezogen – seit ich das wusste, bin ich nicht ein Mal mehr umgekippt. Und seit ein paar Monaten wohnt sie sogar hier in der Stadt, macht ihre Ausbildung zu Ende und kommt ganz oft zu uns. Sie hat lange gebraucht, bis sie den Kontakt zu Sina gefunden hat, aber jetzt sind sie ein Herz und eine Seele. Mein Sohn wird den Weg zu mir auch noch finden, Patrizia hat gesagt, er will mich demnächst anrufen.

Sabine, 51,
Hausfrau/Fremdsprachenkorrespondentin,
26 Jahre verheiratet, 2 Kinder

Für ihn war alles in Ordnung

Die zierliche, agile Sabine geht mit ihrem blonden Kurzhaarschnitt gut und gern als zehn Jahre jünger durch. Wenn sie lachend sagt: »Ich bin mit meinem Ehemann sehr zufrieden«, glaubt man ihr das gern – zu Recht. Trotzdem saß auch Sabines Ehemann Peter vor Jahren monatelang auf einem unsichtbaren Pulverfass mit der Aufschrift *Trennung*. Die Krise: eine brisante Mischung aus Schwiegermutter, Krebsverdacht und dem Gefühl, er lässt mich im Regen stehen. Mit viel Energie und einem Liebesabenteuer meisterte Sabine die Probleme, die ihr Mann gar nicht bemerkte.

D*ie Brücken am Fluss* ist mein Lieblingsfilm. Es ist ja eigentlich eine kitschige Geschichte, aber viele Frauen wünschen sich, dass ihnen so was auch passiert: Mann und Kinder sind für ein paar Tage weg, du sitzt in einer gottverlassenen Gegend allein in deinem Haus. Da kommt zufällig ein Traummann vorbei, du verliebst dich, es ist aufregend. Du könntest gehen und mit diesem anderen Mann ein neues Leben anfangen. Die Frau im Film bleibt, entscheidet sich für Mann und Kinder. Das kann ich gut verstehen – mir ging es mal so ähnlich. Ich konn-

161

te mir auch nicht vorstellen, meine Familie und mein Zuhause aufzugeben. Den Film hab ich schon oft angeschaut, aber immer nur, wenn mein Mann nicht da war.

Wenn ich mich so umsehe im Bekanntenkreis – mir geht es im Vergleich zu anderen Frauen mit meiner Ehe am besten. Mein Mann ist kein Alkoholiker, er hat keine Pleite hingelegt, und er geht auch nicht fremd. Ich hab keinen Grund, mich zu beschweren. Peter ist zuverlässig, ich bewundere ihn, weil er intelligent ist, ruhig, ich bin glücklich und zufrieden. Manche sagen zu mir: »Der sitzt doch ewig vorm PC, stört dich das nicht?« Nein, warum, ich bin es seit unserer Hochzeit vor sechsundzwanzig Jahren gewohnt, sehr für mich zu sein, und ich konnte das auch schon immer genießen.

Wir haben sehr schnell beschlossen: Wir bauen. Wir waren jung, wir hatten etwas angespart, einen Bausparvertrag. Anfangs suchten wir ein Grundstück in Frankfurt, da hatte mein Mann seinen neuen Arbeitsplatz – wie wir dachten. Aber Frankfurt war zu teuer. Wir sind dann rumgefahren, haben uns hier was angesehen und da. Am Ende kamen wir sehr günstig an ein großes Grundstück, eine Gärtnereifläche war gerade Bauland geworden. Wir kannten hier im Ort zwar keinen, aber ich freute mich total auf das Haus. Klasse fand ich auch, dass zwischen mir und meiner Schwiegermutter künftig hundert Kilometer Luftlinie statt hundert Meter liegen würden.

Wir, Peter und ich und unsere Tochter Eva, die war damals drei, zogen im August her, im September wurde David geboren. Da hieß es bei meinem Mann auf der Arbeit urplötzlich: Einsatz in Hamburg, Einsatz in München, neuer Kunde in Basel. Es war also nichts mit einem festen Arbeitsort in Frankfurt.

Peter fuhr montagmorgens los zum Arbeiten, und freitagabends kam er zurück, ich war unter der Woche allein mit den Kindern. Das hat mir nichts ausgemacht, ich fand das völlig in Ordnung, mein Mann verdiente als Unternehmensberater schönes Geld, das wir gut brauchen konnten. Ich hatte genug mit den Kindern zu tun, mit der Rundumgestaltung von Haus und Garten. Ich hatte ja Vorstellungen, wie das alles aussehen sollte.

Oft ist es mir gelungen, innerhalb einer Woche total viel zu verändern, die Küche, ein Kinderzimmer neu zu streichen. Wenn Peter Freitagabend heimkam, hab ich zu ihm gesagt: »Willst du nicht mal die restlichen Leisten anbringen?« Ich sah das so: Weil er im Grunde die Woche über fürs Zuhause nichts gemacht hat, kann er doch samstags was tun. Ich hab ihm den Koffer ausgepackt, die Sachen gewaschen und am Sonntag wieder frisch gebügelte Hemden für die Woche hingelegt.

Die Zeit, in der die Kinder größer sind, kommt schneller, als man denkt. Nach der Schule werfen sie ihre Mappen ab und fragen: »Was gibt es zu essen?« Sie stopfen schnell was in sich rein, erledigen Schulaufgaben – dann sind sie den ganzen Nachmittag weg, ich blieb allein, im Garten.

Unser Sohn war von klein auf ein richtiger Wirbelwind, ein Kind mit viel Fantasie und Ideen. Man musste bei ihm immer mit Überraschungen rechnen. Als er fünfzehn war, wollte er an einem Mittwochabend zu einem Schulfest mit Disko. Es war ein schwüler Tag, ich komme nachmittags mit Kopfschmerzen vom Einkaufen nach Hause. David hatte sich offenbar Milchreis heiß gemacht, aber das Umrühren vergessen, der Topf war schwarz, angebrannt, und so roch es auch im ganzen Haus. Ich hab ihm bei seinen Freunden hinterhertelefoniert und gesagt: »Komm bitte sofort nach Hause.« Er musste den Topf saubermachen, ist dann auf sein Zimmer. Nach dem Abendbrot wollte er zur Disko, ich habe noch gesagt: »Du bist bitte spätestens um zehn zu Hause.«

Mein Kopfweh war noch nicht weg, ich hab mich hingelegt. Gegen elf klingelt das Telefon, ich werde wach, aber gehe nicht ran. Kurz danach klingelt es noch mal, die Mutter von Davids Freund Benni ist dran: »Ich bringe die beiden Jungen jetzt nach Hause …« Ich war völlig verdattert, lag David denn nicht in seinem Bett? Sie lieferte mir fünf Minuten später einen ziemlich kleinlauten Burschen ab. Die beiden Knaben hatten sich nach dem Schulfest, um schneller nach Hause zu kommen, in der Schule zwei Fahrräder geschnappt, die andere Schüler dort über Nacht hatten angeschlossen stehen lassen. David und Benni mussten also die Fahrradschlösser auffriemeln und wurden dabei beobachtet. Eine Polizeistreife kam zufällig vorbei, wurde informiert, pflückte an der nächsten Straßenecke unseren David und Benni vom Fahrrad. Die Polizei rief Bennis Mutter an – David hatte ja nachmittags schon genug Ärger gehabt.

David sagte: »Mama, wir wollten die Räder doch morgen vor der ersten Stunde zurückstellen, und die Zahlenschlösser sind auch heil.« Ich hab ihn ins Bett geschickt, ich war ganz durcheinander: mein Sohn – ein

Fahrraddieb? Was würde das für ein Nachspiel haben? In der Schule, bei der Polizei, die Polizisten hatten ja eine Anzeige geschrieben. Was hab ich getan? Ich hab um Mitternacht meinen Mann im Hotel angerufen, ihm alles erzählt. Er sagt prompt: »Und? Was soll ich jetzt machen?« Ich dachte: nee, oder? Nee. Jetzt brauchst du ihn mal, wirklich und ganz ausnahmsweise, und dann so was.

Am nächsten Tag bin ich zum Rechtsanwalt gegangen, ich wollte doch wissen, was auf meinen Sohn, auf uns zukommen kann. Der Anwalt hat mich beruhigt, von wegen Dummer-Jungen-Streich, die Sache verlief dann auch im Sande. Aber: Ich hatte eine Nacht lang ganz intensiv das Gefühl: Peter lässt dich im Regen stehen. Dieses Gefühl war mir, wie mir dann in den nächsten Monaten klar wurde, nicht ganz neu.

Am Freitagabend kam Peter mit einem Riesenblumenstrauß. Ich war immer noch aufgebracht, enttäuscht, ich hatte mir für dieses Wochenende vorgenommen: Ich wollte stur sein. Peter nahm mir gleich den Wind aus den Segeln: »Komm lass uns drüber reden.« Da war es mit dem Stursein schnell vorbei.

Trotzdem – am Donnerstag und Freitag hatte ich genug Zeit gehabt, meinem Gefühl nachzuspüren: Der lässt dich im Regen stehen.

Mein Mann hat zwei Schwestern, die eine konnte ich vom ersten Sehen an nicht leiden. Einmal waren diese Schwägerin und meine Schwiegermutter im Urlaub, auf dem Rückweg schneiten sie plötzlich bei uns rein. Unangemeldet. Natürlich. Sie hatten noch eine Urlaubsbekanntschaft dabei. Ich biete brav, aber zähneknirschend

Kaffee und Kuchen an. Als ich aus der Küche komme, höre ich meine Schwiegermutter im Flur zu der mitgebrachten Frau sagen: »Komm, ich zeig dir das Haus.« Schon waren sie die Treppe rauf, oben die Kinderzimmer inspizieren, Schlafzimmer, Bad. Mir wäre fast das Tablett aus der Hand gefallen. Äußerlich bin ich ganz ruhig geblieben. Ich hab das meinem Mann dann auch gar nicht erst erzählt am Wochenende, ich hatte das Gefühl, er würde mich für überempfindlich halten.

So war es dann auch tatsächlich, bei anderer Gelegenheit. Ich hab mal 56 Kilo gewogen, da war ich sehr schlank, stimmt schon. Meine Schwägerin hatte schon bei verschiedenen Besuchen rumgestichelt: »Hör mal, weißt du, dass du magersüchtig bist? Das ist ja eine richtige Krankheit, eine richtige Sucht, das muss man therapieren lassen.« Sie war neidisch, garantiert, sie trägt, seit ich sie kenne, nur Schlabberlook in Übergrößen. Ich hab meinem Mann irgendwann von diesem Gestichel erzählt, er hat abgewiegelt: »Nimm das doch nicht ernst«, und so weiter, ich habe genau gespürt: Der versteht dich null, im Grunde glaubt er dir gar nicht richtig. Das fand ich ziemlich schlimm, geradezu empörend.

Ich liebe Tische und Lampen – ich kaufe immer wieder besondere Teile, kann mich darüber richtig doll freuen. Als die Kinder noch klein waren, bin ich manchmal, wenn sie vormittags im Kindergarten und in der Schule waren, in die Stadt gegangen, frühstücken. Da stand schon länger eine Lampe im Geschäft, ein ganz tolles Stück, das mir schon in Filmen im Fernsehen aufgefallen war, so ein Edelteil. Eines Tages komme ich an dem Geschäft vorbei – die

166

Lampe ist weg. Ein paar Wochen später bin ich in Frankfurt, komme an einem großen Lampenladen vorbei, da sehe ich im Schaufenster die Lampe stehen, denke: Jetzt oder nie, das ist die Gelegenheit. 3500 Mark sollte sie kosten, 300 Mark habe ich gleich angezahlt, in drei Wochen sollte die Lampe geliefert werden. Ich dachte: Das musst du deinem Mann schonend beibringen. Ich war so stolz. Ich wusste genau, wo die Lampe stehen sollte. Sie steht da bis heute perfekt: ein Deckenfluter, schwerer Fuß, oben Murano-Glas. Als meine Schwiegermutter die Lampe sieht, sagt sie: »Weißt du, wie die aussieht? Wie zu Hitlers Zeiten.« Immer schön hetzen, immer schön beleidigen.

Früher habe ich meinem Mann und den Kindern zuliebe Weihnachten mit der buckligen Verwandtschaft gefeiert. Wenn ich dran war und ich wusste, alle kommen zu uns, war mir das zwar ein Graus, aber ich dachte: Da musst du durch. Mir war schon im Advent klar, dass ich auch diese Feiertage wieder Sachen zu hören bekommen würde wie: »Ach, hattest du den Salat nicht schon letztes Jahr?« Das konnte nicht sein, denn er war aus einer Frauenzeitschrift, Dezemberausgabe. Wirklich: Ich stelle mich hin und bereite vor und mache. Und dann so was. Mein Mann hat gesagt: »Ach. Hör doch einfach nicht hin.« Jedes Mal, wenn es auf Heiligabend zuging, hab ich 40° Fieber bekommen, egal wo gefeiert werden sollte. Wenn's zur Schwiegermutter ging und ich krank war, haben meine Kinder gefragt: »Müssen wir da mitfahren?« Ich wollte schon, dass sie fahren, wegen ihrem Vater, mir zuliebe haben sie das auch gemacht. Die Schwiegermutter ist vor acht Jahren gestorben. Und ich habe beschlossen, dass ich die Schwägerin nicht mehr einlade, ich fahre auch nicht mehr hin. Mein Mann schon, soll er, es ist ja seine Schwester.

Damals jedenfalls, als das mit David passierte, war ich noch nicht in der Lage zu so einer Entscheidung. Wirklich, muss man erst so alt werden, wie ich heute bin, um zu erkennen, dass es Schwachsinn ist, Dinge zu machen, die man eigentlich nicht will?

Nach dieser Sache mit den Fahrrädern kam eine ziemlich schlimme Zeit: Ich habe damals gesundheitlich eine Weile richtig Probleme gehabt. Die Hände, die Arme waren oft taub, mein Arzt hat mich zur Untersuchung in so einer Röhre geschickt. Mit der Brust hatte ich auch Probleme. Ich war ganz unglücklich im Garten gegen eine Mauer geprallt, hatte mich richtig schlimm gestoßen. Aus der Brustwarze trat manchmal Blut aus. Mein Frauenarzt schickte mich zu einem Spezialisten für Mammografie, dem müsste man eigentlich die Zulassung wegnehmen. Er guckte sich lang und breit die Röntgenbilder an, murmelte Unverständliches in seinen ungepflegten Bart und sagte dann, ohne mich anzusehen: »Ich schicke Sie ins Krankenhaus, und wenn die nichts finden, machen die mal auf, im Zweifelsfall nehmen wir die Brust ab, dann sieht man ja, was los war, ob da ein Tumor war.« Ich war Anfang vierzig, dachte: Der hat doch nicht über dich geredet? Als ich die Praxistür von außen zumachte, hab ich mir geschworen: Da gehe ich ganz bestimmt nie wieder hin.

Ich habe meinen Frauenarzt angerufen, und der hat mir gleich einen Termin gegeben, mich beruhigt: »Wir besorgen uns die Unterlagen, und dann sehen wir uns alles an ...« Mein Mann hat mir gesagt: »Beruhige dich, ich gehe ja mit ...« Wir waren zusammen da, in den nächsten Wochen folgten die verschiedensten Untersuchungen, nach der letzten sagte Peter: »Siehste, alles gar nicht so schlimm, die Sache hat sich doch erledigt.« Für ihn vielleicht. Für mich nicht. Es verging kein Tag, an dem ich nicht daran dachte: Und wenn es nun doch Krebs ist?

Es ist schwer, jemanden zu finden, mit dem man über solche Probleme wirklich reden kann. Mit meiner Freundin hier im Ort konnte ich das nicht wirklich, ich dachte: Die kannste nicht belasten, sie hat selbst genug Probleme, ihr Mann ist ein erfolgreicher Geschäftsmann, aber Alkoholiker, er hatte schon mehrere Autounfälle. Da erschienen mir meine Befürchtungen, die eigentlich ja nach den Untersuchungen ausgeräumt sein sollten, als übertrieben. Ich dachte: Das kann ich auch mit mir ausmachen.

Zeit, um nachzudenken, hatte ich ja genug. Um sechs Uhr standen wir auf, um sieben waren die Kinder aus dem Haus ... David ging noch zur Schule, Eva war schon in der Ausbildung. Meistens habe ich dann erst mal ein, zwei Stunden gelesen, aber oft konnte ich mich dann gar nicht mehr konzentrieren. Ich habe immer mehr gegrübelt, wurde traurig und trauriger, ich hatte noch nicht mal mehr Lust, etwas in meinem Garten zu machen, und das will was heißen. Ich dachte: Was ist mit dir denn los? Mein netter Frauenarzt sagte: »Depressionen. Eine leichte Form der Depression.« Aha. Bei anderen erkennt man schon eher: Ja, gut, die hat Depressionen. Meine Mutter starb, fünf Jahre nachdem wir hergezogen waren, sie hatte das vielleicht auch, sie war lange krank. Damals war ich im

Stress: Haus, Kinder, neue Gegend … Mir fehlte die Zeit, mit meiner Mutter über ihre Probleme zu reden. Sie hat auch nie erzählt, worunter sie nun eigentlich leidet. Und ich hab mir nicht die Mühe gemacht, es herauszufinden. Als ich jedenfalls wusste, bei mir sind das Depressionen, da dachte ich: Bei deiner Mutter war das bestimmt das Gleiche.

Ich habe Yogastunden verschrieben bekommen, ich hab angefangen zu joggen. Dann passierte etwas, was aus heutiger Sicht der absolute Glücksfall war: Meine Freundin Doris sollte mit ihrem Cateringservice ein kleines Buffet für eine Firmenparty von einer Druckerei liefern, hatte aber völlig übersehen, dass sie in ihrem Lokal gleichzeitig eine große Familienfeier hatte. Ihr Azubi und eine Aushilfskraft hätten in der Druckerei zwar alles aufbauen und die warmen Gerichte heiß stellen können, aber es fehlte ein Fahrer. Ich hab gesagt: »Ich mach das für dich.«

Ich stand dann etwas hilflos mitten in den Vorbereitungen herum, als der Chef auf mich zukommt und sagt: »Sie sind die Buchhaltungskraft von der Zeitarbeitsfirma?« Ich hab gesagt: »Ich bin zwar nicht von der Zeitarbeitsfirma, und Buchhalterin bin ich auch nicht, sondern Fremdsprachenkorrespondentin, aber wenn ich Ihnen schon das Buffet geliefert hab – was soll ich als Nächstes tun?« Wir haben uns total nett unterhalten, eigentlich suchten sie eine Allroundkraft für ein Vierteljahr. Am Montag wollten wir uns treffen und sehen, ob das was werden kann mit uns.

Ich hab das ziemlich aufgedreht Freitagabend meinem Mann erzählt. Und ich war wieder enttäuscht. Peter wollte nicht, dass ich arbeite. Ich dachte aber: Für ein Vierteljahr ... Am Montag bin ich zur Druckerei gefahren – die Zeiten sind ja Gott sei Dank vorbei, in denen ein Ehemann seiner Frau das Arbeiten verbieten kann. Ich bin gleich dageblieben. In der ersten Woche kam schon viel Lob: »Das machen Sie toll.«

Anfangs war ich noch besorgt, weil nun zu Hause aus meiner Sicht alles drunter und drüber ging, ich hatte ja auch Vorstellungen davon, wie es da aussehen sollte. Und die Arbeit wurde mehr und mehr. Einerseits machte das Spaß, andererseits gab es da so eine Unzufriedenheit, auch eine innere Unruhe. Ich habe mich dann gefragt: Wer hat dir eigentlich was getan? Irgendwann machte es klick, ich wusste: Du arbeitest zu viel. Putzen, bügeln, einkaufen, kochen, das war mir durchaus wichtig. Ich begriff aber: Du musst dir die Zeit nehmen, die du für *dich* brauchst, und vielleicht auch ein bisschen umdenken ...

Nach dem Vierteljahr kriegte ich einen neuen, unbefristeten Vertrag, Peter war auch versöhnt, denn oh Wunder: Mir ging es immer besser, die Arme wurden nur noch selten taub, die Verspannungen verschwanden.

Nach neunzehn Jahren wieder im Berufsleben zu sein, das war schon aufregend. Ein Kollege war von Anfang an besonders nett zu mir, hat mir alles erklärt, wir haben uns richtig angefreundet. Hennes ist schwul ... Er fragte mich plötzlich nach dem Essen mit den Kollegen, als wir allein am Tisch beim Espresso saßen: »Sag mal, was ist mit dir in den letzten Tagen eigentlich los?« Ich sagte: »Wieso?« – »Du siehst so aus, als wenn du verliebt bist.« Ich bin unter Garantie rot geworden bis ins Gehirn. Ich fühlte mich so ertappt. Es gab da tatsächlich einen Mann, der mich in Gedanken beschäftigte. Ich träumte tatsächlich seit zwei Jahren immer mal wieder vom ehemaligen Handballtrainer meiner Tochter, manchmal auch ziemlich erotische Sachen. Es war für mich durchaus merkwürdig, diesem Mann dann in der Stadt zu begegnen. Er war immer sehr freundlich zu mir, wir waren uns gerade vor ein paar Tagen wieder über den Weg gelaufen, waren stehengeblieben, bestimmt eine Viertelstunde, hatten geredet.

Wenn ich ehrlich sein sollte: Es konnte schon sein, dass er mit mir flirtete, dass ich mich ein kleines bisschen verguckt hatte. Mein Kollege Hennes meinte: »Weißt du, wenn ich nicht schwul wäre, hättest du vor mir keine Ruhe. Wenn du den Typ das nächste Mal siehst, gehst du mit ihm einen Kaffee trinken.«

Das nächste Mal war dann gleich drei Tage später. Was soll ich sagen: Wir gingen ins Café. Es war verrückt: Ich, die ich mir nie hätte vorstellen können, fremdzugehen, die im Grunde immer zufrieden war mit ihrem Mann – ich habe mich auf eine Affäre eingelassen. Anfangs weißt du ja nicht, was es ist, du denkst: Ist das deine neue Liebe?

Der Auslöser war natürlich meine Lage: ein Mann, der mir sagt, du bildest dir da was ein mit deiner Krankheit. Die Kinder, die mich nicht mehr wirklich brauchten. Die neuen Erfahrungen bei der Arbeit. Ich mag sehr unterschiedliche Musik, Klassik, Robbie Williams, Scooter. Mein Mann sagt bei manchem: »Wie kann man solche Musik hören?« Das macht mich kirre. Ich habe zwischen meinem Freund und diesem HP von Scooter Ähnlichkeiten festgestellt, die Größe, beide blond, blaue Augen. Michael sah toll aus, und er war fünf Jahre jünger als ich.

Ich habe schnell erkannt, dass die Beziehung, die gerade erst anfing, in Freundschaft auseinandergehen sollte. Micha hatte Probleme mit der Wahrheit, er nahm es da nicht so ganz genau. Wenn er ein Treffen absagen wollte, rief er an und sagte: »Einem Freund von mir geht es so schlecht.« Ich hätte ihn nie richtig bei einer Lüge ertappen können, so dumm war er ja nicht. Er suchte auch eigentlich eine feste Partnerin, die wollte ich ja gar nicht sein.

Ich hatte mir nach dem ersten Kaffeetrinken mal das Gedankenspiel erlaubt: Was wäre, wenn? Wenn ich mir vielleicht eine eigene kleine Wohnung nähme. Tief in meinem Inneren wusste ich aber: Ich hänge viel zu sehr an meinem Zuhause. Jede Tapetenbahn hier habe ich selbst ausgesucht, selbst angebracht. Ich liebe meinen Garten, die Sträucher und Bäume, die ich alle selbst gepflanzt und wachsen gesehen habe.

Nach vier Wochen beendete ich die Sache mit Michael, weil mir klar war: Das führt zu nichts, das ist nicht die Lösung des Problems, das ich damals durchaus noch hatte. Ich war ja eigentlich zufrieden, mir fehlte nur noch die Erkenntnis: Sei nicht sauer auf die Kinder, deinen Mann. Such die Schuld nicht bei anderen, wenn es dir zu viel wird. Ändere konsequent deinen Tagesablauf, halse dir nicht zu viel auf. Hör auf, immer perfekt sein zu wollen. Ich habe mein Gleichgewicht dann gefunden.

Peter hatte in dieser Zeit durchaus gespürt, dass etwas mit mir nicht stimmte. Er hat meine Freundin Doris gefragt: »Weißt du, was mit Bine los ist?« Aber sie wusste ja nichts. Peter hat in dieser Zeit auch viel öfter angerufen als sonst.

Das ist jetzt alles sieben, acht Jahre her. Peter habe ich von Micha bis heute nichts erzählt. Um ihm nicht wehzutun. Ich finde: Man hat nur ein Leben, und die Zeit darin ist zu kostbar, um anderen wehzutun.

Wie sich das in Ehen entwickelt, ist doch leicht nachzuvollziehen, wenn man mal richtig drüber nachdenkt. Es lässt alles nach, das Reden, der Sex, die Unternehmungen. Das ist normal, bestimmt bei achtundneunzig Prozent der Leute. Ja, bei ein, zwei Prozent ist es vielleicht anders. Es geht ja nicht darum, ob die Ehemänner Sekt oder Blumen mitbringen, also nach außen den Schein waren. Wir Frauen wissen untereinander ja auch meist nicht, wie es bei den anderen mit den Ehemännern ist. Ich habe jedenfalls auch durch meine Affäre mit Michael gemerkt: Es ist schon ganz o. k. mit meinem Mann.

Doris hat ja dieses Lokal. Es gibt da einen regelmäßigen Mittagsgast, einen Geschäftsmann, der kommt schon länger. Doris hat gesagt: »Der ist bildhübsch, er hört auch zu, und wie er redet …« Neulich Nachmittag rief ihr Mann bei uns zu Hause an: »Ist Doris bei euch?« Normalerweise kann ich nicht lügen, ich will das auch gar nicht, aber in dem Moment hab ich geschaltet: Der musst du helfen. Ich sagte also: »Die ist hier weg, aber ich glaube, sie wollte noch in die Stadt …« Bei mir dachte ich: Ich würde mich darüber freuen, wenn die einen hätte … Ich hab sie dann angerufen und ihr auf die Mailbox vom Handy gesprochen, was ich ihrem Mann gesagt hatte.

Peter arbeitet seit drei Jahren von zu Hause aus – ich bin mittlerweile froh, wenn er mal einen Tag weg ist, zu Kunden. Er geht wirklich ansonsten nirgendwohin, ich sage ihm schon: »Guck doch mal rein beim Stammtisch im Gasthaus, wie andere Männer auch.« Ich weiß, dass bestimmt die Hälfte der Männer sich in den Gasthäusern trifft, sei es nun rein privat, weil sie geschäftlich miteinander zu tun haben, wegen Politik oder Sport … Für manche Frauen ist das vielleicht blöd, ich wäre froh, wenn Peter Anschluss suchen würde, er bleibt am liebsten in Reichweite des Computers. Da könnte man sich aufregen. Aber: muss man?

Dafür hat sich mein Mann tatsächlich neulich bei mir beschwert: »Mit Doris unternimmst du immer was …« Ich habe gesagt: »Peter, du arbeitest den ganzen Tag und findest auch abends kein Ende. Aber gut, wenn du möchtest: Gehen wir Samstag mal in die Stadt, einkaufen.«

Wir haben für ihn eine Hose gekauft, ein Paar Schuhe, 'ne Sache von einer halben Stunde. Er ist an jedem Radio- und Fernsehgeschäft stehen geblieben. Ich habe bestimmt in fünf verschiedenen Geschäften Blusen anprobiert, weil ich eine hellblaue mit einem bestimmten Ausschnitt wollte, in dem man meine Bernsteinkette gut sieht. Er wurde schon ungeduldig, das habe ich gemerkt. Zum krönenden Abschluss gab es noch Kaffee und Kuchen im Café. Er hat das in fünf Minuten gegessen, wir haben auch geredet – aber es ist eben nicht dasselbe, als wenn ich mit Doris sitze und schwatze.

Ich fand's trotzdem gut, dass von ihm dieser Anlauf kam. Überhaupt – mittlerweile denke ich: Du hast es ja gar nicht schlecht. Du kannst dir zu Hause alle Wünsche erfüllen, Peter geht jetzt auch ein- bis zweimal im Monat mit mir essen und in die Sauna. Er ist entspannter geworden. Und meine Arbeit kann ich auch immer noch machen, seit einiger Zeit akquiriere ich auch Aufträge, wickle ganze Projekte allein ab, kurz: Es macht mir Spaß.

Ich habe es schon immer geliebt, abends drei, vier Stunden mit einem Tellerchen Käse und Rotwein draußen auf der Terrasse zu sitzen, dem Gezwitscher der Vögel und dem Gequake der Frösche zuzuhören. Manchmal kommt mein Mann, sitzt eine halbe Stunde bei mir. Das tut er eigentlich, seit er zu Hause arbeitet.

Ein Schlüsselerlebnis in den letzten Jahren war für mich, als wir uns zusammen von der evangelischen Kirche abgemeldet haben. Mein Mann hatte das lange abgeblockt, irgendwann sagte er: »Komm.« Wir sind zusammen hingefahren und ausgetreten. Ich hatte mich seit dem Tod meiner Mutter gefragt: Unsere Kirchensteuern, wofür werden die eigentlich verwendet, finde ich das sinnvoll? Als meine Mutter im Krankenhaus lag, kam immer ein Pfarrer, ich weiß gar nicht, ob der evangelisch oder katholisch war, jedenfalls wollte er immer mit ihr beten. Er sah doch, dass sie das gar nicht mehr konnte. Das fand ich so störend. Und dann, als mir das mit den Depressionen klar war, dachte ich: Das müsste ein Seelsorger doch auch wissen, dass Beten da nicht hilft.

Letztes Jahr war unsere Silberhochzeit. Peter hatte gesagt: »Lass uns wegfahren, nur wir beide, ein paar Tage, nach Paris, wohin du willst …« Ich habe gesagt: »Lass alle glauben, dass wir nicht da sind, und wir machen es uns hier gemütlich.« Mein Mann war nicht besonders erstaunt, er wundert sich ja eher, wenn ich mal Lust habe wegzufahren: »Wie, du willst Urlaub machen?« Ich fühle mich eben zu Hause sehr wohl, ich habe mittlerweile alles so her- und eingerichtet, wie es mir gefällt.

Ich hatte noch gedacht: Kaufst du dir für den Silberhochzeitstag wenigstens ein komplett neues Outfit: Kleid, Wäsche. Ich war in der Stadt, konnte mich zwischen drei Kleidern nicht entscheiden, dachte: Gut, kaufst du erst mal das Drunter. In unserem großen Modekaufhaus stand ich vor den BHs: auf zwanzig Meter Länge fünf Reihen nur Bügel mit BHs. Das fand ich so erschreckend – wer braucht das? Ich bin dann nach Hause gegangen und hab meine Sachen in den Schränken durchgeguckt. Am Hochzeitstag saßen Peter und ich abends auf unserer Terrasse, das ist das Paradies. Ich hatte ein Kleid an, das zig Jahre alt war, das ich völlig vergessen hatte. Peter hat gesagt: »Schick, ist das neu?«

Nadja, 28,
Sozialpädagogin, 1 Jahr verheiratet, keine Kinder

Er liebt mehr als ich

Nadja weiß: Es ist heute ein großes Glück, in jungen Jahren den Mann fürs Leben zu finden, für Familie, fürs Altwerden. Beherzt sagt sie Ja zu einem Mann, den andere unterschätzen, der aber alles für sie tut. Glück pur, könnte man meinen. Doch noch setzt Nadja ihre Ehe immer wieder aufs Spiel – für ihren Wunsch nach Leidenschaft mit anderen Männern.

Vor einem Vierteljahr ist etwas ziemlich Schreckliches passiert. Ich gehe im Internet gern auf so eine Webseite für Erotik, da finde ich Buchtipps, interessante kleine Texte – es gibt da aber auch Kontaktanzeigen. Damit du überhaupt alle Seiten ansehen kannst, musst du dein Profil reinstellen. Ich hab eins reingestellt und daraufhin Mails von Männern bekommen. Die hat mein Mann Patrick gelesen – er war an meinem PC, was nicht ungewöhnlich ist. Ich hatte den Verlauf nicht gelöscht, er konnte also sehen, auf welchen Seiten ich war, und so fand er eben diese Post. Er hat mir eine SMS geschickt: Bitte ruf mich an, Stichwort Erotikwebseite.

Ich war alarmiert, ich habe ihn angerufen und gemerkt: Der ist völlig fertig. Ich fuhr sofort nach Hause und habe alles runtergeredet. Ich hab gesagt, dass ich nur gern die Buchtipps und die Geschichten auf dieser Seite lese, mit meiner Freundin nur zum Spaß auch mal die Kontaktanzeigen angesehen hätte. Ich zog eine richtige kleine Show ab von wegen: »Du vertraust mir nicht, das finde ich schlimm.« Ich hab durchaus gemerkt, wie mitgenommen er war. Er sagte schließlich: »Ich weiß ja, so was würdest du nie machen.« Ich habe gesagt: »Richtig. Das versuche ich die ganze Zeit dir zu erklären.«

Im Nachhinein war das für mich ein ganz schöner Knackpunkt. Es tat mir weh, ihn anzulügen. Aber die Wahrheit sagen? Ich habe mich auch gefragt: Warum bist du noch mit Patrick zusammen, bist du glücklich? Da merkte ich: Verdammt, ich liebe ihn. Ich habe geheult, teilweise war's nicht auszuhalten, ich dachte: Ich möchte ihn behalten, er ist so gut zu mir, ich bin die Einzige für ihn. Und: Er hat es nicht verdient, es zu wissen. Mit ES meine ich: Ich lebe meine Lust mit anderen Männern, solange das mit mir und meinem Mann nicht geht.

Wir sind jetzt zwei Jahre zusammen, ein Jahr davon mit Trauschein. Ich war siebenundzwanzig und kannte Patrick ein halbes Jahr, ich konnte mir vorstellen, Kinder mit ihm zu haben, ihn zu heiraten – da lief plötzlich sexuell immer weniger, genauer: schon wochenlang gar nichts mehr. Gut, Patrick hatte Probleme bei der Arbeit, er konnte zu Hause nicht abschalten. Vor ihm hatte ich immer erfüllte Beziehungen gehabt, also in sexueller Hinsicht erfüllte Beziehungen. Und jetzt, wo ich mit Patrick so glücklich war an sich, tat sich sexuell nichts, einfach nichts. Da fing das an … Ich hab mich wieder mal mit meinem Exfreund getroffen und mit ihm geschlafen. Ein schlechtes Gewissen hatte ich deswegen nicht, meinen Ex kannte ich doch schon länger als Patrick, ich wusste, er kann mir nicht gefährlich werden. Als ich nach dem Abend mit Jan nach Hause kam, schlief Patrick schon.

Ein paar Tage später sitze ich mit Patrick auf dem Balkon, da fragt er aus heiterem Himmel: »Könntest du dir eigentlich vorstellen, mit einem anderen Mann ins Bett zu gehen?« Ich bekam einen Schreck, bin gleich in die Offensive gegangen: »Mit einem? Wieso nur mit einem?« Ich habe nachgelegt: »Und was ist mit dir?« Patrick hat gesagt: »Für mich gibt es nur dich.« Ich fühlte mich schlecht, ich hatte das Gefühl: Patrick spürt, dass da was läuft. Meine Freundin Winni sagte nur: »Oh Gott, oh Gott«, als ich ihr das erzählte, sie hatte richtig Angst um Patrick und mich. Plötzlich packte mich doch das schlechte Gewissen.

Ich habe diese Sache mit dem Exfreund nachwirken lassen, dann beschlossen, ihn erst mal nicht mehr zu treffen. Einerseits war da meine Vernunft: Das kannst du mit Patrick nicht machen. Andererseits – Enthaltsamkeit? Mir hatte Sex immer viel Spaß gemacht. Ich ertappte mich, wie ich mich in einem Erotikportal im Internet nach potentiellen Kandidaten für ein Abenteuer umsah. Das ist nämlich eigentlich meine Einstellung zu meinem Leben: Wenn mir etwas fehlt, dann muss ich mich kümmern, das, was fehlt, doch zu bekommen.

Als Patrick und ich uns kennengelernt hatten, hätte wahrscheinlich keiner gedacht, dass wir beide ein richtiges Paar werden. Patrick ist Zahntechniker, so alt wie ich. Er ist sehr groß und schlaksig, er hat entsprechend dün-

ne Beine – als Kind wurde er oft als Bohnenstange ver-
äppelt. Er ist ausgesprochen hellblond, im Sommer sind
seine Haare und Augenbrauen ganz hell – das finden
manche sicher richtig hässlich. Bei mir hat es sehr lange
gedauert, bis mir das überhaupt auffiel: He, der hat ja
weiße Haare wie ein alter Mann. Da liebte ich ihn offensichtlich schon.

Oft zählt für Menschen ja nur das Oberflächliche, ich
kann mir gut vorstellen, dass viele Frauen, die Patrick vor
mir gut fand, in ihm immer nur den verständnisvollen
Kumpel gesehen haben, der prima zuhören kann. Ich hab
Patrick die Chance gegeben, in einer Paarbeziehung zu zeigen, wie er wirklich ist: fürsorglich, liebevoll.

Er hat sich in den letzten zwei Jahren total entwickelt,
vor allem seine Ungeduld und Unbeherrschtheit überwunden, dafür schwer an sich gearbeitet – in der Hinsicht
erkenne ich den Mann von vor der Hochzeit nicht wieder.
Patrick kann sich so begeistern, ist immer bemüht um
mich, und das habe ich bei einem Mann so noch nie erlebt.

Wir haben uns in einer Diskothek kennengelernt. Wir
redeten miteinander, tanzten auch – vier Wochen später
trafen wir uns dort zufällig wieder, so ging das ein paarmal. Ich fand ihn nett, mehr nicht, ich hab mir gar keinen
Kopf gemacht über ihn. Ich war nicht auf der Suche, mit
meinem alten Freund Jan war gerade Schluss gewesen, ab
und zu lief mit ihm körperlich noch etwas. Ich lebte allein, und ich mochte das. Ich kann sehr gut allein sein. Ich
hab die Zeit zwischen zwei Freunden immer genossen. Ich
kann es überhaupt nicht verstehen, wenn eine Frau, so wie

meine eine Freundin, sagt: »Ich hab die letzten zwei Jahre nicht einen Abend allein verbracht.« Da stehen mir die Haare zu Berge, wenn ich das höre.

Ich ging also damals öfter in diese Disko, und irgendwann habe ich gemerkt, dass ich dort immer Ausschau nach Patrick hielt. Das ist typisch für mich: Ich war nicht gleich verliebt. Einmal hat er mich zum Abschied geküsst, dabei dachte ich mir gar nichts.

Als er schüchtern den Vorschlag machte: »Wir könnten doch mal essen gehen«, fand ich das süß. Wir waren essen, hinterher landeten wir bei ihm in der Wohnung, haben noch ein Glas Wein getrunken. Und miteinander geschlafen. Das war auch durchaus schön, man vergleicht ja nun nicht unmittelbar mit anderen Männern.

So fing das an mit uns. Ich habe dann mitgekriegt, dass ich Patricks erste richtige Freundin war. Er hatte schon mit anderen Frauen geschlafen, aber ich war eben die erste richtige Beziehung in seinem Leben. Ich dachte: Jetzt hast du einen, den hat vor dir keine gewollt. Das denke ich schon lange nicht mehr. Er ist derjenige, der mehr liebt, er ist so glücklich. Er hat jetzt eine Frau, durch mich hat er eine Familie gefunden, denn meine Eltern sind praktisch seine Ersatzeltern. Aber das war viel Arbeit bis jetzt. Unsere Beziehung war immer schön, aber sie hat eben auch ihre Schattenseiten.

Patrick ist ruhig, lustig und nett. So habe ich ihn auch am Anfang erlebt. Doch irgendwann habe ich festgestellt: Er ist auch so ähnlich wie mein Papa. Der war in seinen jüngeren Jahren, also in meiner Kindheit, oft ungeduldig, unbeherrscht, er wurde dann richtig ungerecht gegenüber der Familie. Mein Vater hat sich schon lange geändert und bereut sein Verhalten von früher wirklich.

Eines Tages passierte es: Patrick wollte in meiner Wohnung eine Telefonanlage anschließen, das klappte nicht – und er bekam einen Wutanfall. Viele hätten schon nach dem ersten Mal gesagt: und Tschüss. Es ist nicht nur einmal passiert, das lief richtig körperlich aus dem Ruder, einmal trat Patrick so stark gegen eine klemmende Kellertür, dass er sich den Fuß verstauchte. Diese Unbeherrschtheit kannte ich ja gut von meinem Vater. Ich habe das Gespräch mit Patrick gesucht. Das war, als würde ich in einem Spiegel in die Vergangenheit schauen, und ich wollte absolut nicht das, was sich schon mit meinem Vater geklärt hatte, noch mal mit Patrick ausfechten. Ich habe gesagt: »Entweder du machst was, du änderst was …« Ein Oder gab es eigentlich nicht.

Patrick hat sich Bücher besorgt, einen richtigen Stapel Ratgeber, er hat auch in meine Psycholiteratur aus dem Studium geguckt. Ich habe mich sehr mit Psychologie beschäftigt. Patrick nicht, er musste für sich erst mal rausfinden: Warum bin ich so? Früher, bei ihm in der Familie hieß es immer: »Pssst, bloß nicht drüber reden, nichts sagen.« Wir, in meiner Familie, sprechen alles aus. Von daher … Patrick musste sich schon anpassen. Und er hat es getan. Er war wirklich sehr zugänglich, er hat auch mit einem Arzt über seine Verhaltensweisen gesprochen. Plötzlich konnte er sagen: »Ich habe ein Problem«, statt unbeherrscht zu werden. Das hilft heute ganz kolossal, wenn wir Streit haben.

Ich war durchaus manchmal an einem Punkt, wo ich gedacht habe: Ich beende das, ich schieß ihn in den Wind.

Dann war ich plötzlich ganz gerührt und dachte: Bloß nicht, du hast noch nie einen Mann gehabt, der so viel für dich tut.

Ich begann ja irgendwann zu ahnen, dass Patrick mir einen Heiratsantrag machen wird – du fängst dann an, darüber nachzudenken: Würdest du Ja sagen? Eines Tages holte er mich abends von der Gymnastik ab, er wirkte ziemlich aufgedreht, ich dachte: Er wird doch nicht? Nein, das konnte nicht sein, ich hatte ihm nämlich mal in unserer Diskothek gesagt: »Wenn du mir je einen Heiratsantrag machst, dann hier.« Und wir fuhren definitiv Richtung Wohnung. Im Treppenhaus, vor unserer Haustür, sagte er aber dann: »Augen zu, und erst wieder aufmachen, wenn ich es sage.« Er hat mich ins Esszimmer geführt, ich öffne die Augen: überall rote Kerzen, rote Rosen, ein Sektkühler, zwei Gläser. Das war deutlich. Aber Patrick hat geredet und geredet. Und mir knurrte der Magen, ich habe nach dem Sport immer solchen Hunger! Irgendwann kam dann die Frage ... Er hat mich wirklich gefragt, ob ich seine Frau werden will. Ich war so berührt. Das war so unglaublich. Du kennst diesen Satz, und wenn du ihn hörst, nur für dich bestimmt, geht er dir unter die Haut. Patrick hatte auch einen Ring für mich, der passte zwar nicht, aber was machte das. Er hat weitergeredet. Ich glaube, mein Magen hat lauter geknurrt als die Schmusemusik, die im Hintergrund lief. Ich fand meinen Hunger so unpassend ...

In Filmen sieht man die Paare nach dem Heiratsantrag immer im Schlafzimmer verschwinden, oder sie rutschen so nach unten aus dem Bild. Ich hab gefragt: »Du, wollen wir was kochen?« Er hatte eigentlich für 22 Uhr einen Tisch bei unserem Lieblingsitaliener bestellt – wir sind in die Küche gegangen und haben einen Riesentopf Spaghetti Carbonara gekocht. Patrick rief dann noch beim Italiener an, Tiramisu bestellen. Da hieß es: »Nur zwei Desserts liefern wir nicht.« Patrick meinte: »Dann eben noch zwei Pizza Amore.« Die hatten tatsächlich eine Pizza, die so heißt, die haben wir eingefroren und die Tiramisu gegessen.

Ein halbes Jahr später haben wir geheiratet. Das war ja unsere sexfreie Phase, in der Patrick so sehr mit der Arbeit zu tun hatte, in der ich mit meinem Ex … Den hatte ich zwar dann wirklich nicht mehr getroffen, stattdessen aber durchaus im Internet ein bisschen nach potentiellen Erotikpartnern geforscht, mit einem Mann hab ich vor der Hochzeit telefoniert.

Erst mal kamen die Flitterwochen. Die waren frustrierend. Zum Thema Flitterwochen wird einem ja in Film und Fernsehen auch vorgegaukelt: Das Paar am Strand, ständige Umarmungen, ständiges Geknutsche, sie verschwinden in ihr Schlafzimmer. So ähnlich wie beim Heiratsantrag. Bei Patrick und mir jedenfalls lief nichts, also bis auf ein Mal. Da hatte ich Patrick gedrängt, ich dachte: Mensch, jetzt musst du was tun, damit wir wenigstens ein Mal auf unserer Hochzeitsreise …

Am Wochenende nach den Flitterwochen traf ich mich das erste Mal mit Andi, dem Mann aus dem Internet, und schlief mit ihm. Ich war in der Zeit vor Patrick sexuell wirklich recht aktiv gewesen, mir fehlte offenbar einfach etwas. Andi und ich sahen uns alle drei bis vier Wochen, meine beste Freundin Winni gab mir Alibis. Sie ist seit vier

185

Jahren glücklich in ihrer Beziehung, aber sie versteht mich. Eine andere Freundin ist auch mit Patrick sehr befreundet, ihr habe ich nichts gesagt – ich wollte sie nicht in einen Konflikt bringen.

Ich habe in der ersten Zeit unserer Ehe bewusst dran gedreht, dass ich freie Zeit für mich allein habe, hin und wieder ein ganzes Wochenende, und Patrick habe ich auch in diese Richtung geschoben. Wenn ich dran denke, was ich bei der Hochzeit alles zu hören bekam: »Jetzt beginnt der Ernst des Lebens.« Und vor allem: »Jetzt gibt es nur noch ein Wir.« Gerade das: nur noch ein *Wir* ... Ja, wieso denn? Ich blieb doch immer noch Nadja.

Andi war sehr potent, er konnte sozusagen ständig. Er war aber sehr auf den Akt an sich fixiert, das hat mir anfangs auch gefallen, aber Andi küsst eben nicht, er streichelt nicht. Nach drei, vier Malen dachte ich: Jetzt ist es genug.

Dann kam Robbie. Fürs erste Treffen waren wir zum Badmintonspielen verabredet, danach gingen wir essen, was trinken, wir haben geknutscht. Das dauerte sicher zwei, drei Stunden. Ich war dann diejenige, die gesagt hat: »Jetzt aber.« In vierundzwanzig Stunden haben wir es acht-, neunmal gemacht. So was hatte ich noch nicht erlebt.

Einmal fuhr Patrick mit einem Freund ein Wochenende nach Berlin, Freitagnachmittag sind die beiden gestartet. Ich hatte kaum das Auto abfahren sehen, da bin ich auch los, zu Robbie. Es war wie meistens, wenn wir uns gesehen haben: Wir verbrachten die ganze Zeit im Bett. Sonntagabend war ich zurück, eine Stunde bevor auch Patrick heimkam.

Als ich dann merkte, Robbie verabredet sich auch mit anderen Frauen, war ich rasend eifersüchtig. Ich war nicht verliebt in ihn, es war eher so wie früher in der Schule: Du verguckst dich in einen. Menschen bedeuten mir sehr schnell sehr viel. Aber das gibt sich dann auch wieder. Ich habe auch überlegt: Wie wäre es, wenn du mit einem Mann wie Robbie zusammen wärst? Mir war schnell klar: Wir würden an einen Punkt kommen, wo mir auch bei ihm Sachen nicht passen.

Bei Patrick und mir rührte sich sexuell immer noch wenig. Ich habe damals viel zu dieser Frage gelesen, und irgendwie habe ich mich damit getröstet: Wenn's zu nah, zu vertraut ist bei einem Paar, klappt es mit dem Sex nicht mehr. Irgendwann hatte ich Patrick mal ganz vorsichtig gefragt, ob wir vielleicht mal zusammen in einen Pärchenclub gehen wollten, einfach mal so, schauen, was passiert. Er hat zwar gesagt: »Ich werde drüber nachdenken«, aber wir haben nie wieder drüber gesprochen.

Ich war dann mit Robbie in einem Swingerclub. Diesen Abend fand ich schon krass. Als Erstes hab ich meinen Ehering abgemacht und dann mit den ausgezogenen Sachen im Spind weggeschlossen. Mein Handy lag auch drin, ausgeschaltet. Zu Hause hatte ich vorgebaut: »Ich bin mit Winni tanzen. Kann sein, dass wir da kein Handy-Netz haben, mach dir keine Gedanken.« Ich hatte von 18 Uhr bis 2 Uhr morgens keinen Handy-Empfang.

Patrick könnte durchaus gespürt haben, dass an dem Abend was lief. Ich war ja nicht frei von schlechtem Gewissen, aber ich fing damals an, mir das mehr und mehr zuzugestehen, dass ich meinen Spaß will.

Ich hatte bei diesem Ausflug in den Swingerclub extra darauf geachtet, dass der Club möglichst weit entfernt von unserem Wohnort ist, ich dachte, dass hundert Kilometer eigentlich reichen müssten, um nicht auf bekannte Gesichter zu treffen. Dachten andere offenbar auch. Gleich im Umkleideraum hatte mich das Gefühl beschlichen: Die Frau dahinten, die kennst du. Ich hab sie dann aber den ganzen Abend über nicht mehr gesehen.

Einige Tage später spricht diese Frau mich auf meinem Nachhauseweg von der Arbeit an: »Hallo, wir kennen uns doch von der Geburtstagsparty bei Hanna, ich bin Kristin.« Das kam schon so mit einem Augenzwinkern. Wir sind zusammen einen Kaffee trinken gegangen, und Kristin hat mich direkt darauf angesprochen, dass ich sie schon reizen würde, sie gern mit mir und ihrem Mann … Ich dachte nur die ganze Zeit: herrje, die auch.

Wir hatten dann an einem Abend zusammen mit ihrem Mann und Robbie den einen oder anderen Vierer, in den verschiedensten Konstellationen. Mir ging das tagelang nicht aus dem Kopf: Kristin und ihr Mann, ein ganz normales Pärchen, sehen beide ganz brav aus und machen Sachen, die ihnen kein Nachbar zutrauen würde.

Einige Tage nach diesem Erlebnis saßen Patrick und ich mit einer ehemaligen Schulfreundin und ihrem Mann in der Weinstube, die beiden sind gerade wieder hergezogen, zu ihren Eltern ins Haus, unters Dach. Wir saßen zu viert am Tisch, haben geredet – und ich hatte wieder mal das Gefühl, den anderen im Denken zwanzig Jahre voraus zu sein. Wir kamen nämlich auch aufs Thema Fremdgehen. Wenn im Bekanntenkreis über dieses Thema gesprochen wird, ist die Reaktion vornerum immer: pfui. Pfui, der ist fremdgegangen, pfui, die ist fremdgegangen. Aber ich weiß ja seit einiger Zeit: Es sind so viele, die das machen. So viele, von denen man das gar nicht denken würde.

Ich wollte in unserer Viererrunde am liebsten rausplatzen: »Wisst ihr, was ich letzte Woche gemacht habe?« Ich bin froh, dass ich ein paar Leute habe, mit denen ich offen reden kann, meine Freundin Winni, Robbie … Ich habe mir wirklich viele Gedanken gemacht über Moral und Werte. Und ich bin auch für die Sexualität zu dem Schluss gekommen: Wer sagt, dass etwas so und so sein muss? Ich hatte bei diesem Nebenher immer ein schlechtes Gewissen, aber ich gönne es mir trotzdem.

Ich bin ja schon immer lieber den schwereren Weg gegangen. Für mich gibt es solche komischen Regeln nicht mehr wie: Das kannst du nicht machen, das darfst du nicht, was sagen die Leute … Das hat sich noch verstärkt, seit ich diesen bösen Autounfall hatte, da war ich einundzwanzig. Ein Wagen hatte mir die Vorfahrt genommen, wir waren beide sicher auch zu schnell gefahren. Dieser Moment, in dem ich von links das andere Fahrzeug auf mich zukommen sah – da denkst du blitzartig: Das wird doch noch nicht alles gewesen sein!

Ich hatte dann im Krankenhaus wochenlang Gelegenheit, genauer drüber nachzudenken. Lange hatte ich von mir das Bild gehabt, dass ich nicht gut genug bin, meine Eltern haben mich für faul gehalten, ich mich auch. Ich habe dazugelernt, mittlerweile weiß ich: Ich bin wer. Ich habe begriffen, dass man etwas für sich tun muss, ich horche immer in mich rein: Was brauche ich?

Man ist so oft fremdbestimmt im Leben. Jahrelang hatte ich ein schlechtes Gewissen, wenn ich Thomas Gottschalk geguckt habe, seine Fernsehsendung *Wetten, dass …?* Ich dachte: Das solltest du nicht schauen, das ist ja nun wirklich nicht hohes Niveau. Mein Vater hatte immer dagegen gewettert, das klang mir noch im Ohr, als ich schon lange bei meinen Eltern ausgezogen war. Jetzt sehe ich die Sendung einfach, wenn ich Spaß daran habe.

Ich habe mir ein eigenes Motto gebastelt, das besteht aus mir als Mensch, Patrick und meinen Nebensachen. Ich versuche nur noch das zu machen, was mir guttut. Das ist oft nicht einfach, aber da war ich immer hart mit mir, auch mit anderen, Familie, Freunden. Ich musste viel einstecken, aber es hat sich gelohnt. Ich mache für mich keine Kompromisse mehr.

Ich weiß, was ich will und was ich nicht will. Und Patrick zieht mit. Er muss sich mit mir darüber auseinandersetzen, und er tut das auch. Einer unserer Grundsätze ist: »Rede.« Man muss ausdrücken, was mit einem los ist, wie soll der andere es sonst wissen. Früher war es manchmal so: Patrick hat kein Wort gesagt, ist dann explodiert. Jetzt kann er, wie ich, sagen: »Ich habe das und das erlebt, ich möchte jetzt …« In unserer Beziehung werden wir dafür belohnt.

Patrick hat richtig Ballast abgeworfen seit unseren Anfängen. Diese Ungeduld, die gern umschlug in Unbeherrschtsein, die hat er weitgehend abgelegt. Er hatte wahrscheinlich anfangs auch die Angst: Was ist, wenn Nadja plötzlich wieder weg ist? Ich hab ihm ja durchaus manchmal gesagt: »Ich gehe, wenn nicht …«

Andererseits ist da deutlich meine Entscheidung: Du hast gesagt, du gehst mit ihm den Weg, und das willst du auch. Wir wissen beide: Beziehung ist Arbeit.

Wenn ich's richtig überlege: Vor der Hochzeit war mein Mann ein anderer als heute. Es ist schon irgendwie süß, neulich war die Stimmung ein bisschen angespannt, da sagt er: »Ich lege mich mal ein Viertelstündchen aufs Sofa.« Er hat sich den iPod mit Kopfhörern geschnappt, seine Entspannungsmusik angemacht und meditiert. Ich sah ihn da liegen und dachte: Ich liebe dich. Als er wieder aufstand, war er wie ausgetauscht ... Wahnsinn, was der in zwei Jahren alles geschafft hat.

Mir fällt immer wieder auf, dass Patrick ein Mensch ist, der meine Ideale, meine Vorstellungen teilt. Wir wohnen in einer Kleinstadt, haben hier unsere Arbeit, eine tolle Wohnung, in der wollen wir auch bleiben – beim eigenen Haus hätte ich immer das Gefühl: du musst, du musst, du musst ... Wir haben viel gemeinsam, vor allem auch die Freude daran, Neues auszuprobieren, beim Kochen, bei Unternehmungen, Reisen. Ich weiß einfach: Es passt mit uns.

Ich habe für mich geklärt, wie es mit unserer Beziehung weitergehen soll, und noch hab ich eben manchmal mein Nebenher. Das halte ich immer fern von zu Hause. Bei der Arbeit tausche ich in den letzten Wochen zwar mit einem neuen Kollegen Blicke, aber: Ich bin ja nicht verrückt. Zum Leben brauch ich einen Mann, der weiß, was er will. Und den habe ich.

Ich habe das Gefühl, ich komme wieder in eine neue Lebensphase. Dazu gehören auch unbedingt Kinder. Kinder wollte ich schon, seit ich siebzehn bin. Wenn Patrick vor der Hochzeit gesagt hätte: »Kinder – sofort!« Ich hätte es gemacht. Aber dann kam die Krise.

Wir haben jetzt über Kinder geredet, er will, ich will, Patrick ist ganz happy. Patrick und ich teilen uns die Hausarbeit, so wäre es sicher auch, wenn wir Kinder hätten. Patrick sagt, er würde auch zu Hause bleiben. Aber die Frage würde sich so wohl nicht stellen, denn er verdient mehr als ich. Im neuen Jahr werde ich die Pille absetzen.

Diese Geschichte mit der Erotikwebseite und den Mails hat Patrick alarmiert, er hat das richtig als Warnschuss gesehen, beim Thema Sex auch was zu machen, auch an sich zu arbeiten.

Als sich vor einem Monat abzeichnete, wir könnten spontan eine Woche gemeinsam verreisen, meinte ich: »Ich würde ja gern mal eine Woche die Donau entlang radeln …« Da kam Patrick zwei Tage später mit einer ausgearbeiteten Route, möglichen Unterkünften. Wir sind dann tatsächlich gefahren, und es war toll. Seitdem läuft es sexmäßig besser. Ich sehe das so: Wenn's zwei-, dreimal im Monat klappt, ist es genug, damit kann ich leben. Irgendwann sind meine Bedürfnisse in dieser Hinsicht, also in erotischer, vielleicht ja auch gestillt. Und mit Kind – wo sollte da noch Zeit für einen Liebhaber sein?

Im Moment bin ich total zufrieden. Und wenn ich mich in zwanzig Jahren sehe, dann sehe ich mich mit Patrick, mit Kindern. Ich will nicht mehr ohne ihn sein, ich möchte mit ihm alt werden. Trotzdem kann ich doch meine kleinen Geheimnisse haben.

Gudrun, 37,
Goldschmiedin, 9 Jahre verheiratet,
keine Kinder

Den hast du nicht allein

Was wird Gudrun als alte Frau über ihre Ehe mit Jonas sagen: Es war nicht immer leicht, aber schön, dass wir zusammengehalten haben? Gut, dass es damals zu Ende ging? Mit großem Abstand sieht man immer klarer, aber diesen Abstand hat Gudrun heute nicht. Was tun? Auf die Mutter hören, die vor »so einem Mann« von Anfang an warnte?

Ich kann es nicht anders beschreiben als mit: Mordlust. In meinem Kopf kreiste ein einziger Satz: Ich bring dich um. Ihn, meinen Mann. Der hatte uns gerade eben einen guten Bordeaux aufgemacht, wahrscheinlich eine von den Flaschen, die wir vor zwei Jahren aus dem Urlaub mit Katharina und Robert mitgebracht hatten. Dann sagte er diesen Satz, der neun Jahre Ehe für mich einfach weggewischt hat: »Gudrun, ich kann so nicht mehr mit dir leben. Ich ziehe aus.«

Er brauchte gar nicht weiterzureden, mir war sofort alles klar, aber ich hab kein Wort rausgekriegt, ich hatte das Gefühl, ich krieg keine Luft mehr, ich dachte: Gleich erstickst du. Ich hab dann nach der Rotweinflasche gegriffen, ihm stand regelrecht ins Gesicht geschrieben: Sie wird sie mir doch nicht über den Kopf ziehen. Ich hab ausgeholt und die Flasche mit voller Wucht gegen die Wand geschmissen, das Glas splitterte in alle Richtungen, unser schöner weißer Kalkputz saugte den Rotwein auf wie ein Schwamm. Ich war ganz ruhig, im Nachhinein finde ich mich obercool, ich hab gesagt: »Ich gehe jetzt eine Runde um den Block, wenn ich zurück bin, bist du weg. Und sag deiner Katharina: Sie ist das Allerletzte.«

Was er gebrummelt hat, hab ich nicht mehr verstanden, ich hab meine Sachen geschnappt und bin auf die Straße, einmal ums Karree. Ich lief und dachte: Wieso regnet es nicht? Eigentlich fehlt doch nur noch der Regen. Es war Oktober, kurz nach acht Uhr abends, da war es wenigstens dunkel, und keiner konnte sehen, wie ich vor mich hinheulte.

Als ich wiederkam, war die Wohnung leer. Er war weg. Ich hatte es schon länger geahnt, aber nicht wahrhaben wollen: Meine Freundin hatte sich an meinen Mann rangemacht. Wahrscheinlich so, nicht umgekehrt. Seit einer Woche hatte ich diese Gewissheit, also: so ziemliche Gewissheit, aber ich wusste einfach nicht, wie ich reagieren sollte, ob ich überhaupt reagieren sollte. Darum hatte ich auch noch nichts gesagt. Nun war er mir zuvorgekommen. Ein Restzweifel war noch da, ob es sich bei der Frau wirklich um Katharina handelt, um Kathi, meine Freundin Kathi, mit der ich seit fünf Jahren befreundet war, der ich als einziger Freundin überhaupt Bücher lieh, die sogar mal meinen Lieblingspullover anziehen durfte, mit der wir schon im Urlaub waren. Seit einigen Jahren wusste sie recht viel von mir – und ich offensichtlich zu wenig von ihr.

Ich hab mich ins Auto gesetzt und bin zu ihrer Wohnung gefahren. Ich musste nicht lange suchen: Sein Auto stand haarscharf an die Straßenecke gequetscht, so wie ich immer nicht parken durfte: »Gudrun, denk dran: fünf Meter Abstand zur Kurve.« Baba-baba-baba. Ich konnte direkt vor ihrem Haus parken. Natürlich bin ich nicht raufgegangen, oben brannte Licht in allen Fenstern.

Ich bin zum Italiener gegenüber rein. »Chianti, eine Flasche.« Ich dachte: Wenn schon Rotwein heute, dann richtig. Der Kellner bot mir gar keine weitere Auswahl an, fast wie von Geisterhand standen die Flasche und ein Glas auf meinem Tisch, dazu ein Brotkorb, der Kellner goss ein, fragte gar nicht, ob ich was essen wollte, weg war er.

Ich saß mit dem Rücken zum Lokal, Blick aus dem Fenster, mir liefen die Tränen übers Gesicht. Hier hatten Jonas und ich oft mit Kathi und ihrem Mann Robert gesessen. Mit Robert, der vor einem Jahr von heut auf morgen bei Kathi ausgezogen war. Hier hatte ich mit Katharina gesessen und ihr stundenlang zugehört: Wieso-nur?-Da-kann-keine-andere-Frau-sein!-Vielleicht-nur-weil-er-Kinder-will-und-ich-nicht? Und so weiter. Jetzt saß ich da allein, in fünfzig Meter Luftlinie hockte Katharina wahrscheinlich mit meinem Mann in ihrer Küche. Sie würden doch an diesem Abend nicht im Bett sein?

Mir ging durch den Kopf: Ob Katharina und Jonas hier beim Italiener auch zu zweit waren? Und wenn: Hatte er ihr dann auch seinen Standardvortrag über Pizza gehalten, den ich mir seit zehn Jahren anhören durfte: »Das ist ja gar keine richtige Pizza in Deutschland. Also, in Italien gibt's die klassisch von riesigen Blechen, in viereckige Stücke geschnitten, nach Gewicht zu bezahlen, dünner Teig, viel Belag. Und zwar klassischer Belag. Diese deutsche Unsitte: Pizza Sauerkraut, Pizza Würstel, was für ein Albtraum …« Und bla und bla und bla. Wenn die beiden hier gesessen hätten und ich wäre dazugekommen, hätte ich dann irgendwas Böses vermutet? Ich denke, nicht.

Irgendwie hab ich's noch geschafft, dem Kellner zu winken, ein Taxi zu bestellen und die fünf Meter zum Ausgang zu gehen, ohne dass jemand meine verlaufene Wimperntusche sehen konnte. In den nächsten Tagen hab ich mir das Wimperntuschen ganz verkniffen, weil ich immer wieder anfing loszuheulen.

Es war wie ein lange vorbereitetes Programm, was dann ablief. Es fing an, nachdem ich mich am nächsten Morgen um zehn aus dem Bett gewälzt hatte: Schlüsseldienst anrufen, Türschloss austauschen lassen, meinem Gatten eine SMS schicken: Türschloss ist neu, ruf einen Tag vorher an, wenn du deine Sachen holen willst. – Ha.

Ich hatte einige Aufträge abzuarbeiten, das ging auch zu Hause, dafür musste ich nicht in die Werkstatt zu meinen beiden Kolleginnen. Unter den Auftragsstücken war auch eine aufwendige Kette, ein Silbergeflecht mit eingearbeiteten Perlen – man sagt doch immer: jede Perle eine Träne. Wenn es danach ginge, hat die Besitzerin der Kette ein halbes Meer dazubekommen.

Ich habe mich zu Hause eingeigelt, hab eine Woche keine Mails angesehen, den Anrufbeantworter angeschaltet. Tagsüber hab ich vor mich hin geweint und gewerkelt, abends hab ich meine Ehe seziert.

Ja, so muss man das sagen. Als Erstes habe ich Tagebücher gelesen. Was ich da fand, war eine Aneinanderreihung des immer Gleichen und von Katastrophen, angefangen mit der düsteren Prophezeiung meiner Mutter, als ich Jonas auf einem Stadtteilfest kennengelernt hatte, wir waren beide mit Ständen vertreten, ich mit Schmuck, er mit Wein. Meine Mutter sagte: »So einen Mann hat man nie für sich allein.« Ich hab sie gefragt, wie sie das meint, sie sagte nur: »Na, so eben.« So eben.

Was war denn mit Jonas? Er sah gut aus, ja, aber mein voriger Freund hatte auch gut ausgesehen. Jonas hatte volle braune Haare, sehr lockig, rehbraune Samtaugen, dazu dunkelrote, feine Lippen, groß, trainiert, Tennisspieler eben. Er sah gut aus, aber das tat ich auch, ich musste mich wirklich nicht neben ihm verstecken. Was meine Mutter meinte, ging mir in den nächsten Monaten auf: Kaum betrat ich mit Jonas einen Raum, kamen schon Frauen anscharwenzelt, wenn ich ihn auf einer Party finden wollte, musste ich nur nach einem Pulk Mädels suchen. Sie hingen an seinen Lippen, alle fanden ihn amüsant und charmant, und das war und ist er ja auch. Ich fand es großartig, nicht eine von denen aus dem Pulk zu sein, sondern die, mit der er nach Hause ging. Ich liebte ihn, und er liebte mich, da gab es keine Zweifel. Nach zwei Monaten zog er bei mir ein.

Mir fiel ja durchaus auf, dass der immer heitere Frauenschwarm Jonas in Gegenwart von Männern häufig recht uncharmant wirkte, lauter wurde, fast aggressiv. Und zwar grundlos. Besonders mit seinen ehemaligen Kollegen erlebte ich ihn so. Auch fand ich, dass Jonas ein bisschen viel Alkohol trank. Er sagte gern: »Gönn mir das doch …« Er hatte gerade angefangen, einen eigenen Laden mit Wein und Geschenken zu betreiben, es lief schleppend an, auch der Versand. Er war oft abends lange im Geschäft, schrieb Mailings, bereitete Werbeaktionen, Verkostungsabende vor.

Wir kannten uns ein halbes Jahr, da fand ich eine Cognacflasche in seinem Buchhaltungsregal in unserer Wohnung. Ich hatte mich gewundert, warum der eine Ordner so sperrte. Ich konnte mir nicht vorstellen, dass Jonas die Flasche versteckt hatte, aber was machte sie da? Ich hab ihn drauf angesprochen, und er reagierte ziemlich unwirsch: »Was soll denn das, schnüffelst du rum?« Hatte ich doch gar nicht gemacht. Das war unser erster großer Streit. Wir haben uns noch am selben Abend wieder vertragen – im Bett, wie später noch oft.

Zwei Wochen später will ich im Keller die gesammelten Zeitungen schnappen und zum Altpapier bringen – da kuscheln sich zwei halbvolle Wodkaflaschen in der Ecke aneinander. Ich dachte: wie? Was soll denn das jetzt?

Ich hatte eine Großtante, die war Alkoholikerin. Als Kind fand ich immer, sie duftet so gut – schon morgens umwehte sie eine dichte Parfümwolke, im Laufe des Tages legte sie mit ihrem kleinen Flakon aus der Handtasche nach, außerdem lutschte sie gern Eukalyptusbonbons. Und Jonas – der duftete eigentlich auch immer wenigstens dezent nach einem richtig männlichen Aftershave. Konnte es sein, dass dieser Duft auch immer einen Hauch Cognac oder Wodka oder was auch immer enthielt?

Neuen Streit mit Jonas wollte ich vermeiden. Ich habe mich kurzfristig mit einer alten Schulfreundin verabredet, die jetzt in einer Suchtberatungsstelle arbeitete. Anja schaute ein bisschen komisch, wieso interessierte ich mich plötzlich so für ihre Arbeit, aber dann erzählte sie.

Ich habe Jonas noch zwei Monate beobachtet, ihn dann abends nach dem Essen angesprochen: »Ich glaube, du hast ein Alkoholproblem …« Jonas wurde bleich, kreidebleich, ich dachte: »Was ist nun denn los?« Da brach es aus ihm raus: dass er seine feste Anstellung deswegen verloren hatte, einen Wagen zu Schrott gefahren, Schulden habe, dass die Weinhandlung sein letzter Versuch sei, er hätte gedacht, mit meiner Hilfe … Ich mach's mal kurz: Er hat mich nicht reingelegt oder so, er war kein Heiratsschwindler, der von faszinierten Frauen Geld abzockte und dann verschwand. Für mich war ganz klar, dass Jonas seine Probleme mit meiner Hilfe, mit meiner Liebe in den Griff bekommen würde.

Jonas ist gleich am nächsten Tag zu einem Arzt gegangen, der hat ihn nicht nur labormäßig untersucht, der hat auch mit ihm geredet. Es stellte sich dann raus, dass Jonas' Hauptproblem gar nicht der Alkohol war, die Diagnose lautete: Depressionen. Bei Männern oft schwer auszumachen, weil die sich nicht unbedingt zurückziehen, sondern durchaus selbstbewusst nach draußen gehen, provozieren, aggressiv werden. Seine Krise hat er mithilfe seines Arztes und sicher auch mit meiner Unterstützung gut überwunden, die Schulden waren eigentlich nicht der Rede wert, Jonas war nach einem halben Jahr absolut wiederhergestellt, und wir haben geheiratet.

Das lag nun bald zehn Jahre zurück, stand alles fein säuberlich mit allen Wenns und Abers in meinem Tagebuch. Ich hatte das mehr vergessen als verdrängt, es war nicht mehr wichtig gewesen. Nur im vergangenen halben Jahr – war da was? Ich beobachtete ihn. Trank er mehr als sonst? Nein. Er war lieb zu mir, wie immer. Wir schliefen miteinander, wie immer. Weniger als früher, aber immer noch innig, eingespielt, vertraut, mein Orgasmus war mir sicher, Jonas schnurrte hinterher wie ein großer Löwe. Trotzdem war da so eine Gereiztheit.

Irgendwann kam ich auf die Idee: eine andere Frau? So etwas hatte es schon gegeben in unserer Ehe. Immer mal wieder, wenn er nicht widerstehen konnte, dass ihn Frauen so unwiderstehlich fanden. Für mich war das entsetzlich, aber ich dachte an meine Mutter: So einen Mann hast du nie für dich allein. Ja.

Meiner lieben Freundin Katharina hatte ich ganz allgemein von meiner Beobachtung erzählt: »Jonas ist irgendwie komisch drauf.« – »Wie meinst du das?« Ich habe ihr erzählt, was ich merkwürdig fand: »Gestern ist er noch mal los abends mit dem Auto, angeblich im Büro ein Antivirenprogramm beenden, das nicht die ganze Nacht laufen sollte, letzte Woche war er in der Sauna, aber sein Handtuch war hinterher schon fast trocken.« Sie hat sich das angehört und Sachen gesagt wie »Ja, behalt das im Auge«, oder »Da wird schon nichts sein, bei Robert habe ich ja auch gedacht, er hätte eine andere, dabei hat er nur gearbeitet«. Diese falsche Schlange. Natürlich ertappte ich Jonas nicht mehr beim heimlichen Telefonieren auf dem Balkon – ich hatte Katharina ja von dieser Beobachtung erzählt. Selbstverständlich löschte er nicht mehr die gewählten Rufnummern auf unserem heimischen Telefon –

er gab nach dem Telefonieren mit Katharina einfach die von seinem Büro oder meiner Werkstatt ein. Und nie hätte ich etwas in seiner Jackentasche finden können – Katharina hatte mir abgeraten, da überhaupt zu suchen: »Wenn er das merkt, ist er doch enttäuscht und vertraut dir nicht mehr, zu Recht, wie ich finde.«

Was Jonas aber vergessen hatte: Wir hatten zwar nie einen Einzelverbindungsnachweis mit Rufnummern für unser Telefon beauftragt, aber seit gut einem Jahr hatten wir DSL. Und ich hab mir von meinem Brüderchen erklären lassen, wie ich mit meinem Computer gucken kann, welche Rufnummern über unseren DSL-Router ein- und ausgingen. Nun telefonierte ich selbst ja auch häufig mit Katharina – merkwürdig kamen mir aber die Anrufe vor, die immer dann aufliefen, wenn ich definitiv in der Werkstatt war, nachmittags oder mittwochs, wenn ich drei Stunden zu Fitness und Sauna weg war.

Am zweiten Tag nach Jonas' Abgang hatte ich Katharina auf dem Anrufbeantworter: »Gudrun, lass uns bitte reden.« Ich dachte: Soll sie reden, mit wem sie will – mit mir nicht.

Nach einer Woche redete ich mit Anja, meiner Freundin aus Schulzeiten. Später auch mit Petra, die wiederum auch mit Katharina befreundet war. Sie sagte mir: »Katharina hat mich mal gefragt, ob ich nicht finde, dass sie mit Jonas gut zusammenpassen würde.« Klar, lustige Frage, die beiden Betriebsnudeln, zwei Alleinunterhalter, die zusammen die große Show abziehen konnten. Sollten sie. Ich dachte: Jetzt reicht es endgültig.

Nach dem Vorbild der Anonymen Alkoholiker, und

über die hatte ich zu Jonas' Alkohol-Problem-Zeiten genug erfahren, erzählte ich allen, die es wissen wollten: »Jonas und ich haben uns getrennt.« »Wie, was?«, haben die Bekannten gefragt, meine Mutter meinte: »Das wurde Zeit«, mein Bruder sagte: »Es gibt Bessere.« Toll, war ich wohl die Letzte, die das merkte.

Aber ich hatte ja nicht gelitten mit Jonas, das Leben mit ihm fand ich immer schön, leicht und unbeschwert. Zumindest meistens. Ich hatte auch nie das Gefühl, ich müsse ihn jetzt beobachten, ob er wieder Flaschen versteckt. Da war nichts, denke ich.

Etwas anderes waren da schon seine Eskapaden, die er sich ab und zu genehmigte. Einmal, und das knapp drei Jahre nach unserer Hochzeit, kam er abends spät nach einer Weinverkostung mit schief zugeknöpftem Hemd, er sagte: »Ich muss den ganzen Tag so rumgelaufen sein.« Wohl kaum, das wäre mir schon beim Frühstück aufgefallen. Ich konnte ihm nichts beweisen, aber ich war mir ganz sicher, dass da was gelaufen war. Einmal sah ich ihn mit einer Frau knutschend in ihrem Auto vor der Weinhandlung – er schwor, dass das ein Irrtum gewesen sein musste, mir war es zu peinlich, die Frau, die ich meinte erkannt zu haben, danach zu fragen.

Vor vier Jahren dann ruft mich eine gewisse Gesine an: »Ich glaube, Ihr Mann verschaukelt Sie und mich.« In dem Fall eher sie, denn mir hatte er nicht gesagt, dass er nur noch warten wolle, bis ich mit meiner Werkstatt in neue Räume umgezogen sei, dann könne man weitersehen. Er gab zu, dass da was war mit dieser Gesine, rief sie in meiner Gegenwart an: »Ich dulde nicht, dass du dich in meine Ehe mischst, bitte ruf mich nie mehr an.« Abendessen, Rosenstrauß, Versöhnung im Bett.

Als ich vor zwei Jahren Steuerunterlagen für Jonas zusammensuche, finde ich eine Restaurantrechnung: zweimal Menü, Champagner. Ich kann mich nicht erinnern, mit ihm am Tisch gesessen zu haben – als ich ihn frage, kann er sich auch nicht erinnern, dieses Restaurant je betreten zu haben. Was soll man dazu sagen? Abendessen gekocht, Versöhnung im Bett. Ich will ehrlich sein: Ich habe nicht wirklich gelitten unter diesen Sachen, von denen ich gar nicht wusste, was nun genau war. Manchmal hab ich mir gesagt: Lass dich doch nicht verrückt machen, nur weil deine Mutter mal gesagt hat: So einen Mann …

Drei Monate nachdem Jonas seine Sachen aus unserer Wohnung geholt hatte, hörte ich: Bei Katharina ist er auch wieder raus. Sie sei schwanger – aber nicht von ihm. Das hätte andernfalls auch ziemlich gesessen, denn mir hatte Jonas immer vermittelt, Kinder seien nicht so sein Ding, er hat immer gesagt: »Vielleicht später.« Ich fand das nicht wirklich schlimm, ich war auch nicht wild entschlossen, mich zu vermehren, ein bisschen Restzweifel über Jonas' Veranlagung zu Hochprozentigem hatte ich ja auch.

Worüber ich mich kolossal freute: Dass ich meiner Freundin Katharina nicht die ganze Wahrheit über Jonas erzählt hatte. Dass er eben schon öfter fremdgegangen ist, dass er diese depressiven Schübe hatte … Letzteres hatte sie ja nun vielleicht selbst rausgefunden.

Was genau war, mit Katharina und Jonas, ob sie ihn vielleicht gewollt hatte als Ersatz für Robert, als potentiellen Erzeuger ihrer Kinder, obwohl sie ja schon schwanger war – ich denke, ich werde es bald erfahren. Als ich letzten Sonntag nach Hause kam, war Jonas auf meinem Anrufbeantworter: »Gudrun, ich weiß, dass das alles irgendwie unglücklich gelaufen ist. Mir geht es wieder gut jetzt, ich war ziemlich runter. Meinst du nicht, dass wir nach einem halben Jahr mal wieder reden sollten? Ich würd gern mit dir essen gehen. Ciao.« Ich werde mich mit ihm verabreden, mal sehen … Meiner Mutter werde ich das erst mal nicht erzählen. Ich weiß, es hört sich total bescheuert an, aber vielleicht war ja alles doch nur ein großes Missverständnis?

Katja, 37,
Erzieherin, 13 Jahre verheiratet, 2 Kinder

Von ihm kommt nur »Hm«

Vater, Mutter, Teenagertochter, Nachzüglersohn, zwei Golden Retriever – quirliges Leben in einem mit viel Glas ausgebauten Eckreihenhaus der Sechzigerjahre. Wirkt perfekt, doch an der temperamentvollen Katja mit der mädchenhaften Pferdeschwanzfrisur nagt wieder mal die kleine Unzufriedenheit. Gemeinsam haben Katja und Torben größere Krisen gemeistert als viele andere Paare, schon der Start war schwierig, das schweißt zusammen. Doch nun möchte Katja auch die kleineren Probleme angehen, sie nennt das: Ballast abwerfen. Am eigenen Körper fängt sie damit an, die ersten überzähligen Pfunde purzeln bereits ... Wie geht es weiter? Wird ihr ruhiger Mann sich auch diesmal von der Aufbruchsstimmung seiner Frau mitreißen lassen?

Wenn wir zusammen auf einer Party sind, höre ich manchmal: »Dein Mann ist arrogant.« Er spricht kein Wort mit anderen Leuten. Fast kein Wort. Ich muss das für ihn mitmachen. Wir kommen hin, ich stell mich vor, ich setze mich zu anderen an den Tisch, er setzt sich daneben. Ich stell ihn dann auch vor nach dem Motto: »Und das ist mein Mann Torben.« Das war immer so. Torben ist zwar bei der Arbeit täglich im Kundenkontakt, aber die Leute kommen auf ihn zu. Sie wenden sich an ihn, wollen etwas gemacht haben. Er muss sich nicht verkaufen, wirklich auf Leute zugehen. Da kannst du fünf, zehn, fünfzehn Jahre zusammenleben, und es ändert sich nichts.

Ich kann's mir überhaupt nicht vorstellen ohne ihn, aber diese Woche hatte ich wieder mal Trennungsgedanken. Ich weiß nicht, ob andere Frauen das auch so kennen: Ich trag das alles zu Hause, ich organisiere alles, ich kümmere mich um alles. Irgendwie geht das auch, aber gerade an den Tagen vor *den Tagen* wird es mir manchmal einfach zu viel …

Montag zum Beispiel. Ich komme ziemlich verunstaltet vom Friseur, der hatte mir richtige Kanten in den Pony geschnitten. Ich habe es dann selbst begradigt, das war ein ganz schönes Gefitzel, ich wollte ja nicht zu viel abschneiden, am Ende war ich ziemlich genervt. Abends wollen wir mit Freunden essen gehen – das ist gar nicht so einfach, weil ich gerade auf Diät bin, und es macht mir nicht so richtig Spaß, aus einer langen Speisekarte den harmlosesten Salat auszusuchen. Torben und ich steigen ins Auto, ich frage: »Hast du Geld dabei?« Er sagt: »Ich? Wieso? Nö.« Ich sage: »Torben, hör mal, *wir* wollen essen gehen. Wieso glaubst du, dass immer *ich* mein Portemonnaie dabeihabe?«

Ja, wieso glaubt er das? Auf Katja kann man sich ja verlassen, sie macht das schon, sie denkt immer an alles.

Also, natürlich ist mein Mann schon auch irgendwie o. k. Aber der Mann von meiner Freundin zum Beispiel, der hat Stil. Ich wünsch mir das eben auch manchmal, dass mein Mann mir die Tür aufhält, wenn wir irgendwo reingehen, überhaupt: Dass *er* mal einen Tisch im Restaurant bestellt, Katja fährt nur noch mit, geht vor durch die aufgehaltene Tür … Torben fehlt einfach dieses gewisse … Diese gewisse Lebenskunst. Ich weiß durchaus: Eigentlich sind es nur Kleinigkeiten, die mich im Moment nerven – aber manchmal kommen eben ganz viele Kleinigkeiten zusammen und fallen dann entsprechend ins Gewicht. Letztes Wochenende hat es deswegen richtig geknallt. Samstagfrüh, ich frag ihn: »Willst du Brötchen?« Er sagt: »Nö.« Dass ich keine will, also diättechnisch, das weiß er. Er will auch keine, gut. Aber vielleicht könnte er ja mal auf die Idee kommen, unsere Kinder mit knackig frischen Brötchen zu verwöhnen? Er könnte sich doch einfach aufs Rad schwingen und zum Bäcker düsen.

Das sind die Mühen des Alltags … Wir sind seit dreizehn Jahren verheiratet. Da gab es Zeiten mit Riesenproblemen, ruhige Zeiten, immer verschieden. Die Scharmützel sind mehr oder weniger immer die gleichen. Ich bin gerade in einer Metamorphose, ich komme so'n bisschen an bei der Person, die ich mal war. Oder die ich eigentlich bin. Ich habe ganz stark das Gefühl, ich muss Ballast abwerfen. Und mit dem Gewicht fang ich an. Neun Kilo hab ich schon abgenommen, ich bin jetzt auf fünfundachtzig. Irre, nicht? In drei Wochen. Das ist der Wahnsinn. Ganz ohne Hunger. Ich gehe zu einem Akupunkteur, der macht einem Nadeln ins Ohr, das kann ich sehr empfehlen – ich habe wirklich überhaupt keine Hungergefühle. Ich muss dafür zwar 150 Kilometer bis nach Bottrop fahren, aber das ist es mir wert.

Ja, ich arbeite also richtig an mir, es geht mir gut, diese schnellen Fortschritte beflügeln mich richtig. Klar würde ich jetzt gern von Torben hören: »Toll, dass du abgenommen hast.« Sagt er aber nicht. Er war immer sparsam mit seinen Komplimenten. Ich muss fragen: »Und, sieht man schon was?« Er sagt dann: »Ja.« Ich sage: »Ich bin schon viel beweglicher geworden, guck mal, ich komme mit dem Kopf ans Knie.« Er sagt: »Hm.« Das kann einen doch wahnsinnig machen, oder?

Ich nehme im Moment alles viel bewusster wahr, logisch, dass mich dann auch an Torben mehr stört. Ich meine: Das sind wirklich alles Sachen, die nicht ins Gewicht fallen, darüber muss ich noch nicht mal bei meiner Freundin Dampf ablassen. Aber wenn ich das jetzt so erzähle, merke ich: Es beschäftigt mich, es nagt an mir. Einerseits beruhige ich mich: Ich verlange doch nicht zu viel, wenn ich die und die Wünsche habe. Andererseits pfeif ich mich zurück, wenn ich krittelig werde, ich mach mir dann klar, was ich an meinem Mann habe: Er ist ein toller Handwerker, er macht zu Hause alles. Also, wenn ich ihm etwas *sage*, dann wird es erledigt. Natürlich wünsch ich mir, er würde mehr von allein …

Im Moment setzt mir richtig zu, dass er sich aus der Kindererziehung so raushält, jedenfalls bei unserer Großen. Nele ist dreizehn und schwer in der Pubertät. Ich finde es ganz wichtig, dass Torben und ich uns einig sind: Was darf sie, was darf sie nicht. Meistens muss aber ich die Regeln aufstellen, und zwar allein. Ich melde an: »Wenn du nicht aufräumst, gehst du nicht zum Reiten.« Wenn ich dann mal weich werde und sage: »Na gut, dann geh ruhig los, auch wenn die Hausaufgaben nicht gemacht sind«, meckert Torben rum: »Na, das haste ja fein hingekriegt.«

Andererseits funkt Torben dann manchmal ganz überraschend rein, was ich auch nicht gut finde. Erst sagt er zum Beispiel wochenlang gar nichts zu Neles unaufgeräumtem Zimmer, und auf einmal kommt: »Du bleibst morgen hier, du gehst nicht zum Pferd, du machst Ordnung.«

Neulich wollte Nele abends ins Kino mit ihren Freundinnen. Sie wären erst um halb elf zu Hause gewesen. Sie sind dreizehn! Ich sage zu Torben: »Findste, sie sollten in dem Alter schon abends ins Kino?« Von ihm kommt nur: »Hm.« In dem Fall läuft das raus auf: Papa ist der Gute, er sagt ja nichts.

Torben und ich hatten die letzten Tage ein Gespräch darüber, dass es im Moment nicht gut läuft mit Nele, ich war dabei total gereizt, total wütend. Obwohl ich eigentlich nur verletzt bin, weil er sich nicht richtig kümmert, weil er bei Nele nie grundsätzliche Dinge mit durchgesetzt hat. Ich bin da im Moment sehr porös.

Bei mir dauert es oft lange, bis ich Torben auf richtige Probleme anspreche. Das ist jetzt böse von mir: Er ist schnell beleidigt. Und wenn er beleidigt ist, ist auch mal 'ne Woche oder anderthalb Schweigen. Mit Nele fängt er jetzt auch so an, mit dieser Schweigegeschichte. Ich finde, das geht nicht, ich sage zu ihm: »Willst du nicht mal mit ihr reden, ihr sagen, was dich stört?« Er sagt: »Nö, das weiß die schon.« Er würde nie von sich aus das Gespräch suchen, das muss ich machen. Ich komme mir dann so allein vor – ich werde auch wirklich oft alleingelassen. Der war immer so.

Ich versuche ja, mir das zu erklären, warum Torben sich so verhält. Ich meine gegenüber Nele, denn mit Morten ist Torben ganz anders. Wenn Torben nach Hause kommt, spielt er erst mal 'ne Stunde Playmobil-Ritter mit Morten, ganz geduldig, wirklich, ganz rührend. Aber Morten ist auch erst vier – da gibt es nichts zu diskutieren, keine Probleme.

Als Nele sich ankündigte, waren wir beide jung, ich vierundzwanzig, Torben fünfundzwanzig, und wir waren gerade vier Monate zusammen. Für mich war es sehr o. k., ein Kind zu kriegen, er ist erst mal geflüchtet, als ich es ihm gesagt habe, hat sich dann aber doch doll gefreut.

Alles in allem: Ich kann damit leben, wie er ist. Das hat eben vor allem mit unserem unterschiedlichen Temperament zu tun. Am Anfang ist man ja blind, wenn man sich kennenlernt. Sein Schweigen fand ich geheimnisvoll, ich fand, das ist ein Zeichen von Coolness. Irgendwann ging mir auf: Das Schweigen ist nicht nur cool, es ist auch nicht geheimnisvoll, es ist vor allem anstrengend.

Ach ja. Das zerreißt mich, der Gedanke, vielleicht irgendwann doch eine Entscheidung treffen zu müssen. Manchmal denke ich das: Eigentlich müsste ich entscheiden: Will ich mit ihm leben? Weil mich eben immer wieder doch Dinge stören, viele kleinere, die größeren manchmal ja auch, je nach Tagesform. Das tut aber ganz doll weh, der Gedanke, sich zu trennen, vor allem auch wegen der Kinder.

Es gibt da noch was, das mich mürbe macht. Torben und ich haben seit Monaten, eigentlich seit Jahren, Stress wegen seinem Job. Er hat Angst, zu seinem Chef zu gehen und zu sagen: »He, halt, das läuft hier anders, als es vereinbart war – ich muss endlich mehr Geld kriegen.« Ich sage: »Geh hin, stell Forderungen, du tust das doch für deine Familie.« Er sagt: »Nö, dann kann ich gleich hinwerfen.« Das ist natürlich Unsinn. Man muss dazu wissen: Dummerweise ist sein Chef mein knauseriger Vater.

Vor zehn Jahren waren wir beide arbeitslos, Torben konnte als Elektrotechniker im Betrieb meines Vaters anfangen, den der hier in der Stadt vor ein paar Jahren übernommen hatte. Wir sind also auch hergezogen. Torben hatte immer vor, noch ein Fachstudium zu machen, hat aber auch gesagt: »Das geht finanziell gar nicht.« Ich habe dann das mit dem Meisterbafög rausgefunden. Er hat seinen Meister gemacht, dann den Fachingenieur. Ich wollte nicht, dass Torben nach der Fortbildung weiter in der Firma bleibt, weil schon klar war: Mein Vater wird sich um die fällige Gehaltserhöhung drücken. Ich hatte ja auch erst in der Firma mit einem Minijob als Bürokraft angefangen, mir dann aber wegen der miesen Bezahlung doch lieber wieder eine feste Stelle in meinem eigentlichen Beruf als Erzieherin gesucht.

Die ersten Jahre hier haben wir bei meinen Eltern gewohnt, in einer winzigen Einliegerwohnung. Unser Wohnklo – so hab ich das genannt. Als Nele in die Schule kam, fing ich an, mich komisch zu fühlen, so antriebslos, lustlos. Das hörte nicht auf, es wurde über die Jahre schlimmer. Oft habe ich nachts schlecht oder gar nicht geschlafen. Das waren richtige Depressionen, auch mit Angstzuständen, manchmal musste mich Torben wegen meiner Angst abends in die Klinik bringen. Ich hatte nicht wirklich Freude am Leben, hab oft nur geheult, ich hatte totale Muskelverspannungen.

Als ich zur Kur wollte, hat Torben erst durch Nichtreaktion geglänzt. Aber dann hat er es sechs Wochen toll gemacht mit Nele. Er scheint in der Lage zu sein, den Haushalt, den Alltag zu organisieren! Vielleicht können das alle Männer. Sie verlieren dieses Können aber wieder, sobald Mutti übernimmt.

Bei uns war Mutti dann ja auch wieder da, und sie hat sich total aufgerafft. Ich habe eine Arbeit als Erzieherin in einem tollen Kinderladen gefunden, ich konnte mir plötzlich vorstellen, mich zu trennen. Ich hatte bei der Kur viel nachgedacht: über unseren Alltag, die Arbeitssituation, das beengte Wohnen … Ich sah mich in Gedanken aus der Einliegerwohnung bei meinen Eltern ausziehen, ich schaute mich schon ein wenig nach einer eigenen kleinen Wohnung um. Da hat Torben gesagt: »Lass uns zusammen suchen.« Ich habe gesagt: »Gut, dann fangen wir richtig neu an.« Wir sind an den Stadtrand gezogen, hier in dieses Reihenhaus. Mir hatte ein Therapeut in der Klinik gesagt: Neben meiner Geschichte sei da auch noch unsere als Paar, wir sollten auch für uns als Paar etwas tun. Torben war ulkigerweise gleich einverstanden mitzumachen. Wir meldeten uns bei einer Beratung von der Diakonie an – die therapieren dich da nicht bis ans Lebensende, das dauert nur einige Sitzungen. Und Torben hat tatsächlich geredet in der Beratung! So ist das wohl: Er kann entweder *richtig* reden – oder gar nicht. Er ist damals unheimlich aus sich rausgegangen.

Wir haben unser Problem auf den Tisch gelegt: »Wir stehen davor, uns zu trennen – aber wir wollen das eigentlich nicht.« Wir brauchten einen Mediator, einen Vermittler, der das Gespräch in Schwung bringt und aufpasst, dass es nicht abgleitet. Wir wurden gefragt: »Gibt es etwas Konkretes, warum glauben Sie an einem Endpunkt zu sein?« Ich hatte die große Klappe: »Ich komme mir vor wie ein Möbel, das einfach da ist, der beachtet mich gar nicht …«

Es ist gut, wenn ein Moderator dazwischen sitzt, der zuhört und auch Hinweise gibt, wie man miteinander redet. Es ist ein Unterschied, ob ich sage: »Mensch, du bist immer so schlecht drauf.« Oder ob ich sage: »Ich habe das Gefühl, es geht dir nicht gut.«

Nach und nach kamen so viele Sachen raus, die mich verletzt hatten. Bei Torben wurde zum Beispiel irgendwann Hepatitis B festgestellt – die wird eigentlich nur durch den Austausch von Körperflüssigkeiten übertragen. Also kommt infrage Geschlechtsverkehr, auch Drogen. Wir waren in der Türkei gewesen, da hatte er sich beim Baden im Meer an einem Felsen eine schlimme Schürfwunde geholt, war beim Arzt. Torben hatte sofort gesagt: »Da war alles so unsauber.« Er hat die Hepatitis darauf geschoben. Bei mir gab es aber Zweifel! Wir konnten es ja gar nicht genau wissen, wo's nun herkam, aber ich war trotzdem sauer, ich habe ihm gesagt: »Wenn du dich gefährdest, ist mir das egal, aber wenn du irgendwas gemacht hast, dann gefährdest du eben nicht nur dich, sondern auch mich und unser Kind.« Dass wir uns über etwas, was so lange unausgesprochen zwischen uns stand, auseinandergesetzt haben, war unheimlich hilfreich. Na ja, jedenfalls ist die Sache jetzt o. k. für mich, ich bin damit durch – weil wir drüber gesprochen haben.

Diese Gespräche haben uns auch in unserer Sexualität geholfen. Vor Torben war ich vier Jahre in einer Beziehung ... in einer Beziehung, die eine Gewaltbeziehung war. So muss man es wohl sagen. Ja ... Ich bin ... Ich bin vergewaltigt worden. Ich bin aus dieser Geschichte Hals über Kopf komplett raus, als es mit uns, mit Torben und mir, anfing. Zusammen mit meinem Vater hat Torben die Sachen aus meiner alten Wohnung geholt. Ich wusste: Das ist einer, auf den ich mich verlassen kann, er ist mein Held, er hat mich wirklich lieb.

Torben und ich hatten die ersten fünf Jahre vielleicht fünfmal Sex, wenn's hochkommt. Das muss man sich mal vorstellen, als junger Mann ... Aber wenn ich mitgekriegt habe, er guckt sich Bildchen an ... Dann war mir das auch nicht recht. Und er hat das mitgetragen.

Meine Mutter hatte mir vermittelt, dass Sexualität etwas Schmutziges ist. Sexualität war damals nichts, was ich mir selbst geben oder schenken konnte, ich konnte mich nicht gehen lassen, mich fallen lassen. Ich fand den Akt an sich animalisch. Ich habe manchmal gedacht: Wenn du jetzt neben dem Bett stehen könntest und dir selbst zusehen könntest ... Ganz früher, als Mädchen, war Sexualität für mich ein Mittel, einen Mann zu knacken. Ich habe wirklich immer die tolle, offene Sexgöttin gespielt, bis ich einen Mann hatte. Bei Torben war es auch so, als ich ihn hatte, habe ich ihn in Enthaltsamkeit gehalten.

Über die Jahre habe ich jetzt gelernt: Wenn man sich lieb hat, darf man auch seine Lust zeigen. Torben und ich haben nach der Therapie noch viel Zeit gebraucht, wir haben uns richtig in verschiedene Themen reingearbeitet, auch in so ein Thema wie Selbstbefriedigung. Wenn man's richtig nimmt, bin ich eigentlich vor sechs Jahren erst entjungfert worden, da war eigentlich mein richtiges erstes Mal. Ich habe gelernt: Sex ist nichts, was du ablehnen musst. Verrückt ist auch: Je fetter ich wurde, desto besser war unser Intimleben. Ich hatte ja nicht durch Fresserei so zugenommen, das kam durch bestimmte Antidepressiva, um die ich eine gewisse Zeit nicht herumkam, die aber eben auf den Stoffwechsel insgesamt wirkten. Ich nehme das Medikament jetzt schon drei Jahre nicht mehr, aber abgenommen habe ich trotzdem nicht – ich geb's ja zu: Ich koche eben sehr gern, ich esse auch gern. Torben hat wirklich eine Menge mitgetragen. Als es mir richtig schlechtging, hatte ich das Gefühl, ich kann mich auf ihn verlassen. Heute fühle ich mich verlassen. Komisch, nicht? Vielleicht bin ich im Moment einfach in so einer kleinen Unzufriedenheit. Ich hab das Gefühl, das Leben geht an uns vorbei, wir krepeln so rum. Ich frage mich jetzt oft: Was kannste, was willste noch, was darfste? Ich würde eigentlich gern eine Ausbildung zur Ergotherapeutin machen, aber die dauert ewig, und das ohne Einkommen. Und Torben – er hat so ein tolles Fachwissen, er könnte sich weiterbilden, zum Beispiel zum Öffentlich Bestellten Sachverständigen. Aber das scheitert an seiner Unbeweglichkeit. Ich sage immer: »Guck doch mal, mach doch mal.«

Ich habe jetzt erst mal zwei Urlaube gebucht. Mein Mann weiß weder, wohin wir fahren, noch, wann wir fahren. Das ist nicht das erste Mal so. Er sagt: »Ich vertraue dir, du machst das schon.« Aber will ich es immer machen? Ich frage mich oft: Bin ich so dominant? Bei anderen Paaren ist das letztlich auch so. Sind wir Frauen so dominant? Die Männer, die haben Feierabend, wenn sie nach Hause kommen. Ich kann mir gar nicht vorstellen, dass mein Kopf mal nicht arbeitet. Ich hab immer was zu bedenken: Das und das willste essen, hol schon mal das Hack aus'm Tiefkühler, tau es auf. Sind noch Eier da? Gleich aufschreiben. Morgen um zehn will ich mit einer Freundin in die Stadt, vorher muss ich einkaufen, Penny macht um sieben auf, die Eier nicht vergessen. Waschmittel ist auch alle, die Hunde müssen zum Impfen. Wieso muss ich daran denken, es sind doch *unsere Hunde*. Mein Mann sagt natürlich: »Wieso, *ihr* wolltet die Tiere.« Aber er hat sie mit nach Hause gebracht …

Man verschleißt sich so im Alltag, dabei gibt es Sachen, die wichtiger sind, tiefer gehen, bei denen dir plötzlich klar wird: hallo? Da ist ja noch was. Vor zwei Jahren ruft abends nach der Tagesschau eine Andrea an, die mit Torben vor Ewigkeiten zur Berufsschule gegangen ist. Ich hatte sie am Telefon, sie sagt zu mir: »Ich muss deinem Mann sagen, dass er meine große Liebe ist.« Ich hab den Lautsprecher vom Telefon angestellt und gesagt: »Noch mal bitte …«

Torben hat zwar aufgelegt und dann gesagt: »Die spinnt, das interessiert mich nicht.« Sie hat dann aber dauernd SMSe geschickt, die Handynummer hatte sie von Torbens Mutter. Ich meine, das war natürlich Stalking und ein Fall für die Psychologen, aber irgendwie war auch zu merken, dass ihr Interesse ihm schmeichelt. Ich war alarmiert – wenn du auf einmal Konkurrenz kriegst, merkst du, wie sehr du deinen Mann liebst. Ich hatte mein oberstes Kampfgewicht, 99,9 Kilo. Sie, diese Andrea, ist so ein Püppi, höchstens 1,55 Meter groß, Kleidergröße 34, wenn überhaupt. Ich dachte: Falls die bei uns zu Hause auftaucht, er uns beide nebeneinander stehen sieht … Sie gab dann irgendwann Ruhe. Ich dachte: Wenn die sich noch mal meldet, ist mir das egal.

Letztes Jahr im Sommer sitzen wir gerade mit Freunden draußen beim Portugiesen, war ein richtig schöner Abend, da kommt von ihr 'ne SMS: »Ich bin am Mittwoch in der Stadt.« Für mich war der Abend gelaufen. Ich hab gesagt: »Gut, triff sie doch.« Er wollte gar nicht. Ich hab dann am Montag auf dem Computer, im Protokoll von den aufgerufenen Internetseiten, gesehen, dass er sich Restauranttipps rausgesucht hat. Er hätte das löschen können, er weiß genau, wie das geht, aber er wollte wohl, dass ich das sehe. Ich hab gedacht: Du willst Krieg? Gut, o. k.

Ich hab einen Koffer genommen, Sachen von ihm aus dem Kleiderschrank reingeschmissen, oben drauf die dreckigen Sachen aus der Wäschetrommel. Dann bin ich in die Werkstatt, da stand er gerade mit einem Kollegen. Ich hab ihm den Koffer vor die Füße geschüttet und gesagt: »Wenn sie dich haben will, dann komplett. Dann kann sie auch gleich deine Wäsche waschen, zieh zu ihr, die Kinder kannst du alle vierzehn Tage sehen.« Klar war das übertrieben. Aber es war zumindest nicht langweilig. Und die Sache ist geklärt. Wenn jetzt noch mal eine SMS von dieser Andrea kommen würde, ich weiß gar nicht, ob's mich stören würde.

Meine Freundin sagt, sie hat 'ne Krise, sie fängt an, hübschen jungen Männern auf Fahrrädern nachzugucken. Mal sehen, vielleicht fange ich auch damit an. Vielleicht gucken mich ja auch bald wieder andere an, im Moment sind es nur Schwarze, die ganz dicht rankommen und sagen: »Big mama, beautiful, beautiful … «

Was ich mir auch vorstellen kann, wenn ich wieder mitspiele – also, von der Gewichtsklasse her mitspiele –, und das wird ja dann bald so weit sein: flirten. Bestätigung bekommen, das Gefühl haben, du wirst begehrt. Mehr als flirten würde ich nicht wollen, das reicht mir schon. Ich meine, wir gehen heute auch tanzen, wir Mädels, die Männer lassen wir zu Hause an solchen Abenden, das geht auch ohne Spaßbremsen. Ich mag diese Tanzbars, in denen richtig gebaggert wird, oder Schützenfeste, die finde ich toll.

Ja, ich habe im Moment Aufbruchstimmung. Das Alte muss weg, Ballast muss weg, und mit meinen Pfunden fängt es an. Es gibt verschiedene Sachen, die wir noch klarkriegen müssen, dazu gehört sicher auch Torbens berufliche Situation, ich will das nicht mehr, dass er sich bei meinem Vater abrackert, er wird ja auch nicht jünger. Wenn er da nicht ran will, muss ich das vielleicht … Ich lese ja schon immer Stellenanzeigen.

Wenn man mich so über meine Ehe reden hört, kann man denken: Ob die die Kurve kriegen? Oder sich fragen: Was verbindet die beiden eigentlich? Da ist durchaus mehr als Gewohnheit, die Kinder … Es gibt eben auch unsere gemeinsame Vergangenheit, wie alles anfing … Wir hatten uns kennengelernt, sind dann erst fünf Jahre später zusammengekommen. Ja, da fehlen vier, fünf Jahre. Ich sag jetzt mal, was ich sonst nie erzähle: Torben hatte eine Jugendstrafe. In Großstädten würden Richter heute vielleicht nicht unbedingt drüber lachen, was er gemacht hat, aber vier Jahre würde dafür heute keiner mehr kriegen. Er hatte mit einem Freund anderen Jungs Sachen abgezogen, ein paarmal, und sie haben es auch noch mal gemacht, als sie schon erwischt waren. Jugendstrafen tauchen nicht in deinen Unterlagen auf, du bist nicht vorbestraft. Wir kannten uns schon, bevor er reinging, ich wusste, dass er drin war, als er wieder rauskam.

Wenn Torben heute mal wieder richtig den Moralisten raushängen lässt, erinnere ich ihn ganz vorsichtig: »Denk mal, wie du früher drauf warst.« Dann sagt er: »Früher.« Natürlich ist das wirklich lange her, und wir haben so viel zusammen erlebt seitdem. Auch wenn ich viel zu krittteln habe: Ich weiß, ich könnte einen Arm verlieren oder ein Bein verlieren, Torben würde immer zu mir halten. Ich hab ihm schon mal gesagt: »Hast du nicht manchmal gedacht: Lass die verrückte Alte links liegen?« Da hat er gesagt: »Nö, wieso? Ich hab dich doch lieb.« *

* Nach Redaktionsschluss berichtete Katja: »Torben hat seine alte Arbeitsstelle gekündigt und fängt im nächsten Monat in einer Computerfirma an!«

Katja hatte Torben die Stellenanzeige am Frühstückstisch gezeigt, und er schrieb sofort eine Bewerbung. Beide überlegen im Moment gemeinsam, ob Katja im nächsten Jahr eine Ausbildung als Ergotherapeutin anfangen kann. Katjas Waage zeigt übrigens schon wieder fünf Kilo weniger …

219

Maren, 44,
Hausfrau/Krankengymnastin, 8 Jahre verheiratet,
3 Kinder aus 2 Ehen

Ich will keine grünen Jungs mehr

Was für einen Ehemann hätten Sie denn gern? Modell Macho light, Softie oder Bauernsohn mit Lebemannallüren? Marens Erlebnisse im Ehe-Dschungel böten Stoff für eine turbulente Vorabendserie, mittendrin die Mutter dreier Kinder, die in ihrem Alltag zwischen Haus und Krankengymnastikpraxis den Exehemann, den Nochehemann und einen Heiratsmuffel jongliert und sich gleichzeitig der Avancen anderer verheirateter Männer erwehrt. Gefährlich werden könnte Maren nur: *ein richtiger Mann.*

Heute Morgen war ich eigentlich zum Single-Brunch verabredet. Eine Bekannte hatte die Idee, und ich wollte mit. Sie hat dann aber angerufen, sie hätte Kopfschmerzen. Schade – ich gehe schon ganz gern gezielt gucken. Denn eigentlich bin ich so eine Art Single. Ich sage immer: Ich habe einen Exmann, einen Nochmann, einen Freund und drei Kinder.

Das Wichtigste sind die Kinder: Jennifer ist einundzwanzig und aus meiner ersten Ehe mit Dirk, Dirk und ich feiern demnächst zehn Jahre Scheidungsjubiläum. Hanna und Sophie sind sieben und vier Jahre alt und aus meiner aktuellen Ehe mit Ulrich. Die Ehe mit Ulrich ist etwas Besonderes: Als Paar haben wir uns vor drei Jahren separiert, aber wir sind weiter gemeinsam Eltern. Für seinen Arbeitgeber ist es auch besser, wenn alles bleibt, wie es scheint: Ulrich ist Lehrer an einer katholischen Schule. Für die Kollegen muss alles normal wirken: Ulrich ist verheiratet, er hat zwei gelungene Kinder, ein Haus … Keiner soll wissen, dass Ulrich in Wirklichkeit hier ausgezogen ist. Er bewohnt jetzt seit einem halben Jahr ein möbliertes Zimmer im Univiertel, in einer Wohnung mit einem anderen Mann um die fünfzig, der wochentags in der Stadt arbeitet und das Wochenende auf dem Land verbringt, das ist doch ziemlich ideal. Würde jemand, der Ulrich kennt, ihn in dieses Haus gehen sehen, vielleicht sogar öfter, würde er vielleicht argwöhnisch fragen: »Was machen Sie denn da immer?« Dann hat Uli da eben ein separates Arbeitszimmer, in der Nähe der Bibliotheken. Völlig logisch, weil es hier zu Hause mit den Kindern doch immer sehr turbulent ist. Für einen katholischen Lehrer ist das schon recht ungewöhnlich, wie er lebt.

Komisch, als ich Ulrich kennenlernte vor acht Jahren, waren da durchaus Alarmsignale, die alle *ding-ding-ding-ding* machten. Ich habe das einfach ignoriert. Ich spürte aber sehr wohl: Hier übernimmst du Verantwortung. Verantwortung für ein Leben, das sich durch dich ändert.

Mein erster Mann, Dirk, war Offizier. Nicht so ein oberzackiger, nein, wenn man die Bundeswehrsoldaten in drei Kategorien einteilen würde: Machos, Mittelprächtige und Softies, dann wäre er wohl ein Softie. Ulrich – das war etwas ganz anderes. Er hat bei der Arbeit nicht mit nassforschen Jungs in Knobelbechern zu tun, sondern mit Kindern! Als ich Ulrich das erste Mal sah, kam seine Klasse gerade aus dem Schulzimmer gestürmt, er wuschelte einem kleinen blonden Jungen so über den Kopf – ich fand das süß. Das war mein erster Eindruck von ihm. Dann unser erstes Gespräch: was für ein sensibler, zarter, feiner, offener Mann. Und bestimmt ein toller Lehrer. Bei ihm sollte meine Tochter Jennifer künftig Deutsch haben. Er war mir obersympathisch.

Ich hatte für Jenny eine neue Schule suchen müssen, weil sie in Deutsch und Mathe nicht auf einen grünen Zweig kam, was aber daran lag, dass die Lehrerinnen ihre Klasse nicht in den Griff kriegten. Ich war zwar nicht in der Kirche, aber mir gefiel es, wie gut die katholische Schule zu erreichen war, weil sie günstig liegt, und außerdem eilte ihr der Ruf voraus, man kümmere sich sehr um die Kinder.

Nur zu, sollte sich der neue Lehrer doch gern kümmern – am besten auch um die Mutter. Ich habe mich natürlich bemüht, die Schule, das Schulleben kennenzulernen. Ich habe Klassengottesdienste mitorganisiert, ich ging zum Familiengottesdienst. Ich lernte alles kennen. Auch Ulrich.

Ich hab ihn verführt, den katholischen Lehrer. Also nicht sexuell verführt, das nur am Rande – er hatte vorher keine Beziehungen zu Frauen, ich war wirklich seine erste Frau. Man kann sich das ja eigentlich gar nicht vorstellen bei einem Mann, der bald vierzig wird, aber es war so. Das war schon irgendwie seltsam, aber auch schmeichelhaft, als wenn er sich aufgespart hätte. Er musste doch nicht im Zölibat leben, er ist schließlich kein Priester.

Trotzdem habe ich ihn in anderer Hinsicht viel stärker verführt: zum Leben. Ich war geschieden, und er wusste das. Er wusste, worauf er sich einlässt, dass es Probleme geben musste, wenn wir kirchlich heiraten wollten, denn für die katholische Kirche war ich natürlich trotz meiner Scheidung zwei Jahre zuvor weiter mit Dirk verheiratet – wir hatten uns bei der Erstkommunion unserer Tochter katholisch verehelicht.

Anfangs haben Ulrich und ich unsere Beziehung geheim gehalten. Ein halbes Jahr ist uns das gelungen. Dann kam uns beim Spaziergang in einem Park, der nun nicht unmittelbar in der Nähe lag, eine Sportlehrerin aus Ulrichs Schule entgegen, wir beide liefen Hand in Hand. Wir waren gar nicht sicher, ob sie uns wirklich erkannt hatte, aber Ulrich hat dann sicherheitshalber mit der Schulleitung geredet – da konnte man schon Hochzeitsglocken läuten hören.

Die erste Zeit unserer Beziehung war im Grunde wirklich schön. Ich genoss das stundenlange Spazierengehen mit Ulrich, die Gespräche, im wahrsten Sinne des Wortes über Gott und die Welt, oft haben wir mit Jenny lange Spielenachmittage gemacht.

Ulrich überlegte damals, ob er ein Sabbatjahr machen sollte, versuchen, ein Jahr mit der Schule auszusetzen, um nach Lateinamerika zu gehen. Er überlegte so hin und her und her und hin – ich habe an der Klärung gearbeitet, hab alle Informationen zusammengetragen, mich schlaugemacht: Was kann man da überhaupt so machen? Ich habe auch überlegt, ob ich nicht mitgehen kann, mit Jennifer. Nach einem Vierteljahr stand dann fest: Wir können nicht, es wäre mit Jennys Schule zu kompliziert gewesen. Für ihn war deswegen aber noch lange nicht klar, dass er auch nicht geht. Er hat das Für und Wider ganz offen mit mir beredet – das hat mich durchaus verletzt. Er überlegt, ob er gehen soll – – – und ich kann nicht mit???

Ulrich hat mir lange Briefe geschrieben, er ist ein Vier-undzwanzig-Seiten-Brief-Schreiber, das Ganze sehr religiös. Er hat dann entschieden: Er bleibt hier. Oder hab ich das entschieden? Ich denke, das war eine Entscheidung, die ich gefällt habe. Ich habe dann auch das Haus hier ge-sucht, gefunden und gemietet – weder in seiner noch in meiner Wohnung hätten wir zu dritt Platz gehabt, und wir wollten ja auch noch gemeinsame Kinder. Ich fand ihn als Papa ideal. Wir haben geheiratet. Standesamtlich. Kirch-lich ging ja nicht.

Ulrich war ein erwachsener Mann, aber so was wie ei-ne erwachsene Reife hat er nicht gehabt. Das ist in meiner Schwangerschaft so richtig deutlich geworden: Je dicker mein Bauch wurde, desto weniger alltagstauglich wurde mein Mann.

Zum Beispiel einmal: Da hat er ein Toastbrot wegge-schmissen. Hatte ich eingefroren. Er hat es aus der Tief-kühlung rausgeholt, gesehen, dass das Haltbarkeitsdatum abgelaufen war … Aber um den Toast auch später noch essen zu können, hatte ich ihn doch eingefroren! Hallo? So was macht mich wahnsinnig.

Er wusste wirklich nie, was er tun, mir abnehmen, hel-fen sollte. Ich habe langsam begriffen: Dieser Mann ist richtig hilflos. Er fährt dann auch so richtig die Mitleidsschiene: »Ich kann nicht«, und »Ich weiß ja gar nicht«, und überhaupt. So ist es geblieben.

Vier Jahre nach unserer ersten Tochter, Hanna, wurde unsere zweite Tochter, Sophie, geboren. Noch vor ihrem ersten Geburtstag bin ich regelrecht zusammengebrochen. Ich konnte einfach nicht mehr. Ich hatte immer alles geklärt, die Fragen: Wo bleibt Hanna, wenn ich sie zu einem Termin nicht mitnehmen kann? Kriegen wir einen Kindergartenplatz? Wo ist eine Krabbelgruppe für Sophie? Wie kommt Jenny vom Gitarrespielen zum Handball und von dort zu ihrer Schulfreundin zum Übernachten? Dazu unsere Finanzen, die Urlaubsplanung und überhaupt.

Irgendwann hat Ulrich mal gesagt: »Immer geht alles nach dir.« Das muss man sich mal auf der Zunge zergehen lassen. Immer – geht – alles – nach – dir. Ich mache alles, ja, aber warum wohl??? So ähnlich hab ich das auch gesagt: »Wenn es *nicht* nach mir ginge, stünde dann jetzt Essen auf dem Tisch?« Er hat gesagt: »Ich verdiene schließlich das Geld.«

Ich habe dieses Gespräch meiner Mutter erzählt, sie hat gesagt: »Irgendwie hat er ja recht.« Was? Wie bitte? Hat man schon mal gehört, dass man Geldscheine essen kann? Wer plant denn, was auf den Tisch kommt, kauft alles ein, füllt den Kühlschrank, kocht …

Ich kann vor einem Mann nicht nur Achtung haben, weil er ein Mann ist. Ich bin mit meinen Schwestern bei unserer Mutter aufgewachsen, wir hatten keinen Patriarchen zu Hause, ich bin so einen nicht gewöhnt. Der erste Patriarch, den ich so richtig miterlebt hab, war mein erster Schwiegervater. Das reichte.

Meine Mutter, meine Tante, die finden: »Ihr habt's gut, *eure* Männer machen doch alles, die schieben die Kinderwagen, die wickeln die Kinder.« Klar, ihre Männer haben gar nichts gemacht. Aber unsere machen das eben *mal*, oder auf *Anweisung*, das sieht dann natürlich für Außenstehende so aus, als wenn sie immer ...

Ulrich und ich sind dann zusammen zur Eheberatung gegangen – keine katholische. Da saßen wir beide, zwei gemeinsame Kinder, ich völlig k. o. Er hockte auf dem Sofa, als hätte ich ihn hingeprügelt, völlig zusammengesunken. Ich habe geredet: »Mir geht es so und so ...« Ich wollte etwas verändern, an der Beziehung arbeiten. Von ihm kam gar nichts. Kein: »Ich hätte gern das und das geklärt«, oder »Wir sollten mal über dieses oder über jenes reden«, nichts.

Man muss dazu sagen: Mein Mann ist so erzogen worden. Er muss immer geben, er muss teilen, er darf für sich nichts beanspruchen. Er ist mit drei Geschwistern aufgewachsen, er war der Älteste, und er musste auch immer der Große, der Vernünftige sein. Das Lieblingskind war er nicht, nur immer der Vernünftige.

Ulrich hatte in der ganzen Zeit, in der wir uns kennen, keine Freunde, keine Beziehungen zu Arbeitskollegen. Viele denken vielleicht, ich halte ihn zurück, aber er ist der Typ, der gern allein ist. Er fühlt sich auch nicht einsam, wenn er allein ist.

Ich wurde für Ulrich Mama-Ersatz. Er war durch mich gut versorgt. Ich habe die letzten drei Jahre gebraucht, um das so richtig zu begreifen. Ich musste erst mal merken: Ich bin nicht das Problem. Sondern er.

Vor drei Jahren haben wir gesagt: Schluss mit uns als Paar, wir bleiben aber gemeinsam für die Kinder da. Ulrich ist nach dieser Entscheidung in die Wohnung gezogen, die ich für Jenny angemietet hatte, das war gleich auf der anderen Straßenseite, wirklich sehr praktisch. Sie zog aus, er ein, Möbel waren drin, aber er brauchte dort ja Sachen für Hanna und Sophie: Trinkbecher, Steckdosenschutz, kleine Stühle – wer hat das alles besorgt? Ich.

Das war im Frühjahr. Im Herbst lernte ich Sven kennen, einen sportlichen, unternehmungslustigen, blonden Softwareentwickler, ohne Kinder. Es war natürlich wie immer am Anfang: Beide zeigen ihre Schokoladenseite, ich entdeckte ihm zuliebe, dass Motorradtouren wirklich Spaß machen, er kam mit mir ins römische Dampfbad und konnte das genießen. Den Sex hinterher genossen wir beide, das war einfach richtig gut.

Ich hatte eine Weile die Hoffnung, es geht, dass Sven und ich zusammenziehen, ich hätte ja nichts gegen einen neuen Partner in meinem Leben gehabt. Aber ich bin eben keine dreißig mehr, sondern über vierzig, ich weiß mittlerweile, wo meine Prioritäten liegen. Sven ist drei Jahre jünger als ich, aber er hat keine Kinder. Vielleicht verhält er sich deshalb so, als wenn er selbst noch eins wäre?

Einmal sollte Sven am Samstag um 18 Uhr einen Auto-Kaufvertrag unterschreiben. Ich wusste das – ich hatte das Auto für ihn in der Zeitung gefunden. Nachmittags um halb zwei rufe ich Sven an. Ich wollte bei Ikea eine ziemlich große Kommode kaufen. Ich brauche lange, bis ich jemanden um etwas bitte, Sven könnte das wissen. Ich frage ihn also, ob er schon Pläne für den Nachmittag hat –

er sagt: »Nein.« Ich sage: »Ich habe eine Bitte: Fährst du mit mir zu Ikea, eine Kommode holen?« Er sagt: »Ach nein, ich habe doch schon etwas anderes vor. Wir können uns aber abends treffen, wenn du willst, zum Essen.« Ich war sauer, ich habe aufgelegt.

Da bitte ich ihn mal um etwas … Ich habe mir die Kinder geschnappt, sie haben gesagt, sie gehen bei Ikea in den Hort, da waren sie noch nie, sie waren auch neugierig. Ich gebe also die Kleine ab, Jenny geht mit mir, Kommode holen, durch den Laden schieben, es war voll. An der Kasse waren Schlangen, für zwei Stunden warten. Ich hab zu Jenny gesagt: »Komm, wir lassen den Wagen stehen, ich komme ein andermal allein wieder, wir holen die Kleinen.« Am Hort auch eine Schlange. »Die Mutter von Sophie wird gebeten …« Ich hab sofort gewunken: »Hier, hier, ich bin schon hier.« Beide Kinder heulten, Sophie hat gesagt: »Ich will zu Papa.« Das hatte sie noch nie gesagt, beide Kinder waren völlig aufgelöst. Ich dachte: Jetzt bloß nach Hause. Wir sind schnell raus – und Jenny klemmt sich die Finger in einer der Ausgangstüren. Es blutete, ich konnte gar nicht sehen, ob die Fingerkuppe noch dran ist. Ruhig, ruhig, ruhig, hab ich mir gesagt, hab die Kinder zu den Sofas bugsiert, auf den Boden gesetzt, zu Jenny gesagt. »Finger hochhalten.« Mitarbeiter kamen, holten ihre Sanitäter, es gab einen Verband. Ich bin trotzdem mit ihr noch ins Krankenhaus zur Handchirurgie, die Kuppe war noch dran, neuer Verband.

Auf dem Rückweg, im Auto, ruft Sven an: »Wo steckst du denn?« Ich sage: »Wir waren gerade im Krankenhaus mit Jenny, sie hat sich die Hand verletzt.« Er: »Dann sehen wir uns heute Abend?« Ich habe wütend aufgelegt, aber er stand abends vor der Tür: »Ich habe gedacht, wir gehen essen?« Ich hab gesagt: »Hör mal, ich habe dich um Hilfe gebeten, du weißt, ich tue das selten. Ich hätte dich heute Nachmittag gebraucht, und dass ich abends nicht kann, habe ich auch gesagt.« Er ist am Samstag abgezogen.

In der Woche hatte Sophie Geburtstag, Sven hatte gefragt, was sie sich wünscht, ich hatte ihm gesagt: die und die Puppe. Ich hatte sie sogar für ihn bestellt und verpackt, er wollte das Geschenk am Geburtstag übergeben. Er kam dann, als die anderen Kinder schon alle weg waren. Ein Kindergeburtstag für eine Fünfjährige, da bist du k. o. am Abend. Er hat gefragt: »Kann ich dir irgendwas helfen?« Ehrlich: Da fragst du doch nicht, da stapelst du die Tellerchen, die Becherchen, trägst sie in die Küche. Er zog wiederum ab, das war an einem Mittwoch.

In der Woche drauf hab ich ihn angerufen, wir haben geredet, da kam er wieder mit seinem: »Stopstopstop, wann sehen wir uns?« Schon dieses Stopstopstop kann ich ja gar nicht leiden. Er hat gefragt: »Warst du schon mal beim Bingo?« Hä? Bingo? Ich hatte gerade einen Bericht im Fernsehen gesehen, lauter Alte beim Bingospielen. Ich sah mich schon in einem Saal mit Sven und hundertzwanzig Senioren. Ich hab gesagt: »Bingo, ja, wo wir schon keinen Sex mehr haben, können wir Bingo spielen.« Ich wollte schon den Hörer aufknallen, da fiel mir noch ein: »Guck's dir im Fernsehen an, wenn du es so interessant findest.«

Es zeichnete sich mehr als ab: Sven will den Alltag mit Familie nicht, er könnte das gar nicht. Mit Ulrich hatte sich in der Zwischenzeit rausgestellt: Dieses Hin und Her über die Straße ist anstrengend. Wir beschlossen: Er zieht hier wieder ein, und wir leben als Eltern-WG, als Wohngemeinschaft zusammen. So hatte ich jetzt also einen WG-Partner, mit dem ich verheiratet war, und einen Freund mit eigener Wohnung. Beide bestachen weiter durch Hilflosigkeit.

Ulrich hat sehr merkwürdige Sachen gemacht, auch mit den Kindern. Wenn ich weg war und sie ihn gefragt haben, ob sie fernsehen dürfen, hat er gesagt: »Mama hat gesagt, ihr dürft nicht fernsehen.« Irgendwann hab ich das gemerkt und gesagt: »Pass mal auf, das Spiel kann ich besser als du.« Er möchte immer der liebe Papa sein, er will nicht unbequem sein, er kann keine Entscheidungen treffen. Er ist Lehrer, mit Klassenlehrerfunktion!

Mit Sven war ich einmal zu einer Buchlesung, *Simplify your Love*. Die Liebe vereinfachen – ich hatte gedacht: Da bestellst du mal drei Karten, deine Mutter kommt bestimmt mit, Sven ja vielleicht auch. Ich hab ihm davon erzählt, er sagt: »Kann ich mir das kurzfristig überlegen?« Ich sag: »Nein.« Er: »Ja, nee, dann will ich nicht.«

Schließlich war es dann so wie immer, er kommt doch wieder an: »Kann man da noch mit?« Ich hatte die Karten ja bestellt, das ging. Wir waren zu dritt in der Buchhandlung. Lesung, am Ende konnte man Fragen an den Autor Küstenmacher stellen. Er hatte alles vorgetragen, wie das mit der Liebe losgeht, dass irgendwann die Frage kommt: Gehen wir vor den Traualtar, kriegen wir Kinder? Und wie ist das dann in der Ehe, was verändert sich?

Eine Frau fragte: »Was ist denn, wenn man zusammen ist, sie heiraten will und er immer sagt, er sei noch nicht so weit?« Küstenmacher hat gelacht und etwas gesagt wie:

Ha, ha, manche sind nie so weit. Wenn *Sie* heiraten wollen, bleibt Ihnen nur: ein Ultimatum stellen.

Ein paar Tage später sprachen Sven und ich noch mal über die Lesung, über die Kinder-Frage, ja oder nein, er sagt so: »Da musst du mir wohl auch irgendwann ein Ultimatum stellen.« Ich sage: »Nein.« Er *weiß*, dass ich drei Kinder habe. Was er *nicht* weiß, weil sich die Kinderfrage für uns nicht gestellt hatte: Ich bin sterilisiert, ich kriege bestimmt keine Kinder mehr, höchstens mit ganz großem Aufwand.

Seine Vorstellungen sind nicht deckungsgleich mit meinen. Er hält sich für einen Lebemann, ja, er hat mal zu mir gesagt: »Ich bin ein Lebemann.« Hallo? Ein an frische Landluft gewöhnter Viehzüchtersohn aus Hintermmonde? Der jetzt in der Stadt wohnt, täglich zur gleichen Zeit aufsteht, zur Arbeit am Schreibtisch fährt, zur gleichen Zeit wieder zurück, an der Tankstelle vorbei, zwei Dosen Bier mitnehmen, vorn Fernseher?

Vor einem halben Jahr sah ich plötzlich glasklar: Sven will keine Bindung. Und ich will sie auch nicht. Weil ich das jetzt wusste, hielt ich es auch mit Ulrich nicht mehr aus unter einem Dach. Mir konnte es nicht schnell genug gehen mit der Zimmersuche für ihn. Wenn ich etwas klar hab: Ab jetzt ist das so und so, dann muss ich was tun, dann muss ich handeln. Sofort. Seit zwei Monaten arbeite ich auch wieder als Krankengymnastin, das heißt richtiger: Bin ich wieder Geld verdienend erwerbstätig, denn natürlich arbeitest du als Mutter zu Hause genug.

Ulrich hab ich von Anfang an gesagt: »Wenn ich wieder arbeite und die Kinder krank sind, dann bleibst du zu

Hause.« Ich hatte schließlich drei Monate Probezeit, er ist so eine Art Beamter. Es ist aber nicht so, dass er Kindertage nehmen kann, wenn die Kinder krank sind, er kann dann Sonderurlaub beantragen, aber auch nur ein paar Tage im Jahr. Ich habe eine klare Ansage gemacht, er hat auch reagiert, erst mit: »Aber das kann ich doch nicht, da muss ich erst mit der Schulleitung reden.« Meine Ansage war aber ganz klar: »Nein, du machst das dann – was tun denn deine Kolleginnen, wenn ihre Kinder krank sind: Die bleiben zu Hause. Na also.«

Mit Sven habe ich vor einem halben Jahr richtig Schluss gemacht, nach herkömmlichem Sprachgebrauch ist er also jetzt mein Exfreund. Wir treffen uns aber noch, ich schlafe noch mit ihm, aber: nicht mit Zukunft, ich habe keine Zukunftspläne mehr mit ihm. Gestern waren wir zusammen im Kino, hinterher saß er noch fünf Minuten mit hier im Wohnzimmer auf dem Familiensofa, ich habe gesagt: »Du, sei mir nicht böse, aber ich bin kaputt, ich möchte schlafen gehen.« Da hat er das Haus verlassen.

Ich brauche nicht unbedingt einen Mann im Haus. Was ich auch gar nicht will: meine Kinder mit wechselndem Vaterersatz konfrontieren. Ich weiß aus eigener Erfahrung, wie das ist: Du hast dich als Kind an den neuen Partner deiner Mutter gewöhnt, er gehört zur Familie – dann geht er, weil sich die Erwachsenen nicht mehr verstehen. Das ist ein Verlusterlebnis, das Vertrauen schwindet – dem möchte ich meine Kinder nicht aussetzen.

Neulich meinte Sven, mich mitnehmen zu wollen zu seinem Firmenbowling. Ich kenne ein paar Leute aus der Firma, aber nur vom Guten-Tag-Sagen. Sven und ich sind zusammen zum Bowlen hin, Meldung, Startgeld – dann machte er sich dünne. Er war nicht mehr zu sehen. Ich war wütend, hätte heulen können. Dann dachte ich a) du bleibst, du bist ja schon groß, b) du hast das Startgeld bezahlt, c) nun bist du schon mal hier, und du bowlst doch gerne.

Die meisten Paare waren so auf die Gruppen verteilt, dass sie auf Bahnen nebeneinander spielten. Sven und ich nicht, von *uns* wusste ja keiner, wir sind eben in dem Sinne kein *richtiges Paar*. Ich hatte Spaß mit meiner Gruppe, ja. Später hat er mir erzählt, dass er mich die ganze Zeit im Blick hatte, von wegen: Wie ist sie drauf, mit wem redet sie, wie wirft sie …

Ich bin da angesprochen worden … Da war ein Mann, den hatte ich gesehen, wir hatten Augenkontakt, richtig lange, ich dachte: Da ich ja sozusagen allein bin … Ich habe kurz mit diesem Mann gesprochen, er fragte: »Wie haben Sie geworfen, in welcher Abteilung sind Sie denn?« Ich habe gesagt: »Ich bin extern.«

Nach dem Bowlen war Essen, richtig an Tischen, ich saß mit meiner Gruppe, Sven drängelte sich dazu. Ich dachte: Der nette Typ? Wo ist der jetzt? Er war weg.

Ich hatte mir ja schon die ganze Zeit selbst was zu trinken geholt, ich dachte also: Gehste mal, vielleicht triffst du *ihn* … Er hat mich dann tatsächlich von hinten angesprochen, wir haben noch ein bisschen geredet – ohne Telefonnummern getauscht zu haben, gingen wir auseinander.

Er arbeitet in der Abteilung Produktentwicklung, so viel wusste ich, mir fiel einer ein, den ich in der Abteilung kenne, Arne. Arne hat mir den Namen des großen Unbekannten gesagt: Pascal. Dann noch so ein schicker Nachname, hugenottisch. Ich habe ihn gegoogelt und sogar ein Foto von ihm gefunden. Als ich das meiner Freundin Claudia zeigte, meinte die: »Boa, der sieht ja klasse aus.« Ich hab gesagt: »Claudia, ich kenne ja nicht nur kleine Dicke.«

Das hab ich auch Sven erzählt – er ist ja nun wirklich nicht klein, aber eben auch nicht groß, einen Bauch hat er durchaus, der hängt schon richtig über den Gürtel. Ich hätte gern einen Mann, der richtig größer ist als ich. Als ich Sven andeutete, dass da einer an mir interessiert sei, hat er sich beklagt: »Das geht aber schnell bei dir.« Ich meinte nur: »Du hast mich ja beim Bowling links liegen lassen.« In der Woche darauf hat Pascal mich angerufen – Arne hatte ihm meine Handynummer gegeben. Wir haben uns getroffen, dreimal hintereinander in ganz kurzer Zeit.

Pascal ist so ein Mann, mit dem ich sofort klar wäre. Er ist kein Familientyp, er ist vier, fünf Abende die Woche nicht zu Hause. Wir haben dreimal geknutscht, so richtig geknutscht. Ich habe drüber nachgedacht. Was wäre, wenn? – – – Er ist verheiratet, hat ein Kind.

Ich hätte gern einen Partner, den ich liebe, den ich achte, zu dem ich Vertrauen haben kann und mit dem ich mit den Kindern zusammenleben kann. Ich dachte: Das geht nicht mit Ulrich – die Kinder lieben ihn zwar, aber er und ich – nein. Das geht nicht mit Sven … Und das geht nicht mit Pascal – der hat schon eine Familie. Aber vielleicht geht es mit einem ganz anderen – den Deckel such ich noch. Insofern handhabe ich das jetzt so, dass ich kein Verhältnis mit einem verheirateten Mann anfange, mit meinem Ehemann verheiratet bleibe – und für den Sex hab ich Sven, ja. Und den Sex gibt es, wann ich will.

Ein lieber Freund von mir hat gesagt: »Es gibt nicht den einen Menschen, der dir alle Bedürfnisse befriedigt.« Ich war eben davon ausgegangen: In einer Partnerschaft werden alle meine Bedürfnisse befriedigt. Mein Freund meint: »Nee.« Stimmt ja auch: Zu Lesungen gehe ich meist mit meiner Mutter, in die Disko mit einer Freundin. Für kulturelle Sachen habe ich andere Freunde, neulich war ich mit Arne zum Squash. Arne fängt jetzt lustigerweise auch an zu baggern, wo er merkt: Die ist wohl frei. Der würde hier glatt aus dem Stand mit einziehen.

Ich würd's mir schwer überlegen, hier wieder einen Mann einziehen zu lassen. Gestern denk ich so: Wo sind die Kartoffeln? Ich hatte sie aus dem Keller mit hochgebracht und schon mal in die Küche gelegt, auf den Boden, direkt neben die Tür, ich wollte sie noch abwaschen, es war Erde dran. Das waren schöne, junge, kleine Kartoffeln, mit dünner Schale, die du mitessen kannst, ich hatte sie extra mitgenommen, weil ich dachte: Die sind gut zu Spargel. Gestern guck ich also: Wo sind die Kartoffeln hin? Ulrich war nachmittags hier gewesen. Ich habe Ulrich angerufen und gefragt: »Hast du die Kartoffeln gesehen?« Er sagt: »Die hab ich weggeschmissen.« »Wieso das denn?« »Ich hab gedacht, die sollen weg.« Er hat was gedacht! Frische Kartoffeln in die Mülltonne. Das merkt man doch! Ich habe gesagt: »Komm ganz schnell her und sieh zu, dass die Kartoffeln wieder in der Küche liegen.« Ulrich kam dann tatsächlich. Leidendes Gesicht, runtergezogene Mundwinkel. Ich dachte: Mein Nochmann ist das arme Jesulein, das das Holzkreuz trägt. Wenn ich ihn angucke, sehe ich das Kreuz geradezu, er hat schon einen richtig krummen Rücken von dieser schweren Last. *Ich* möchte seine Bürde aber definitiv nicht mehr mitschleppen müssen.

Was mir vor zwei Tagen aufging: Ich hab die Nase so voll von diesen vierzigjährigen grünen Jungs, die noch nicht trocken sind hinter den Ohren. Einerseits. Aber welche Sorte Mann würde denn überhaupt zu mir passen?

Abends war ich mit dem Auto unterwegs, musste an der roten Ampel anhalten. Da stand ein Mann, unsere Blicke trafen sich. Ich dachte: Wu-ah, das ist ein richtiger Mann. Der hat mir Angst gemacht! Ich denke, ich muss jetzt erst mal ergründen, warum das so ist.

Gabi, 42,
Bürokauffrau, 16 Jahre verheiratet, 2 Kinder

Mein Mann mag Männer

Für viele Frauen wäre es die Katastrophe: Der eigene Ehemann – schwul. Die meisten wären sofort beim Scheidungsanwalt. Gabi machte Christophs Offenbarung zwar nicht glücklich, aber sie geht damit gelassen um. Immerhin hat sie endlich eine Erklärung dafür, warum sie beim Sex in ihrer Ehe jahrelang darbte. Und wie stark ihre Gefühle für Christoph wirklich sind, kam ans Licht, als er kurz nach dem Coming-out seinen Arbeitsplatz verlor.

Wenn ich mit meinem Mann am Strand war, im Restaurant oder in der Stadt unterwegs, dann hat er nie nach anderen Frauen geguckt. An einem Abend waren wir mal essen, mir fiel auf, wie Christoph immer haarscharf an mir vorbeiblickte. Als ich mich umdrehte, sah ich an einem Tisch eine Gruppe junger Männer. Das war, als wir vielleicht zehn, elf Jahre verheiratet waren, ich wäre damals nicht auf die Idee gekommen, dass an Christophs Verhalten irgendwas merkwürdig sein könnte. Vor zwei Jahren hat er mir dann gesagt: »Gabi, ich glaube, ich bin schwul.«

Damit ist er nicht ganz freiwillig rausgerückt, ich habe ihm eine Brücke gebaut. Mir war aufgefallen, dass er plötzlich häufiger als früher Überstunden machte, meistens kurzfristig, das war fünf-, sechsmal vorgekommen, wenn er danach zu Hause aufschlug, wirkte er immer besonders aufgeräumt und entspannt. Ich war mir ziemlich sicher, dass keine andere Frau im Spiel sein konnte, aber ein klitzekleiner Zweifel blieb doch. Es ließ mir keine Ruhe. Wenn ich meinen Mann nach diesen Überstunden fragte, was denn angefallen sei, sagte er: »Das Übliche halt.«

Irgendwann hab ich mich spontan auf den Weg zu seiner Arbeitsstelle gemacht, als er eine SMS geschickt hatte mit einem kurzen »Wird heute später«. Ich wusste, wo sein Golf auf dem Firmenparkplatz steht, ich habe also in meinem Auto ein Stückchen weiter längs angehalten und sein Auto ins Visier genommen. Christoph kam tatsächlich bald, stieg ein, fuhr los, ich habe mich mit meinem Fiat rangehängt. Die Fahrt war schneller zu Ende, als ich dachte – wir fuhren auf einen großen Parkplatz, mein Mann stellte sich auf die reservierte Fläche vor einem Fitnesscenter. Ich fand das ja sehr merkwürdig, aber Christoph schnappte sich tatsächlich eine Sporttasche aus dem Kofferraum und verschwand im Eingang dieses Sportclubs.

Wenn eine Frau schon nicht infrage kam – Sport doch wohl auch nicht, Christoph setzte sich höchstens ab und zu mal aufs Fahrrad. Und warum sollte er verheimlichen, dass er ins Fitnessstudio ging? Ich wusste ehrlich gesagt nicht, was ich mit meiner Beobachtung anfangen sollte. Als er nach Hause kam, wirkte er frisch geduscht, aber ich habe nichts gesagt.

Mit einer Kollegin in der Firma bin ich auch befreundet, ihr hab ich am nächsten Tag in der Kantine erzählt, was ich gesehen hatte, Beate hat sich noch lustig gemacht: »Also, entweder poppt er da mit dem Bauch-Beine-Po-Trainer – oder er will dich mit 'nem Waschbrettbauch überraschen.« Was sie gesagt hatte, arbeitete in mir: Wieso kam sie auf *Trainer*, warum hatte sie nicht *Trainerin* gesagt, solche Gymnastik wird doch für gewöhnlich von Frauen für Frauen angeboten?

Ich hatte nicht vor, meinem Mann richtig hinterherzuschnüffeln, ich hab ihn also abends, als die Kinder im Bett waren und wir allein auf dem Sofa saßen, gefragt: »Sag mal, deine Überstunden – sind die so schweißtreibend, dass du danach duschen musst?« Da hat er gesagt, er habe sich gerade die zweite Zehnerkarte fürs Fitness-Studio gekauft. Christoph druckste ziemlich herum, dann sagte er: »Gabi, du weißt es doch sowieso schon lange: Ich interessiere mich eben für Männer.« Gar nichts wusste ich, jedenfalls nicht wirklich. Ich wusste nur: Unsere Sexualität ließ sehr zu wünschen übrig, eigentlich seit Jahren, und meine Versuche, sie zu beleben, waren immer an ihm gescheitert. Und was sollte das jetzt heißen: Ich interessiere mich für Männer. Das wurde ein langer Abend. Es gab da keinen konkreten Mann im Studio, Christoph wollte einfach nur *ungestört Männer ansehen* können – selbst ein bisschen den Rücken trainieren und gucken, wie die anderen im Muskelshirt Gewichte stemmen. Christoph stand auf und kramte eine einschlägige Zeitschrift aus einem Regal: lauter knackige, junge Männer, die sich, absurd leicht bekleidet, an Trainingsgeräten zu schaffen machten. Er hat mir dann gesagt, dass er noch nie wirklich etwas mit einem Mann hatte: »Ich habe mir das zwar schon oft vorgestellt, aber ich wüsste gar nicht, wie ich das anfangen sollte. Ich glaube, ich kann das nicht.«

Mittlerweile habe ich mit einigen anderen Frauen gesprochen, die auch mit schwulen Männern verheiratet sind oder waren, ich habe sie übers Internet kennengelernt, ich war auch eine Weile in einer Gesprächsgruppe. Für die meisten Frauen ist es der blanke Horror, wenn der Mann sich offenbart oder sie die Wahrheit herausfinden. Mein Mann – schwul, er hat einen Freund, mehrere, wechselnde Männerbekanntschaften. Da bricht für viele eine Welt zusammen. Ich habe auch nicht gerade in die Hände geklatscht, aber Christoph hatte mich wenigstens nicht hintergangen, er hatte mich nicht jahrelang betrogen oder mich sonst irgendwie getäuscht. Er hatte letztlich sich selbst getäuscht. Wir haben zwei Kinder, einen Sohn, eine Tochter, die sind heute vierzehn und sechzehn – die sind doch nicht vom Himmel gefallen. Natürlich haben wir miteinander geschlafen, das war auch am Anfang eher zärtlich und kurz als lang und leidenschaftlich, und es wurde im Laufe der Jahre immer weniger. Ich hatte schon lange etwas vermisst, ohne zu wissen, was eigentlich genau. Heute kann ich es mir erklären: Ich war für Christoph eben nicht die ideale Sexpartnerin, die begehrenswerte Frau, die seine Leidenschaft weckt. Solange es nicht ausgesprochen war, hatte ich ja immer gedacht: Man kann irgendwas machen, vielleicht entwickelt sich da noch mal was. Natürlich hatte ich versucht, meinen Mann sozusagen zu verführen, was man so macht, die ganze Palette:

tolles Essen kochen, allein zu Hause, gewagteres Kleid, hübsche Dessous. Christoph hat das auch sehr wohl wahrgenommen, aber so richtig animiert hat uns das nicht. Obwohl wir sonst wirklich immer alles lang und breit bereden, haben wir uns bei diesem Thema sehr zurückgehalten, das sehe ich heute so. Ich habe nicht insistiert, weil ich dachte: Man redet es kaputt, man kann eine aufregende Liebesnacht nicht generalstabsmäßig planen, entweder es ergibt sich, oder es ergibt sich nicht. Bei uns ergab es sich eben nicht.

Christoph und ich haben an dem besagten Abend noch lange geredet, viele Gespräche über die H-Frage folgten, in denen wir für uns klärten: Wenn er einen Mann trifft, mit dem er sich etwas vorstellen kann, soll er es versuchen, und ich – ich auch. Denn das war ja die Quintessenz von Christophs Geständnis: Eigentlich wollte er schon lange nicht mehr mit einer Frau körperlich zusammensein, er hatte das aber so nie gesagt, weil er mich nicht verletzen wollte. Ich konnte ihn irgendwie verstehen, trotzdem hat das schon auch wehgetan.

Unsere sexuelle Beziehung, die ja sowieso nur noch auf Sparflamme lief, haben wir ganz eingestellt. Christoph hat sich in den vergangenen zwei Jahren nicht ernsthaft um wirkliche Erfahrungen bemüht, er hat auch immer noch so eine Idee von einem dreißigjährigen Traumprinzen im Kopf. Und ich, ich kümmere mich in letzter Zeit verschärft um neue Dinge, die mir guttun: Ich habe angefangen, segeln zu lernen, ich habe uns endlich einen Hund aus dem Tierheim geholt, einen Collie-Mix, und ich walke mit Ralf, einem Freund, der seine Flirt-Attacken noch ver-

stärkt hat, seit er weiß: Gabis Mann ist schwul. Den sehr
guten Freunden haben wir nämlich mehr oder weniger gesagt, wie es bei uns aussieht. So reizvoll ich Ralf manchmal finde – er käme für mich nie infrage, er ist verheiratet, wir sind auch mit seiner Frau Anke befreundet. Ralf
lädt mich von Zeit zu Zeit ein, auf seinem Motorboot mit-
zufahren, ich sage dann immer: »Ralfi, so einen Ausflug
machen wir nur, wenn Anke auch mitkommt.« Ich bin
froh, dass wir es beim Flirten lassen können.

Gut einen Monat nach Christophs Coming-out passierte noch etwas in unserem Leben: Christoph hat nach
zwölf Jahren in ein und derselben Firma seinen Arbeitsplatz verloren. Er war Einkäufer im Großhandel für Un-
terhaltungselektronik. Sein Vorgesetzter hatte ihn schon
länger auf dem Kieker – was natürlich nichts mit Christophs homosexuellen Neigungen zu tun hatte, davon
wusste bei der Arbeit ja keiner. Nein, der Chef wollte ihn
loswerden, er hat so lange nach Fehlern in Christophs Arbeit gesucht, bis er was gefunden hatte. Am Tag, als Christoph die Kündigung bekam, rief er mich an: »Lass uns
heute Abend essen gehen.« Manchmal kann man sich im
Lokal ungestörter unterhalten als zu Hause, wo andauernd die Kinder rumwuseln.

Als Christoph sagte: »Die schmeißen mich raus«, wusste ich plötzlich, wo ich hingehöre. In dem Moment musste ich gar nicht nachdenken. Ich habe das sehr wohl wahrgenommen, und es hat mich kolossal gefreut. Denn es war
schon so, dass ich mich in den Wochen nach unserem ersten Gespräch immer wieder bei der Frage ertappt hatte:
Und? Wie soll es jetzt weitergehen? Können wir unsere

Ehe aufrechterhalten, unsere Familie, wie wird sich mein eigenes Liebesleben entwickeln? Es tat gut, jetzt wenigstens dieses ganz starke Bauchgefühl zu haben: Wir gehören zusammen. Christoph hat mir auch von dem Patzer erzählt, aus dem ihm jetzt ein Strick gedreht wurde, ich wäre gar nicht auf die Idee gekommen, irgendwas zu fragen, wie: »Wieso hast du so einen Fehler gemacht?«

Ich hab gesagt: »Nun bleib mal ganz ruhig.« Ich habe ihm den Rücken gestärkt: »Wir schaffen das, du unterschreibst keine Änderungskündigung, wir gehen zum Anwalt.« Natürlich war da die Frage: Wie geht es weiter? Auch und gerade finanziell.

Als Christoph nun plötzlich zu Hause saß, fiel er trotz allen Zuspruchs in ein ziemlich schwarzes Loch, was ja verständlich ist, er hat mehr oder weniger zu Hause rumgehangen, viel gelesen. An einem Abend hatten wir Besuch von einem Bekannten, Olaf. Wir haben zusammen gegessen, geredet. Und Olaf fragte dann irgendwann Christoph: »Kannst du mir vielleicht ein paar Tage helfen? Mir sind gerade zwei Leute abgesprungen.« Für Christoph kam dieses Angebot goldrichtig, es war so zu spüren, dass er lieber unter Menschen sein wollte, als zu Hause rumzusitzen, Olaf hatte das offenbar genau mitbekommen. Außerdem tat es Christoph sichtlich gut, überhaupt gefragt zu werden. Er ist gleich am nächsten Morgen in Olafs Büro angetreten – es ging darum, alle möglichen Kurierfahrten, mit dem Fahrrad, mit dem Auto, zum Teil auch Transporte und Umzüge zu organisieren, viele Touren ist Christoph auch selbst gefahren. Wer hätte gedacht, dass ihm das so viel Spaß machen würde – er kam abends ganz aufgedreht nach Hause, hat von den Kollegen erzählt. Natürlich war das ganz etwas anderes als die Arbeit vorher, da hatte er eine Position, war verantwortlich für Mitarbeiter und ein großes Budget, im Kurierbüro ging es dagegen geradezu verrückt und unkonventionell zu. Ich hab mich gefreut, dass Christoph so aufblühte.

Nach einem Vierteljahr kam er dann eines Abends und sagte: »Du, würdest du es schlimm finden, wenn ich mich nicht mehr für so etwas bewerbe wie das, was ich früher gemacht habe?« Er hatte mit Olaf schon alles besprochen, es war absehbar, dass ihm seine alte Firma eine Abfindung zahlen würde, dieses Geld wollte Christoph einsetzen, um sich selbstständig zu machen, er wollte auch einen Kurierdienst aufmachen, Kurierfahrten, Lieferdienste, zwei Wagen vorerst, für ihn und Pauschalkräfte. Im ersten Moment denkst du natürlich: Wie soll das gehen? Dein Mann, der immer so seriös und geregelt fest angestellt gearbeitet hat, morgens um 8 Uhr 30 anfing, um 17 Uhr Schluss, wenn's irgend ging, jetzt als fliegender Kurier, in einer vergleichsweise windigen Branche? Aber ich konnte nur sagen: »Ja, mach nur, wir schaffen das schon.« Er hat sich extrem reingehängt, er wollte auch nicht abhängig sein von Olaf, von dessen Kundenstamm, also hat er sich ziemlich schnell einen eigenen Kundenkreis aufgebaut.

Es hat sich sehr viel verändert in den vergangenen zwei Jahren, und es gab Phasen, die ich ausgesprochen schwierig fand. Christoph hat mich auch früher nicht oft in den Arm genommen, das fehlt mir jetzt manchmal besonders. Wenn wir abends auf dem Sofa sitzen, vielleicht einen

Film sehen, der ein bisschen romantisch ist, denke ich: Ach, wieso schmusen wir nicht? Ich bin dann traurig, weiß aber: Christoph ist ja wirklich lieb zu mir, jedenfalls überwiegend.

In Phasen, in denen ich selbst nicht so gut drauf bin, sehe ich plötzlich überall glückliche Paare. Wie die sich anfassen, umarmen, küssen. Da hab ich schon oft gedacht: War das jetzt alles echt, was du gesehen hast? Oft ist es sicher nur Show. Zum Beispiel Ralf und Anke – wenn andere dabei sind, legt er den Arm um sie, sie guckt ihn ganz verliebt an und sagt: »Mein Süßer hat ja das und das gemacht ...« Wenn ich mit Ralf jogge, erzählt er manchmal was wie: »Anke hat eigentlich nie Lust«, ich bin dann froh, dass wir nebeneinander herlaufen, wir uns also beim Reden nicht wirklich ansehen, da kann ich dann schon mal fragen: »Und was meinst du, woran das liegt?« Er sagt dann: »Weiß ich nicht.« Sie wiederum hat mal in einer Frauenrunde gesagt: »Wenn man älter wird, lässt *das* eben nach.« Was mich am meisten überrascht hat: Von keiner der Frauen, die dabei waren, alle im Alter so zwischen fünfunddreißig und fünfundvierzig, kam Widerspruch. Ich habe da allerdings auch nicht vor fünf anderen Frauen mein privatestes Leben ausgebreitet, wer macht das schon. Auf jeden Fall schaue ich bei anderen Paaren jetzt genauer hin.

Christoph und ich haben ja immer viel miteinander geredet, und auch wenn es jetzt nicht so gut läuft, schweigen wir nichts tot. Ich habe mich in letzter Zeit öfter dabei ertappt, dass ich dachte: Was ist, wenn nur noch wir beide hier wohnen, die Kinder raus sind? Wie ist das, können wir etwas miteinander anfangen? Im letzten Urlaub waren wir mit Freunden verreist, gut, dass die dabei waren, es wäre sonst für Christoph und mich ein schwieriger Urlaub geworden. Er ist morgens mit einem Buch aufgestanden und abends mit einem Buch ins Bett gegangen. Ich hab ja eingesehen, dass er nach so viel Alltag, diesem Laufen im Hamsterrad seit dem Firmenstart, etwas für den Kopf braucht, aber trotzdem … Nach dem Urlaub habe ich zu Christoph gesagt: »Wir müssen üben für die Zeit nach den Kindern, lass uns wieder mehr unternehmen.« Er hat gesagt: »Das, was dann kommt, kann man doch nicht üben, wenn es so weit ist, werden wir ja sehen. Vielleicht brauchen wir dann ganz neue Entscheidungen.« Da wurde ich hellhörig. Ich habe nicht im Hinterkopf: In zwei, drei Jahren schauen wir dann mal, ob wir zusammenbleiben.

Aber ich frage mich durchaus immer noch, ob wir eine Zukunft haben. In mir kämpfen dann zwei Seelen, ich denke: So willst du das Zusammenleben mit einem Mann nicht. Dann denke ich: Wie willst du es denn? Meine Freundin hat mir geraten: Gib doch eine Anzeige auf … Das mache ich jetzt bestimmt nicht, warum auch: Ich will mir nicht den einen warmhalten und einen anderen suchen. Zu Hause ist doch kein Streit, es passiert nichts Schlimmes.

Ein Mann aus unserem Freundeskreis, Bernhard, ist auch schwul, er warnt mich immer: »Gabi, Schwule denken mit dem *Du-weißt-schon,* und du bist gut fürs Herz.« Aber so ist das nicht bei Christoph, er passt gar nicht richtig ins Bild vom schwulen Leben, das ist schnelllebiger als das heterosexuelle, feste Beziehungen sind nicht so wichtig, das Äußere zählt mehr. Ich habe mittlerweile ganz viel gelesen zu diesem Thema.

Christoph hat sicher Vorstellungen, wie es sein könnte mit einem Mann, einem Freund, dabei ist das Thema Freundschaft für Christoph nicht so einfach. Er hatte auch früher nie super viele Freunde, und wenn da mal einer war, hat er so geklammert, dass der Freund dann Abstand gesucht hat. Einmal war Christoph mit einem Kollegen befreundet, von dem hat er die Art zu gehen, sich zu bewegen übernommen – das muss einem ja zu viel werden.

Christoph und ich sind zusammengerückt in den vergangenen zwei Jahren, das kann man so sagen. Das hat natürlich auch mit seiner Arbeit zu tun. Seit er nicht mehr fest angestellt ist, wissen wir nicht, wie viel Geld am Monatsersten auf dem Konto sein wird. Das ist ungewohnt, und ob jemand nun selbstständig ist oder angestellt, macht einen Riesenunterschied, wenn du weißt: Du brauchst allein tausend Euro für Miete, und eine vierköpfige Familie braucht ja auch sonst einiges. Trotzdem: Christophs Arbeit ist für mich völlig in Ordnung. Als er angestellt war, habe ich immer gedacht: Die Arbeit in der Firma ist sein *Job*, mehr nicht. Ich habe ihn abends auch nach seiner Arbeit gefragt, ich habe auch zugehört. In meinem Bewusstsein hat Christoph jetzt nicht mehr einen Job, er arbeitet jetzt in *unserem* Geschäft – genau, für mich ist es *unser* Geschäft. Da gehe ich am Wochenende oder abends gern mal mit, schreibe Rechnungen oder mache die Buchhaltung. Gott sei Dank haben wir Kunden, die uns regelmäßig mit Fahrten versorgen, die ihre Rechnungen prompt zahlen, es läuft gut, wenn man bedenkt, dass die Firma ja noch neu ist. Aber wenn das Konto doch mal überzogen war, hat Christoph gleich Panik, er meint dann: Das Glas ist halb leer. Er grämt sich dann, es beschäftigt ihn sehr. Für mich ist das Glas immer halb voll. Ich freue mich auch immer wieder darüber, dass ich mit meinem Gehalt gewissermaßen ein Grundeinkommen für alle sichere, ich sage: »Christoph, wir sind eine Familie, wir schaffen das.« Wenn am Monatsersten kein Geld auf dem Konto ist, gehe ich eben nicht auf die eBay-Seite und nicht in die Stadt.

Wenn ich doch manchmal Angst vor der Zukunft habe, denke ich: Wochenenden, Geburtstage, Weihnachten ohne Christoph? Unvorstellbar. Du hast sechzehn Jahre für diese Beziehung und diese Familie gelebt, keiner kennt dich so gut wie Christoph. Mit ihm kann ich über Gott und die Welt reden, Christoph hört mir immer wirklich zu, er sagt nie: »Weiberkram.« Er erzählt nicht super viel von sich, aber er lässt sich ein auf das, was ich erzähle. Er würde nie sagen: »Halt die Klappe.« Ich merke ja manchmal selbst, dass ich ohne Punkt und Komma rede, dann ziehe ich die Bremse, gehe in den Garten oder laufe mit dem Hund. Ich merke: Ich erzähle ihm Sachen, die *können* ihn gar nicht interessieren, und er hört trotzdem zu. Als ich noch meinen alten Chef hatte, wirklich ein unangenehmer Zeitgenosse, hat Christoph sich fünf- oder sechsmal die gleiche Leier angehört und trotzdem noch gefragt: »Mhm, ja, und hast du das schon mal aus dem und dem Blickwinkel gesehen?« Man sagt ja: Schwule sind Frauenversteher. Oder: Schwule sind wie Frauen. Von mir aus –

mein Mann hört mir zu, er hat sich immer an der Hausarbeit beteiligt, er putzt auch, o. k., er kocht nicht, aber er macht den besten Espresso überhaupt. Wir geben uns auch beide Mühe, Gemeinsames zu unternehmen, wenn es nichts Großartiges sein soll, ist ein kleinster gemeinsamer Nenner immer ein Stadtbummel – meinetwegen auch mit Abstecher in den Baumarkt. Mein Mann liebt den Baumarkt, mich interessiert der nicht, aber ich geh ab und zu mit ihm rein, weil er sich darüber freut, und ich gehe dann eben in die Deko- oder die Blumenabteilung.

Manchmal merke ich: Jetzt ist er in einem Tief, er räumt dann verschärft auf, putzt alles zwei- oder dreimal. Ich hab dann schon manchmal gesagt: »Christoph, such dir doch mal jemanden.« Einmal hat er mich in den Arm genommen und geantwortet: »Und du? Du findest ja auch keinen. Merkst du eigentlich, wie Ralf dich angräbt?« Da haben wir beide gelacht. Das war so nah, so vertraut.

Wir haben in unserer Ehe einen Konfliktstoff, mit dem andere Paare klarkommen müssen, ganz bestimmt nicht: Eifersucht. Wenn ich mit Freundinnen tanzen gehe, ist das für Christoph kein Problem, auch wenn ich mal mit einem Mann weggehen würde. Ich kenne Männer im Freundeskreis, die so was gar nicht vertragen, da hockt die Frau dann zu Hause, weil er ein Gesicht zieht, wenn sie ohne ihn loswill, aber selbst mag er auch nicht mitgehen. Bin ich da nun schlechter dran? Ich finde, nicht.

Viele Frauen, die plötzlich mit dem Schwulsein ihres Mannes konfrontiert sind, deren Männer sogar richtig aktiv sind mit anderen Männern, ertragen ja die Vorstellung nicht, was zwei Männer machen, wenn sie miteinander

Sex haben. Ich finde das ehrlich gesagt nicht schlimm – ich habe es ja aber auch noch nicht wirklich erlebt, wie es ist, wenn mein Mann jemanden hätte. Ich habe schon zu hören gekriegt: Das wäre doch *nur* ein Mann, eine andere Frau wäre doch viel schlimmer. Ich weiß nicht. Wenn mein Mann sich mit anderen Frauen beschäftigen würde, ob nun im Geiste oder real, könnte ich mich ins Zeug legen, ihm zeigen: Guck mal, das hast du zu Hause. Das Schwierige ist: Wenn ein Mann auftaucht, kann man sich die Beine ausreißen und wird doch nicht mithalten können.

Bei anderen Frauen in Heterobeziehungen hab ich immer wieder festgestellt, dass sie die Schuld bei sich suchen, wenn ihr Mann etwas mit einer anderen Frau hat, sie fragen sich: Liegt's an meiner Figur, meinem Alter? Ist die Geliebte jünger, erscheint alles klar, wenn sie gleich alt oder sogar älter ist, was ja auch vorkommt, heißt es: Wie kann das denn sein? Auf jeden Fall ist da immer dieses: Was hat sie, was ich nicht habe? Wenn der eigene Mann sich einem Mann zuwendet, erübrigt sich diese Frage.

So, wie ich heute lebe – das hätte ich mir vor zwanzig Jahren nicht vorstellen können. Ich kann ja auch nicht zwanzig Jahre in die Zukunft gucken. Ich kann mir rückblickend aber immer sagen: Du hast in bestimmten Situationen, zu bestimmten Zeiten das Beste aus der Situation gemacht, du hast alles richtig gemacht, diese Ehe ist doch kein Fehler. Christoph und ich hatten uns bei gemeinsamen Freunden kennengelernt, wir waren uns monatelang immer wieder im Kreis von anderen begegnet, hatten uns immer nebeneinander gesetzt und so klasse unterhalten. Dann fingen wir an, uns auch allein zu treffen, so ergab sich das. Ich konnte stundenlang mit ihm quatschen, und dann wurde mehr draus. Es ergab sich ganz natürlich, es war sicher nicht die große Leidenschaft, aber wir waren uns damals einig, dass wir Familie wollten, heiraten würden. Das haben wir auch nach einem Dreivierteljahr getan, ein Jahr später war unser Sohn da.

Selbstverständlich hab ich mich schon gefragt: Hätte ich was erkennen müssen? Muss man vermuten, der eigene Mann ist schwul, nur weil er sich einen seidenen Bademantel kauft? Unser schwuler Freund Bernhard hat gelacht: »Also, spätestens da hättest du es doch wissen müssen!« Er behauptet heute, für ihn sei immer klar gewesen, dass mein Mann nicht wirklich heterosexuell ist. Er sagt: »Das sieht man doch, an den Bewegungen, dem ganzen Habitus.« Na ja, dass wir Kinder hatten, sprach ja wohl gegen diesen Eindruck, auch, dass Christoph mit mir lebt.

Wobei ich sagen muss: Die Gespräche mit anderen Frauen haben mir gezeigt, dass es auch ganz anders gehen kann, dass Männer wirklich Frau und Familie nutzen und sich ein Doppelleben aufbauen, hier der Biedermann, da der Lederkerl.

Manches muss für Christoph wirklich eine Zumutung gewesen sein. Wenn Kollegen zum Beispiel zusammensitzen, keine Kollegin dabei ist, da wurde doch auch über die Frauen geredet: »Die Neue am Empfang, superscharfe Braut.« Oder so ähnlich, das kenne ich auch aus unserer Firma, das schnappt man mal auf. Sollte Christoph in solchen Situationen dann sagen: »Die Neue von der Information finde ich nicht so interessant, aber *der* Neue im

Versand, der hat einen knackigen Po.« Wirklich, man denkt doch nicht drüber nach, wie jemand, der anders empfindet als die meisten und nicht offen dazu stehen kann, durchs Leben geht. Mich machen ja diese Eis-Werbe-Filmchen schon ganz mürbe – wie Frauen da lasziv an ihrem Eis rumschlecken. Das Ganze wird doch bewusst erotisch aufgeladen. Ich habe Christoph mal gefragt, wie er das findet, er hat gesagt: »Da merkst du, wie du rausfällst aus der Normalität.«

So gesehen ist es eigentlich kein Wunder, dass so viele Schwule sich in einer eigenen Welt bewegen, ihre Clubs haben, Kneipen, Saunen, Treffpunkte. Aber das alles ist für Christoph keine Alternative, es reizt ihn null, sagt er. Er beneidet auch Bernhard nicht um dessen Leben mit seinem Lebenspartner, Christoph sagt: »Ich hab doch dich und unsere Familie.«

So war er immer. Ich bin froh, dass Christoph sich selbst treu geblieben ist all die Jahre, er ist eben der Ruhige, Zurückhaltende, der nicht richtig aus sich rausgeht – und warum sollte das plötzlich im Falle seines Schwulseins anders sein? Für mich ist er nach wie vor derselbe liebenswerte Mensch, es hat sich ja nichts geändert bis auf die Tatsache, dass wir definitiv nicht mehr miteinander schlafen und ich weiß, warum es so selten war vorher. Ich finde, ich bin damit doch nicht schlechter dran als viele Frauen in heterosexuellen Partnerschaften.

In letzter Zeit hab ich schon öfter drüber nachgedacht, ob Christoph vielleicht einfach asexuell ist, also im Sinne von: Konkrete Sexualität will er gar nicht? Könnte doch sein, im Fernsehen habe ich mal einen Bericht über Menschen gesehen, die einfach keinen Sex wollen – und dann ist es auch egal, ob einer keinen Sex mit einer Frau oder keinen Sex mit einem Mann will … Wie ich das mit dem Sex für mich sehe, habe ich ja auch noch nicht abschließend geklärt. Vielleicht brauche ich einfach noch ein bisschen Zeit, um mir darüber klar zu werden, für mich waren Sex und Liebe eben jahrelang miteinander verbunden, ich weiß nicht, ob ich das trennen kann, ob ich das trennen will. Ich weiß aber: Egal wie ich irgendwann mal darüber denke, in meinem Mann werde ich immer einen Gesprächspartner haben, und das ist mir ganz wichtig. Auch guter Sex kann doch nicht das wahre Fundament für eine gute Beziehung sein.

Manchmal denke ich auch: So langsam musst du dich beeilen mit deinen Überlegungen, du bist schon zweiundvierzig. Auf die Kinder muss ich keine Rücksicht nehmen, sie sind ja schon groß, sie wissen jetzt auch Bescheid über Christoph und mich. Wir hatten ihnen immer vermittelt, dass Schwulsein ja keine Krankheit ist, und jetzt wissen sie eben auch, dass ihre Eltern kein Liebespaar in dem Sinne mehr sind – Jugendliche können sich ja sowieso schwer vorstellen, dass so alte Menschen wie die eigenen Eltern noch Sex haben könnten. Wir würden also auch eine vernünftige Lösung für eine Trennung finden … Andererseits sage ich mir immer: Was soll das mit diesem Schwarz-Weiß-Denken, mit diesen Schablonen, entweder so oder so, man muss sich entscheiden … Das Leben ist nun mal nicht eindeutig Schwarz oder Weiß, es gibt auch Grau und ganz viele andere Farben. Es ist doch auch faszinierend und bereichernd zu erleben, was ein Mensch aus seiner

Lebenssituation machen kann. In vielen Partnerschaften erscheint es Menschen als das Einfachste zu gehen, wenn es nicht läuft. Dabei wäre es wahrscheinlich oft richtiger, *nicht* zu gehen, auch wenn das der mühsamere Weg ist.

Ich brauche vieles, was für andere ganz wichtig und zentral ist im Leben, nicht mehr. Ich muss mir zum Beispiel nicht alle paar Jahre eine neue Wohnzimmereinrichtung kaufen. Neulich saß ich mit Christoph auf unserem alten Sofa, auf dem ich schon die Kinder gestillt habe, es ist wirklich nicht mehr neu, aber ich dachte: Lieber hier mit Christoph auf dem ollen Sofa sitzen, und wir haben uns was zu sagen, als mit einem anderen Mann auf einem neuen, und wir schweigen uns an.

Natürlich ist mein Leben ein Kompromiss, aber kein schlechter, kein fauler. Ich nehme es keinem übel, der das nicht versteht, der sagt: Was machst du da? Ich habe es mir so nicht gewünscht, aber ich komme klar.

Wie viele Frauen würden von ihrem Mann sagen: »Er ist mein bester Freund.« Selbst wenn es zu einer Trennung käme, was ich ja nicht glaube – Christoph würde immer mein Freund sein. Und wenn doch, ich meine, Trennung ... Dann wäre er der Erste, zu dem ich liefe, wenn ich Liebeskummer hätte. Wenn mir etwas passieren würde, er wäre immer für mich da.

Mein Mann hat gesagt: »Wenn wir alt sind, gründen wir eine WG, dann sitzen wir abends alle in der Gemeinschaftsküche, mein Lover, dein Lover, wir beide ...« Ich habe Christoph schon gefragt: »Hast du keine Angst, dass ich vielleicht irgendwann doch mal mit einem anderen Mann schlafe?« Er hat gesagt: »Wovor soll ich Angst haben? Ich kann dir das nicht geben, was du brauchst, also wenn du einen findest: Das wäre doch gut.«

Vor einem halben Jahr wollten Christoph und ich zu einer Party gehen, ich komme ins Schlafzimmer, und er steht in einem weißen Rüschenhemd vor dem Spiegel. Ich war mir nicht sicher, ob er so mit mir loswollte. Ich habe gesagt: »Ist heute *Fluch der Karibik*-Abend, und keiner hat mir Bescheid gesagt?« Da hat er ein bisschen traurig geguckt und gesagt: »Du meinst also auch, das geht nicht, hm?« Er zog dann ein orangenes T-Shirt an. Ich habe mir fest vorgenommen: In der Faschingszeit gehen wir zusammen auf eine große Party, am besten mit Bernhard und seinem Freund. Und dafür kauf ich mir auch so ein Piratenhemd wie Christoph, dann können wir als Seeräuber-Anny und Freibeuter-Jack auf Männerfang gehen.

Anne, 48,
Pharmazeutisch-technische Assistentin,
14 Jahre verheiratet, 1 Kind

Sei doch mal nett zu dir

Suchender Blick, leichte hektische Flecken am Hals – das war Anne
vor einem Jahr. Wie so viele Frauen hatte sie auf mehr Zweisamkeit
in der Ehe gehofft, wenn die Tochter aus dem Haus ist. Vergeblich,
denn plötzlich gibt es neue Probleme, bei der Arbeit, mit dem Mann.
Anne sucht nach Lösungen. Eine Reiki-Meisterin gibt neue Lebensenergie, Anne analysiert ganz ruhig: Wie will sie weiter umgehen
mit der vermeintlichen Überlegenheit ihres Mannes, dem mangeln-
den Zuspruch, seinem unausgesprochenen Nein zum zweiten Kind?
Und – ihrer Liebe zu ihm.

Ich habe unheimlich Federn gelassen in den vergangenen zwei Jahren. Es fing an, als mein Chef in der Apotheke von einer neuen Chefin abgelöst wurde. Sie ist
intelligent, fachlich top. Aber menschlich … Ich vermei-
de es, mit ihr allein Dienst zu machen. Vor einem Jahr hat
sie mir praktisch alle Arbeiten mit dem Computer aus der
Hand genommen und einer Kollegin übertragen, die halb
so alt ist wie ich. Zum Weinen bin ich in die Garderobe
gegangen. Wenn ich solche negativen Erlebnisse zu Hause
bereden will, sagt mein Mann Wolfgang: »Was regst du

dich auf? Arbeit muss keinen Spaß machen, Arbeit ist ein notwendiges Übel.« Das mag er für sich so sehen – ich wünsche mir das anders. Es ist hart, wenn du merkst: Du kriegst von deinem Mann keinen Rückhalt, keine Unterstützung. Leider ist das nicht neu, Wolfgang spielt meine Sorgen schon lange gern runter mit Sätzen wie: »Nun halt doch mal den Ball flach.«

Ich bin jetzt achtundvierzig, achtundzwanzig Jahre habe ich mit Wolfgang verbracht, als ich dreißig war, kam unsere Tochter. Wir haben uns kennengelernt, als wir beide nach der mittleren Reife noch in der Ausbildung waren, aber Wolfgang hat sich über den zweiten Bildungsweg zum Akademiker gemausert. Jetzt ist er Abteilungsleiter in einem großen Unternehmen, gleichzeitig im Betriebsrat. Ich bin immer in meinem Beruf als PTA geblieben. Er suggeriert mir, dass ich kein Highlight bin. Er muss mir immer zeigen, dass er der Herr im Haus ist, mir vermitteln: Du würdest allein nicht klarkommen.

Ich flirte gern, wenn er dabei ist. Um ihn eifersüchtig zu machen, das gebe ich zu, mir gefällt es, wenn er ein bisschen Eifersucht zeigt. Das geht im Zweifelsfalle so: »Wenn du frei laufen würdest, würdest du auf einen reinfallen, du hast so wenig Menschenkenntnis.« Ansonsten kommt da nichts von ihm.

Bei mir hatte sich das Grundgefühl festgesetzt: Wolfgang ist mir überlegen, ich schaue zu ihm auf. In letzter Zeit habe ich dieses Gefühl stark ins Wanken gebracht. Das tut mir gut und uns auf längere Sicht hoffentlich auch. Denn ich habe gleichzeitig erkannt: Wolfgang werde ich nicht ändern können. Aber mich und meine Sicht der Dinge.

Schon vor zehn Jahren dachte ich an Scheidung, ganz massiv. Aber welche Frau in einer langen Beziehung tut das nie?? Ich schob die Trennungsgedanken immer beiseite mit: Wenn du jetzt gehst – du kannst Wolfgang sowieso nicht abschütteln, er bleibt der Vater deiner Tochter. Ich dachte: Dann kannst du eigentlich auch bleiben. Damals hatte ich Angst, dass ich sozusagen meine Vergangenheit verliere, wenn ich mich von meinem Mann trenne – wir waren doch schon fast zwanzig Jahre zusammen.

In schlimmen Phasen hab ich mich getröstet: Wenn dein Kind aus dem Haus ist, überlegst du neu, dann bist du frei. Aber als sich abzeichnete, Isabelle geht bald weg, sie macht ihre Ausbildung in Freiburg – da hatten wir keine schlimme Phase, unser Leben war durchaus o. k. für mich. Ich habe mir sogar vorgestellt: Wenn Isa aus dem Haus ist, wird unsere Zweierbeziehung wieder intensiver, wir werden wieder mehr zusammen unternehmen.

Das war naiv von mir, denn das Leben läuft nicht nach Plan. Die Probleme bei der Arbeit, mit der neuen Chefin, haben mich aus der Bahn geworfen, dazu: der Mann verständnislos, die Tochter weg. All das hat mir vor einem Jahr so zugesetzt, dass ich mich eigentlich ständig gefragt habe: Wie soll es bloß weitergehen?

Mit einer Freundin fuhr ich zum Samba-Workshop, ich fand schon lange diese Samba-Gruppen mit ihrer Trommelmusik toll, dieser Rhythmus: einfach ansteckend. Leider war ich die Einzige, die das Trommeln nicht hingekriegt hat, einfach nur: linke Hand, rechte Hand und beide nicht durcheinanderbringen. Es ging nicht. Alle waren locker, nur ich habe geradezu körperlich gespürt, wie ich mir selbst im Weg stand mit meiner hohen Erwartung an mich. Meine Freundin hat mir den Arm um die Schulter gelegt und gesagt: »Sei doch mal ein bisschen nett zu dir.« Ich glaube, für mich wurde das höchste Zeit.

Seit einiger Zeit schreibe ich jetzt in mein Tagebuch: Ich packe das, ich kriege meine Probleme auf die Reihe. Bis ich mir sicher bin, wie es für mich bei der Arbeit weitergehen soll, halte ich durch, die Möglichkeit zur Bewerbung läuft mir nicht weg. Und meinem Mann konnte ich scheinbar auch vermitteln: Vorsicht, es ist mal wieder fünf vor zwölf.

Ich habe das nicht allein geschafft. Mir hat extrem geholfen, dass ich vor einem halben Jahr mit Reiki angefangen habe. Ich wusste gar nicht, was das ist, ein Zeitungsartikel über eine Reiki-Meisterin hatte mich neugierig gemacht: Wie soll man ohne Berührung, nur durch Handauflegen, nur durch geistige Kraft, heilen können, Reiki, also Lebensenergie, geben können? Ich konnte mir das nicht wirklich vorstellen, dafür bin ich durch meinen Beruf zu schulmedizinisch geprägt. Ich weiß nicht, warum ich dann doch hinging – aber beim Reiki heißt es ja: Es gibt keine Zufälle.

In der ersten Sitzung habe ich mich einfach auf die Liege bei der Meisterin gelegt und alles geschehen lassen. Sie führte ihre Hände mit Abstand über mein Gesicht, die Ohren, den Nacken, den Hals – ihre Hände zogen wie ein Magnet, ich hatte Schmerzen im Kiefer, es war, als würden mir Zähne rausfallen. Ihre Hände wanderten weiter über Herz-Chakra, Galle, Leber, Sonnengeflecht, Milz, Steiß … Der Steiß glühte förmlich. Sie sagte mir hinterher: »Was du am Hals gespürt hast, das ist gestörte Kommunikation, das ist Angst.«

Ich weiß nicht, wie es funktioniert, ich weiß nur, dass es funktioniert – ich fühlte mich erschöpft, aber gut nach der ersten Sitzung, und ich beschloss, dass ich an mir etwas ändern muss. Ich horche mit wachsendem Erfolg in mich rein, Reiki hat eben auch etwas mit Wahrheit zu tun.

Ich bin so harmoniesüchtig, dass ich alles Mögliche in Kauf nehme, um Ruhe zu haben. Nein, es muss heißen: in Kauf genommen habe. Mein Mann sollte erst nichts von meinem Reiki wissen, ich habe gesagt: »Ich gehe zur Massage.« Ich konnte mir an fünf Fingern abzählen, dass er sich über Reiki aufregen, das Ganze als esoterisches Trallala abtun würde. Als ich ihm dann doch davon erzählte, fragte er als Allererstes: »Und? Was kostet das?« Als ich sagte: »So dreißig, vierzig Euro …«, blubberte er: »Die ziehen dir ja nur das Geld aus der Tasche.« Na klar, ich war wieder mal die dumme Liese, die sich ausnehmen lässt. Hätte seine erste Frage nicht auch sein können: »Wozu brauchst du das?«, oder »Was sind eigentlich deine Sorgen?«

Ich habe diese Diskussion gar nicht erst begonnen, sie ist sinnlos. Ich habe mir einen Taschenrechner genommen und ausgerechnet, wie viel Geld mein lieber Ehemann eigentlich allmonatlich für Zigaretten und Wein ausgibt. Die Zahl habe ich ihm auf einen Zettel geschrieben und vor die Nase gehalten. Er hat mich angeguckt: »Was ist das?« Ich habe gesagt: »Die Summe, die uns deine Hobbys Alkohol und Nikotin Monat für Monat kosten – das ist das x-fache dessen, was ich für Reiki ausgebe.« Da hat er gar nichts gesagt.

Das Rechnen hatte mich darauf gebracht: Es stört mich schon lange, dass Wolfgang, kaum zu Hause angekommen, mir beim Kaffee zwanzig Minuten Redezeit gönnt, dann mit Zigaretten in der Nachbarschaft verschwindet, hier ein Schwätzchen hält, dort mit anderen Männern zusammensitzt. Gemeinsames Abendbrot fand zuletzt statt, wenn Isabelle zu Hause war. Seit Monaten glänzt Wolfgang meist bis zehn Uhr abends durch Abwesenheit, kommt dann wieder, macht sich noch ein Brot und dazu eine Flasche Wein auf. Mein Mann geht erst um Mitternacht ins Bett, zu dieser Uhrzeit hätte er auch noch mal Sprechstunde für mich, besonders wenn der Wein gut war. Aber: Will ich nur einfach die Letzte sein, mit der er am Tag redet? Nein. Außerdem schlafe ich gern um zehn Uhr abends, ich bin Frühaufsteher.

Mir hatte das gut gefallen, dass meine Zigaretten-Rechen-Aktion meinem Mann offenbar die Sprache verschlagen hatte. Das war steigerungsfähig. Am nächsten Tag bin ich zur Bank gegangen und habe ein eigenes Konto eröffnet, auf das schon ein paar Tage später mein Gehalt ging. Beim Nachmittagskaffee sprach mein Mann plötzlich richtig viele Sätze, eingeleitet mit: »Wieso hast du …«, und »Das Geld wird nicht mehr dadurch, dass du auch ein Konto hast.« Er versuchte ausgiebig, mich umzustimmen, aber ich blieb standhaft. Es ist verrückt, der Finanzmensch scheint nur zu reagieren, wenn sich ein Problem in Zahlen ausdrückt. Wir beide haben in den letzten Monaten sehr viel weniger Geld ausgegeben als vorher, wahrscheinlich weil jeder deutlicher sieht, wo das Geld bleibt. Und ich glaube, Wolfgang ist wenigstens unbewusst alarmiert: Es tut sich was bei ihr.

Ich verstehe mich ja manchmal selbst nicht: Einerseits ärgere ich mich unglaublich über ihn, andererseits scheine ich ihn ja doch noch zu lieben. Irgendwie. Sonst wäre ich doch schon längst gegangen. Oder? Das sind Überlegungen, mit denen man sich unter Freundinnen in den Wahnsinn treiben kann, irgendwann hört man mehr oder weniger auf, so was zu erzählen, und redet nur noch über konkrete Sorgen.

Ich hätte wirklich gern eine Ehe wie meine Mutter. Das habe ich gerade wieder an meinem Geburtstag gemerkt, da waren meine Eltern und meine Schwiegermutter bei uns. Ich finde, meine Mutter und mein Vater machen das gut: Sie unternehmen etwas zusammen, dann driften sie auseinander, jeder geht seiner Wege, dann treffen sie wieder zusammen. Jeder ist ein eigenständiger Mensch. Wenn einer plötzlich weg wäre, wäre der andere traurig, das ist normal, aber sie können eben jeder auch allein.

Mein Vater hat das eine oder andere gesundheitliche Problem, darum geht bei ihm alles etwas langsamer. Meine Mutter nimmt das mit Humor, neulich meinte sie sogar: »Es regt sich noch bei ihm – schade nur, dass dieses Medikament so teuer ist.« Ich sage: »Welches Medikament?« – »Na, die Viagra-Tabletten ...« Ich habe meine Eltern ja nie asexuell empfunden ... Aber mit über siebzig!

Bei mir und meinem Mann spielt sich hin und wieder was ab. Heute seltener als früher, im Grunde waren wir ein eingespieltes Team, aber ich habe mich verändert, vielleicht auch durch die Wechseljahre. Ich habe neue Bedürfnisse, vor allem will ich nicht mehr das Sahnehäubchen nach dem Sonntagabendkrimi sein, sondern der *Sonntagabendfilm*. Hin und wieder reicht mir völlig – ich glaube, mir ist

das auch deswegen nicht so wichtig, weil wir schon körperlich nie so ideal zusammengepasst haben. Ich bin ja insgesamt eher zierlich, mein Mann eher ein Kaliber. Meine
Reiki-Meisterin hat mir nichts Neues gesagt, als sie meinte, in mir sei auch Blockade, die Sexualität betreffend. Das
ist so. Aber mit meinem Mann werde ich die nicht nieder-
reißen. Und mit einem anderen auch nicht, das kann ich
mir nicht vorstellen. Also – ich war mal verliebt, ungefähr
vor drei Jahren, in einen Kunden aus der Apotheke. Man
kann so was aussitzen, es geht vorbei.

Ach, ich bin so hin- und hergerissen, ich pendle immer
zwischen Sauersein und dem Gedanken: Lass Wolfgang
doch, dir fehlt doch nichts. Ich spüre eben immer noch: Er
war mein absoluter Traummann. An dem Abend, als wir
uns kennenlernten, hat er zu mir gesagt: »Mit dir könnte
ich mir vorstellen, alt zu werden.« Ich habe ihm gesagt:
»Überleg dir, was du tust, sonst hast du mich dein Leben
lang am Hals.« Wolfgang war für mich das Nonplusultra,
das kann ich so sagen. Wir waren noch keine zwanzig, da
sind wir zusammengezogen. Nach der Ausbildung fing
Wolfgang in der Verwaltung an und stellte ziemlich schnell
fest: »Den Chef ertrag ich nicht auf Dauer.« Komisch,
nicht? Nie wäre Wolfgang damals eingefallen zu sagen:
»Arbeit ist ein notwendiges Übel.«

Ein Freund brachte ihn drauf: »Studier doch BWL,
wie ich.« Er hat nicht nur die Idee von dem Freund übernommen, sondern auch gleich dessen Abendjob in einem
Kino, tagsüber hat er das Wirtschaftsabi gemacht. Zum
BWL-Studium wollte er nach M. – für mich kein Problem,
ich habe dort auch schnell eine Stelle gefunden.

Wir zogen in ein Haus mit lauter Familien. Als wir unsere Kartons nach oben schleppten, sagte eine Nachbarin: »Alle, die hier einziehen, kriegen innerhalb kürzester Zeit Kinder.« Ich war gar nicht abgeneigt, Wolfgang wollte noch keinen Nachwuchs. Nach seiner Zwischenprüfung kündigte sich unsere Tochter an. Ich war neunundzwanzig, und ich war sicher: Ich will das Kind. Von unseren Freunden waren wir die Ersten, die ein Kind bekamen.

Das erste Jahr nach Isabelles Geburt war schlimm, wir hatten eine böse Krise. Ich glaube bis heute, Wolfgang war nur eifersüchtig aufs Kind. Er hatte wohl auch Angst, dass er nicht mehr so können würde, wie er wollte, wie die Freunde ohne Kinder. Wir mussten uns kümmern, dass jemand auf Isa aufpasst, wenn wir abends ausgehen wollten.

Nach einem Jahr fing ich wieder an zu arbeiten, das war mir ganz wichtig. Ich verdiente gut, wir konnten uns eine Kinderfrau leisten. Wolfgang hat die Kleine gegen zehn hingebracht, er musste ja erst spät zur Uni, ich habe sie meist schon um halb vier abgeholt, wenn ich Frühdienst hatte, oder meine Schwiegermutter war für Isa da. Das haben wir gut hingekriegt.

Dann war Wolfgangs Studium zu Ende, und er fand gleich einen Job, Controlling, in einem großen Unternehmen. Damit war verbunden: Umzug nach W. Mir war das sehr recht, ich wollte unseren Studentenhaushalt so nicht mehr, ich dachte: Neue Wohnung, wir bekommen noch ein Kind und vielleicht endlich auch einen Trauschein.

Wir haben tatsächlich gleich nach dem Umzug geheiratet, auch deswegen, weil ich nicht gleich eine PTA-Stelle fand und mit Isa, die war vier, zu Hause blieb.

Wolfgang wollte keine Kinder mehr. Aber die Verhütung hat er mir überlassen. Ich habe mich wahrscheinlich beim Abzählen der fruchtbaren Tage verzählt, mit dem Ergebnis: schwanger. In der neunten Woche habe ich mein Baby verloren. Mich nahm das furchtbar mit, an Wolfgang zog es vorbei.

Damals stand zur Debatte, ob wir uns ein Haus kaufen. Es war schwierig, mal passte dies nicht, mal das nicht. Wir waren entnervt und haben uns gegenseitig Vorhaltungen gemacht, von wegen: »Du willst wohl eigentlich gar kein Haus«, und »Du drückst dich vor der Verantwortung«. Letztlich haben wir gebaut vor zwölf Jahren, damit Isa im Grünen aufwachsen kann.

Ich wollte immer noch ein zweites Kind, er wollte auch weiterhin nicht verhüten. Also wurde ich wieder schwanger. Nun war ich schon Mitte dreißig, und Isabelle hatte als Baby epileptische Anfälle gehabt. Man riet mir zu einer Fruchtwasseruntersuchung, damit wir sicher sind, kein behindertes Kind zu bekommen. Ich hatte Angst, Angst um meine Ehe und Familie: Würden wir das schaffen mit einem behinderten Kind? Ich habe die Untersuchung machen lassen – und zwei Wochen später mein Baby verloren.

Die Trauer musste ich mit mir ausmachen. Von meinem Mann kam im Grunde nur: »Du musst funktionieren, sei froh, dass du hast, was du hast.« Er konnte nicht mit mir drüber reden, er hat mich abgeblockt, hat gesagt: »Soll ich dich etwa in den Arm nehmen und sagen: armer schwarzer Kater.« Er meinte: »Sprich doch mit einer Freundin.« Aber meinen Freundinnen konnte ich doch auch nicht immer wieder dasselbe klagen.

Zweimal hatte ich meine Babys verloren, ich fühlte mich schuldig ohne Ende. Meine Ärztin hat mich dann zu einer Psychologin überwiesen, zehn Stunden Basisgespräch. Das war gut und der Anfang, mich ganz, ganz langsam zu berappeln. Trotzdem, heute glaube ich: Ich habe es meinem Mann zehn Jahre lang übel genommen, dass er mich so alleingelassen hat mit meinen Versuchen, ein zweites Kind zu bekommen.

Ich fing damals wieder an, in einer Apotheke zu arbeiten, ich kümmerte mich um unsere Tochter. Ich bin oft zur Volkshochschule gegangen, ich habe mich ausprobiert, neue Freundinnen gefunden, Freundschaften richtig gepflegt. Ich beschloss, mich gesünder zu ernähren. Mein Mann wollte nicht mitmachen – dabei treibt er seit Jahren Raubbau an seiner Gesundheit, er raucht zu viel, er trinkt zu viel, er hat Übergewicht, Krampfadern, er hat ein Ekzem auf der Haut. Aber er geht nicht zum Arzt, denn: »Ich hab ja nichts.«

Als ich dann noch mit Nordic Walking anfing, sagte er: »Willst du dich zum Clown machen mit diesen Sticks?« Ich habe mich nicht beirren lassen, ich brauchte offensichtlich etwas Eigenes, mein eigenes Hobby. Das hat sich entwickelt, ich fing an zu joggen, richtig zu laufen, fahre mittlerweile sogar regelmäßig zu Wettkämpfen. Mit dem Sport habe ich für mich geklärt, wie ich bin. Ich spüre beim Laufen meinen Ehrgeiz, ich will wissen: Kannst du dir diese Strecke zutrauen, in welcher Zeit schaffst du sie? Ich erkunde dabei meine Grenzen, das hat mir unheimlich viel Selbstvertrauen gegeben.

Ja, bis vor zwei Jahren war ich der Typ: *Sagt-mir-wo-*

das-Klavier-steht,-ich-trag's-weg. Bis die Probleme bei der Arbeit anfingen. Ich weiß ja nicht, wie ich, wie wir die Zeit nach Isabelles Auszug erlebt hätten ohne diesen Ärger. Ich merke nur, dass in mir neue Stärke wächst.

Am Samstag vor zwei Wochen war klar, dass ich die Letzte sein würde in der Apotheke, ich musste die Alarmanlage scharfstellen und vorher einige Sachen in den Safe tun. Ich konnte aber den Schlüssel nicht finden, und eine Mappe mit Bestellungen war auch weg. Ich fand beides nicht. Irgendwann habe ich trotzdem abgeschlossen, Alarmanlage an. Ich kam völlig aufgelöst nach Hause. Mein Mann meinte nur: »Das gibt Ärger«, statt mich zu beruhigen. Er meinte, das könnte sogar eine Abmahnung geben. Sehr einfühlsam. Nach dem Abendbrot sind mir beim Abtrocknen zwei Gläser zerbrochen, ich habe schlecht geschlafen. Am Sonntag ging's mir dann besser, ich habe mich beim Laufen abreagiert, ich dachte: Es ist Wochenende, du kannst sowieso nichts ändern, nimm's hin. Der Schlüssel taucht schon wieder auf, und wenn nicht: Niemand kann dir den Kopf abreißen. Sonntagabend war ich bei meiner Reiki-Meisterin, kam ganz ruhig nach Hause. Und am Montagmorgen im Büro bin ich direkt an ein Regal gegangen, habe einen Ordner, der quer lag, angehoben und siehe: Da waren die Schlüssel. Plötzlich hatte ich das einfach gewusst. Auf so eine Eingebung warte ich auch für meine Ehe. Ich merke: Ich kann an mir arbeiten, ich kann Entscheidungen treffen, und ich bin die letzten Monate teilweise schon sehr zufrieden mit mir. Ich weiß, wenn ich Wolfgang sagen würde: »Ich trenne mich von dir«, wäre der Schritt irreparabel. Ich habe Angst, diese Endgültigkeit macht mir Angst. Ich würde auch nicht mit dem Gefühl leben wollen, möglicherweise im Alter im Nebel zu stehen. Wenn ich mir die Rentenentwicklung ansehe, ist klar: Der Staat setzt darauf, dass Männer und Frauen zusammenbleiben. Wie soll einer allein von seiner Rente leben mit dem Lebensstandard, den er gewohnt ist? Das geht nur zu zweit, zu zweit ist das Leben billiger. Vielleicht sollte ich das mal genau berechnen und Wolfgang diese Zahl auf einen Zettel schreiben?

Wenn ich dran denke, wie er mal mit seinem Freund geredet hat, als der seine Frau absägen wollte. Sie hatten gemeinsame Schulden, es ging um das Sorgerecht für die gemeinsamen Kinder. Alles, was mein Mann gesagt hat, war gegen die Frau. Und sein Freund ist so der Typ: *Alle-Frauen-lieben-mich*, für den sind Frauen Gebrauchsgegenstände. Als ich das mitgekriegt habe, was für Tipps mein Mann seinem Freund gab, dachte ich: Mein lieber Scholli, pass bloß auf. Und ich habe mich sicherheitshalber mal bei einem Anwalt erkundigt, wie das bei uns denn so aussähe. Da ergäben sich Zahlen, die meinem Mann nicht gefallen würden.

Ich bin immer enttäuscht, wenn der Tag sich jährt, an dem wir uns kennengelernt haben. Mit diesem Datum verbinde ich eine wunderschöne Nacht, in der Wolfgang so richtig um mich geworben hat. Ich denke immer dran, ich besorge immer ein kleines Geschenk für ihn – er nicht. Aber: mal sehen … in vier Wochen ist es wieder so weit.

Als seine eine Schwester Silberhochzeit hatte, wurde das groß gefeiert, eine schöne Feier. Er hat das nie für nötig gehalten, auch mal so was zu organisieren, aus freien Stücken kommt da nichts.

Ich gehe in letzter Zeit ein bisschen anders um mit meinem Mann, ich lasse ihn mehr in Ruhe, verlange nicht, dass er mit mir redet. Und dass ich das tue, macht sich bemerkbar: Er fängt tatsächlich manchmal von allein an, mit mir zu sprechen. Neulich kam er sogar und nahm mich in den Arm: Wir hatten uns am Nachmittag gestritten, ich hatte mich beschwert: »Ich fühle mich alleingelassen von dir.« Man stelle sich vor: Freitagabend haben wir dann sogar zusammen gegessen!

Das Beste in diesem Jahr waren die Spaziergänge im Urlaub – wir waren eine Woche in unserer alten Heimat. Wir sind die alten Wege gegangen. Da war so was zu spüren wie das Zusammengehörigkeitsgefühl von früher.

Und letztes Wochenende haben wir sogar mal wieder was zusammen gemacht, mehr oder minder zufällig. Im Radio lief ein Hörspiel, wir haben zugehört, es war dann so spannend, dass wir beide anderthalb Stunden dabeiblieben. Jeder auf einem Sofa. Das war schön.

Ich bin eigentlich immer vom Wohlwollen und den Launen meines Mannes abhängig – da fragst du dich: Wer bin ich eigentlich? Ich will es herausfinden und bin auf dem Weg.

Anita, 69,
Rentnerin/Diplomlandwirtin, 46 Jahre verheiratet,
3 Kinder

Wir wollen niemals auseinandergehen

Wer Anita und Werner beobachtet, denkt unweigerlich: ein ideales
Paar. Beim Essen reden die beiden miteinander wie frisch Verliebte.
Taucht er nach seinem Waldspaziergang im Garten auf, quittiert
sie das mit einem Lächeln. Und wenn Anita sich in den Kopf setzt,
in einem eigenen Roman das Glück einer betrogenen Ehefrau wiederherzustellen, dann nimmt Werner die Schreibmaschine mit in den
Ungarnurlaub und tippt das Manuskript ins Reine. Gibt es ihn doch,
den Schlüssel zum Glück? Oder ist das alles verdächtig perfekt nach
sechsundvierzig Ehejahren?

Ich persönlich habe Probleme mit dem Altwerden.
Wenn ich morgens in den Spiegel gucke – oh Mensch,
wäre mein Gesicht ein altes Kleid, würde ich es in die
Sammlung geben. Allmählich fange ich an, mich damit zu
arrangieren, dass mein Körper an der einen oder anderen
Stelle Falten wirft. Mein Mann sagt mir: »Weißt du eigentlich, dass du immer hübscher wirst? Wie machst du das?«
Ich denke: Was redet er für einen Unsinn, das kann ja
nicht sein, in meinem Alter. Andererseits: Schön, dass er
das sagt. Und weil ich merke, für ihn stimmt das so, kann

ich mich innerlich daran aufrichten, daran freuen. Und nebenbei: Er wird ja auch nicht jünger.

Als meine Tochter in der Pubertät war, sagte sie den drolligen Satz: »Ihr seid ja gar nicht wie richtiges Ehepaar.« Ich wusste genau, was sie meint. Mein Mann hat mir nicht nur immer gesagt, dass er mich mag, er konnte auch nie an mir vorbeigehen, ohne mich hier oder da zu berühren, ein bisschen anzufassen. Das fiel schon damals auf, weil das bei vielen anderen Paaren nicht so ist. Und bei uns hat sich das bis heute erhalten.

Neulich las ich in einer Zeitung, dass zu einer guten Ehe drei Dinge gehören: Kommunikation, sexuelle Zufriedenheit und Vertrauen. *Kommunikation* – logischerweise, das ist auch bei uns ganz wichtig, dass keine Sprachlosigkeit auftritt. Auch wenn's mal laut wird, das ist in Ordnung so.

Sexuelle Zufriedenheit – das ist offenbar für viele ein Problem, ich kann nur sagen: Es ist erstaunlich, wie potent Männer auch mit fast siebzig noch sein können … Ich war nie eine sehr sinnliche Frau. Ich bin aber auch nicht der Typ, der sagt: »Nun mach mal.« In Zeitschriften liest man doch manchmal: *So haben Sie wirklich guten Sex*. Dann frag ich mich: Was soll das denn sein: *Wirk-lich-gu-ter-Sex!* Wie albern. Ich schreibe Gedichte, und eines habe ich auch diesem Thema gewidmet: »Wenn wir beisammenliegen/und du mir *ihn* entgegenreckst,/groß und stolz,/weiß ich, dass du mich begehrst.« Wirklich, wenn wir zusammen schlafen und es ist richtig schön, dann kann ich das annehmen und genießen. Dieser fürchterliche Hormondruck der jungen Jahre – der ist weg.

So, und dann wurde in diesem Zeitungsartikel ja noch

etwas empfohlen für die gute Ehe: *Vertrauen*. Das hatten wir einfach immer.

Klingt ausgezeichnet, oder? Wahrscheinlich glauben alle unsere Freunde, Bekannten und Verwandten, dass es in unserer Ehe stimmt. Das tut es ja auch.

Ich will aber nicht den Eindruck erwecken, dass bei uns immer alles perfekt war, nur Friede, Freude, Eierkuchen. Und ich glaube, jetzt, in unserem Alter, kann ich auch mal über Dinge sprechen, die mein Mann bisher nicht weiß. Er wird sie erfahren, denn natürlich wird er lesen, was seine Frau zu erzählen hat.

Ich finde: Ehe ist ein richtiger Kampf. Unser Kampf dauert im Sommer sechsundvierzig Jahre. Ich kann mich nicht mehr so recht an die Rede im Standesamt erinnern. Bis dass der Tod euch scheidet, hieß es da wohl? Daran denkt man doch nicht, wenn man vor dem Standesbeamten steht, man ist aufgeregt, voller Wünsche, Hoffnungen, Pläne. Dass man da an das Ende denkt – nein. Aber eben auch nicht an Kampf.

Als wir uns kennenlernten, waren wir beide zweiundzwanzig und studierten Landwirtschaft. Bei einer Faschingsfeier spielten sie dieses Lied von Heidi Brühl *Wir wollen niemals auseinandergehn*. Werner stand da, mit einem Glas Sekt in der Hand, und stieß mit jeder und jedem an. Ich habe ihm zugeprostet: »Mensch, Emil …« Emil, so haben wir ihn damals genannt, »Mensch Emil, wir wollen niemals auseinandergehen, was?« Ich wusste: Er ist es. Das war im Februar. Im April merkte ich: Ich bin schwanger. Meine Tochter war praktisch mein erster Orgasmus. Wenn ich bedenke, was man vorher für ein

Risiko eingegangen ist, also ich, vor Werner … schwanger zu werden … Ich bin ja nicht völlig unerfahren in die Ehe gestolpert. Ein solches Risiko für etwas, das es *nicht* gelohnt hätte.

Die erste Phase unserer Ehe war sicher so wie bei den meisten anderen: Man ist jung, man hat mit sich zu tun, man ist verliebt, und das soll man ja auch idealerweise sein, wenn man heiratet. Das Verliebtsein schwindet von allein. Schon rein chemisch, das habe ich auch mal gelesen, nach einem Jahr nehmen die Verliebtheitshormone im Blut ab.

Nach der ersten großen Verliebtheit kommt Phase zwei, der Prüfstand: Ist da noch mehr?

Wir hatten keine lange unbeschwerte Zeit miteinander, wir heirateten, unsere Tochter Bini wurde geboren. Beim ersten Kind denkst du: Wir kriegen das Baby, und dann wird alles wieder so, wie es war. Aber das wird es nicht. Man ist nicht mehr einfach ein Paar, man ist Familie, man hat nicht nur Verantwortung für den Partner, sondern auch für die Kinder.

Drei Jahre nach Bini wurde Jon geboren, wieder drei Jahre später Nils. Werner und ich hatten unser Studium abgeschlossen und beide als Diplomlandwirte in Betrieben angefangen. Wir waren beide nicht betucht, wir mussten uns strecken. Nach den Geburten blieb ich anderthalb Jahre zu Hause, anschließend hatten wir eine private Betreuung für die Kinder, eine Krippe gab es nicht am Ort.

Arbeiten gehen, mit drei kleinen Kindern – da ist man schon erledigt, bevor die Arbeit anfängt. Da ist 'ne Pfütze, in die fällt das erste Kind rein, das zweite muss unbedingt noch mal zurück, zu Hause aufs Klo, und das dritte hat den Turnbeutel vergessen. Wenn ich im Betrieb ankam, konnte ich das erste Mal durchatmen.

Mein Mann hatte damit wenig zu tun – er hat gearbeitet, war auch abends und am Wochenende viel unterwegs, Hilfe im Haushalt gab's von ihm sowieso nicht. Mit den Kindern, das habe eigentlich alles ich gemacht. Wir mussten deswegen aber nicht streiten.

Irgendwann haben wir überlegt, ob es sinnvoll ist, dass ich berufstätig bleibe. Da warst du zu einem der Kinder ungerecht, vielleicht nur, weil du selbst so angestrengt warst. Wir hatten das Gefühl, uns bringt das nichts als Familie, wenn ich auch arbeite. Blieb ich also zu Hause.

Ich bin kein Heimchen am Herd, ich war nie die Frau Saubermann, die darin aufgeht, alles picobello blank zu scheuern. Es war nur eine Frage der Zeit, dass ich mir neue Aufgaben suche. Als Erstes wurde ich Pilzberaterin – Werner veralberte mich. Den *Schiefen Schillerporling*, den nannte er Pillerschorling. Aber als Werner das erste Mal bei einer Pilzwanderung dabei war, hat die ihm ganz mächtig gefallen.

Als Nächstes wurde ich von den Bauern angesprochen: »Du bist doch Diplomlandwirt – kannst du auch Fleischbeschau machen?« Nach sechs Wochen Kurs am Schlachthof konnte ich. Die Bauern riefen mich nun, wenn auf dem Hof privat ein Schwein geschlachtet wurde, und wenn mein Mann am Wochenende mit unterwegs war, konnte er beim Schlachtfest einen Kleinen trinken, während ich das Fleisch mikroskopierte – in der Woche staunten die Kollegen in der Kreisverwaltung dann, was Freund Werner wieder alles Schönes von der Basis wusste.

Kinder, die Pilze, fleischzubeschauende Rinder und Schweine waren mir offenbar nicht tagesfüllend, darum fing ich auch noch als Reiseleiterin an. Ein- bis Dreitagesfahrten, nach Berlin, durch die ganze DDR, die ČSSR, Polen. Ich wäre auch nach Frankreich, England und in die USA gefahren, wenn man das hätte machen können. Mein Mann hat nie versucht, mich zurückzuhalten. Er ist auch mit den drei Kindern, die inzwischen größer waren, allein zu Hause geblieben, immer in Absprache. So kann man zurückblicken, sagen: »Toll, wir waren uns immer einig.« Das hört sich gut an, das klingt nach dem Geheimnis einer glücklichen Ehe. Das stimmt schon, und trotzdem waren da natürlich auch schwierige Zeiten, an die wir uns ulkigerweise unterschiedlich erinnern.

Zum Beispiel: Als wir zehn Jahre verheiratet waren, hatte Werner ein Jahr Fortbildung auswärts. Das hieß: Montag früh los, Freitagabend wieder zurück, dazu die finanzielle Belastung, wir mussten seine Unterkunft bezahlen, die Verpflegung. Ich habe in der Zeit angefangen, in einer Gaststätte auszuhelfen.

Wenn man die ganze Woche für alles alleine verantwortlich ist, fängt man ab Mittwoch an, sich ganz fürchterlich auf den anderen und auf Freitag zu freuen. Spätestens am Samstag hat mein Mann dann aber schon gesagt: »Wieso ist das so und so, das müsste doch so und so sein.« Oder: »Dann machen wir das mal jetzt wie folgt.« Er hat sich aufgeführt wie ein Feldherr! Am Sonntag dachte ich oft: Mein Gott, wenn doch erst Montag wäre! Wir haben oft die Kurve nicht gekriegt und uns richtig gefetzt. Im Nachhinein habe ich das schon manchmal erzählt, mein Mann sagt dann: »Was? Wieso? Wovon sprichst du denn, das war doch ganz anders.«

Das könnte einen verletzen – mich amüsiert es. Das ist eben auch ganz wichtig: Über Streitpunkte zu lachen, ohne dass dabei einer den anderen auslacht.

Es redet sich so leicht. Aber auch in einer guten Ehe gibt es nicht nur schöne Erlebnisse, es gibt auch richtigen Kummer und Bösartigkeiten. Man liebt den anderen nicht immer gleich, es gibt auch Flauten. Eine vernünftige Ehe ist ein ganz schönes Stück Arbeit. Da sind die größeren Streitpunkte – aber man begegnet sich eben auch bei den banalsten Dingen im Alltag. Ein Pups – anfangs geht man noch raus aus dem Zimmer. Später nicht mehr. Ich meine: Wenn man den anderen nicht beleidigt, wird der damit leben können.

Allein zu sein ist schwer vorstellbar, wenn man ein Leben lang den Partner an seiner Seite hatte. Vier Wochen getrennt sein, das gab es durchaus, damit kommt man zurecht. Ich habe manchmal an meine Mutter denken müssen: Sie war als ganz junge Frau allein, sie hatte zwei Kinder, unser Vater war im Krieg. Seit sie neunundzwanzig war, war sie allein. Neunundzwanzig – da ist man doch in der Hochzeit seiner Hormone ... Meine Mutter blieb dann auch nicht wirklich allein. 1945, als sie zweiunddreißig war, hatte sie eine Abtreibung, bei der ist sie gestorben.

Als ich zweiunddreißig war, musste ich automatisch an meine Mutter denken. Ich dachte: Du hast drei Kinder, was wäre gewesen … Das sind die Sachen, die einen ins Grübeln bringen.

In unserer Ehe gab es Höhen, und es gab Tiefen. Aber ich habe in all den Jahren keinen Mann kennengelernt, von dem ich gesagt hätte: Mit dem wär's besser, oder mit dem wäre ich lieber zusammen. Mein Mann muss denken: Da war ja auch keiner, der vielleicht in die engere Wahl hätte kommen können. Ich bin ehrlich bis zur Blödheit, und schwindeln kann ich auch nicht. Als wir elf Jahre verheiratet waren, fuhr ich zur Kur. Ich lernte da jemanden kennen, Kurschatten nennt man das wohl. Wir haben bloß geschmust, uns geküsst, ich hab mich gescheut, bis zum Letzten zu gehen. Wer weiß, was passiert, wenn man sich auf mehr einlässt, welche Gefühle hinterher kommen. Ich denke, es war richtig, dass ich nicht mehr wollte. Das war schon Fremdgehen, ein bisschen.

Mein Mann hat mich abgeholt, und noch im Auto habe ich ihm alles erzählt. Streiten konnte er ja schlecht, er fuhr ja. Sofort wollte er wissen: »Und? Wie weit ging's? Habt ihr geknutscht?« – »Mhm.« – »Auch angefasst?« – »Mhm. Also ein bisschen.« Ich habe auch gesagt, dass die Sache für mich erledigt war. Für meinen Mann auch, er konnte damit leben.

Was er bis heute nicht weiß – aber ich denke nicht, dass ihn das schockieren wird, darum erzähle ich das jetzt mal: Als er dieses eine Jahr nach Berlin gependelt ist, ich zusätzlich zu Haushalt und Kindern in der Gaststätte gearbeitet hab, da war bei der Arbeit ein Mann, mit dem ich zusammengearbeitet habe. Der hat eben nicht rumgemäkelt, der hat mich unterstützt, hat mir geholfen. Das hat mir gut gefallen. Mit den Kindern war es nicht immer ganz einfach, weil ich ja auch so viel allein entscheiden musste.

Ich habe irgendwie gemerkt, dass ich verliebt bin in Lothar. Wir haben uns auch umarmt, mehr wollt ich nicht, das wäre alles zu kompliziert geworden, das hätte alles durcheinandergebracht. Der Lothar war auch verheiratet. Seine Frau war sehr eifersüchtig, sie hat mich auch irgendwann mal zur Rede gestellt, was denn da sei. Bei allem Kribbeln: Nein, mehr mit Lothar, das wollte ich nicht.

Ich hatte nicht etwa Angst, ich würde mit den Kindern alleine nicht zurechtkommen und müsste deswegen bei Werner bleiben. Ich habe einfach in den ganzen Jahren nie jemanden getroffen, bei dem ich gesagt hätte: Dafür lohnt es sich. Auch die frische Verliebtheit mit dem neuen Partner vergeht, der Alltag ist vorprogrammiert, die Gewohnheit kommt von allein – man denkt im Alter mehr darüber nach. Aber in jungen Jahren wusste ich das offensichtlich auch schon.

Darum hat mich auch diese Geschichte mit dem Bundesminister Seehofer so aufgeregt, diese Geschichte mit dem Minister, seiner Ehefrau, seiner Geliebten, ihrem gemeinsamen Baby. Alles wurde in die Öffentlichkeit getragen: Die Geliebte bekommt ein Baby, und der Minister – er brauchte Zeit, um sich zu entscheiden, so hieß es. Ich war außer mir: Wie konnte seine Frau das hinnehmen? Eigentlich war diese Situation für *beide* Frauen demütigend, entwürdigend. Aber ich halte natürlich eher zu der älteren Frau. Dass sie ihn dann zurückgenommen hat …

Also für mich wäre das *nie* infrage gekommen. Andererseits – wenn man selbst wirklich in so eine Situation kommt, ist man wahrscheinlich nur hilflos seinen Gefühlen ausgeliefert.

Ich weiß bis heute nicht, ob mein Mann mal fremdgegangen ist. Er hat immer flotte Sprüche, auch in *dem* Fall. Es ist so lange her … Wie alt war ich denn? Vierzig? Gute vierzig. Er war allein zu einer Betriebsfeier, alle waren alleine da. Ich wollte ihn abholen, mit dem Auto. Es ist ja immer so: Wenn du dazukommst, zu einer Runde, die lustig ist, alle haben etwas getrunken – das macht immer einen merkwürdigen Eindruck auf den, der dazukommt. Bei meiner Ankunft sehe ich meinen Mann tanzen. Mit Gabi. Ich sehe, wie er enger als nötig tanzt. Hm, ja. Gabi ist fünfzehn Jahre jünger … Das Lied geht zu Ende, er kommt, sagt: »Ach, weißt du, es ist so schön, trink doch noch eine Selters.« Und dann hat er wieder mit Gabi getanzt. Da dachte ich: Was habe ich dem entgegenzusetzen? Ich bin fünfzehn Jahre älter als sie …

Später hab ich ihn nach Hause gefahren, er ist ins Bett, ich saß in der Küche und hab mir Wein eingegossen.

In den nächsten Wochen hab ich ihn beobachtet. Und ich fand ihn nicht verändert. Nein, ich hätte nicht sagen können, ob da nun mehr war mit Gabi.

Ich hab ihn natürlich gefragt, hartnäckig, in Variationen. Er hat, wie gesagt, *immer* flotte Sprüche, und für mich hatte er zum Abwimmeln: »Ach weißt du, eigentlich hätte man's auch lassen können.« Aber: *Was* lassen? Das konnte sich nur auf die Tanzerei beziehen oder aber … Wie gesagt: Ich hatte nicht den Eindruck, als wenn er in Gedanken oder mit seinen Gefühlen irgendwo anders wäre. Ihm hat es vielleicht gefallen, mich so im Unklaren zu lassen.

Hab ich vorhin was von Vertrauen erzählt?

Ich habe dann für mich beschlossen: Ich will jetzt wissen, ob ich noch attraktiv bin. Ich habe mir einen Mann aus dem Bekanntenkreis ausgesucht, der war allein, gerade geschieden, da war also keine Frau, auf die ich hätte Rücksicht nehmen müssen. Ich bin das ganz rational angegangen, verliebt war ich ja nicht, und das war auch besser so.

Was soll ich sagen, ich war zum Äußersten bereit, wirklich, nur um meinem Mann hinterher sagen zu können: »Ach, weißt du, eigentlich hätte man's auch lassen können.« Das *habe* ich ihm dann aber nie gesagt – ich dachte: Was soll das? Plötzlich kam ich mir albern vor und fand: Ich kann diesen ganzen Kinderkram lassen.

Ich habe mich lange nicht wirklich beruhigt nach dieser Sache mit Gabi. Ich dachte: Wenn da wirklich was ist – du hättest dem nichts entgegenzusetzen. Es ist schlimm, wenn man in einer Ehe in so einem Tief ist, da kann man scheitern. Ein Tief ändert auch plötzlich die Sicht auf den anderen – was früher fürsorglich erschien, wirkt plötzlich wie Bevormundung. Aber ich weiß: Es lohnt sich, sich wieder hochzurappeln.

Ich merke das jetzt im Alter: Wir leben nicht nebeneinander her, wir sind nicht aneinander kleben geblieben mangels Gelegenheit. Unsere Ehe ist keine Not- oder Zweckgemeinschaft, das sollte eine Ehe nie sein. Wir haben uns füreinander entschieden. Immer wieder. Wir kennen die Eigenheiten des anderen, und wir wissen schon lange, dass wir damit leben können.

Seit wir in Rente sind, hat sich natürlich noch mal etwas verändert. Mein Mann blieb als Erster zu Hause. Er war immer so eingebunden in seine Arbeit, er träumt noch heute davon, manchmal muss ich ihn auch wecken, wenn er im Traum jault. Werner hatte jahrelang die Abteilung Landwirtschaft in der Kreisverwaltung geleitet, war nach der Wende vierzehn Monate arbeitslos – um dann bei der Rückübertragungsbehörde anzufangen, zuständig dafür, genau das abzubauen, einzureißen, was er jahrzehntelang mit aufgebaut hatte. Natürlich ist das psychisch schwer – ich war für ihn da. So wie er immer für mich da ist.

Seit er Rentner ist, hat Werner angefangen, Hausarbeiten zu übernehmen. Er macht nicht alles so, wie ich es will, aber ich werde mich hüten zu schimpfen, sonst nimmt er vielleicht den Wischlappen nie mehr zur Hand. Manchmal versuche ich es diplomatisch: »Du, wenn du das machst, dann denk auch an die Ecken.« Er nimmt Lehre an.

Ich bin bis heute sehr impulsiv und gefühlsbetont, und was ich im Kopf oder im Herzen habe, das muss raus. Das ist nicht immer die feine englische Art und der richtige Moment … Aber da ist mein bedächtiger Mann ein guter Gegenpol. Andererseits habe ich mich auch wirklich immer bemüht, mich mit meinen Worten sehr zurückzuhalten – einmal ausgesprochen, bekommst du deine Worte nicht mehr zurück, schlimme Worte haken sich fest. Und Werner ist sowieso viel sensibler als ich.

Eine Freundin hat mal gesagt: »Der liebe Gott spannt ein Pferd und einen Esel zusammen.« Sie können nur zusammen. Wenn der Esel störrisch ist, kommt das Pferd nicht voran. Und wenn das Pferd zu sehr zieht, wird der Esel noch störrischer. Sie müssen sich einigen, dann geht es beiden am besten.

Also, ich geb's ja zu: Bei uns ist es schon so – wenn ich etwas wirklich will, setz ich es durch. Unser Haus in Ungarn … Es waren nur noch ein paar Jahre bis zur Rente, wir hatten schon lange darüber gesprochen, dass wir die Wärme in den Thermalbädern gut finden, dass wir gern nach Ungarn fahren, und wenn so viele andere das machen, könnten wir doch auch … Kurz: uns in Ungarn ein Haus kaufen. Als es dann konkret wurde, wir uns also wirklich ein Haus ausgesucht hatten, am nächsten Tag der Termin beim Notar sein sollte, bekam mein Mann das große Fracksausen. Ob wir uns nicht übernehmen … Wir waren so weit, den Vertrag zu unterschreiben! Da kamen bei ihm Skrupel und Zweifel – ich bin ganz ruhig geblieben und habe gesagt: »Es geht nicht, dass ich das allein will, wenn du nicht willst, sag's rechtzeitig, also vorher, und nicht ein paar Tage oder Wochen nach dem Notartermin.« Ich habe auch gesagt: »Wir überschlafen das.« Natürlich wollte ich das Haus gerne!

Nachts wurde ich dann wach, alles war ruhig, aber ich habe gemerkt, dass ich beobachtet werde. Mein Mann saß im Bett. Er sagte dann: »Du bist vielleicht eine, du sagst, wir überschlafen das, und du kannst das sogar.« Wir hatten dann mitten in der Nacht die Diskussion: so viel Geld, so ein großes Grundstück, so weit weg und hin und her …

Am nächsten Tag haben wir unterschrieben. Zehn schöne Jahre lang hatten wir das Haus, letzten Sommer haben wir es wieder verkauft – es war doch ziemlich weit entfernt, wir sind älter geworden. Jetzt fahren wir lieber an die polnische Ostseeküste. Aber dieses Haus in Ungarn, unsere Zeit dort: Das ist gemeinsames Leben. Das ist das Wichtigste, dass man sich Gemeinsamkeiten schafft.

In Ungarn habe ich auch meinen Roman geschrieben. Wirklich – einen Roman. Ich hatte ein Buch gelesen vor ein paar Jahren, *Ich will ihren Mann*, von dieser amerikanischen Autorin Joy Fielding. Es ist manchmal so, dass einen etwas berührt, aber diese Geschichte hat mich richtig mitgenommen. Eine Ehe bricht auseinander wegen einem jungen Ding, dem der Ehemann nicht widerstehen konnte. Das Paar war erst seit vier Jahren verheiratet! Ich habe mich gefragt: Wieso hat er nicht Nein gesagt? Was mich erschüttert hat: Wie leicht es dieses Mädchen geschafft hat, sich in eine Ehe zu drängen. Ich meine: Das Paar war glücklich, sie haben noch miteinander geschlafen, waren sehr vertraut miteinander.

Es ist ein Roman, und logischerweise kann die Autorin schreiben, was sie möchte. Im Buch hat es so geendet, dass die Ehefrau der Geliebten zwei Koffer mit den Sachen von ihrem Mann vor die Tür gestellt hat. Ich konnte mich mit diesem Ende nicht abfinden. Überhaupt, das ganze Geschehen vorher: Wie diese Beziehung, dieses Fremdgehen organisiert war, dieses Belogenwerden, diese Demütigungen, diese Selbstentwertung der Ehefrau. Das konnte ich nicht hinnehmen, so etwas hätte ich mir nie gefallen lassen.

Ich habe in Ungarn in unserem Haus gesessen und nachts nachgedacht, wie die Geschichte weitergehen könnte, ich hatte ganze Dialoge im Kopf. Dann habe ich angefangen zu schreiben. Ich lasse die betrogene Ehefrau wieder auf die Beine kommen, sie berappelt sich, und ich helfe ihr dabei.

Ich habe sehr viel recherchiert für diese Geschichte. Ich musste herausfinden, wie in den USA Gerichtsprozesse ablaufen, weil die Freundin der Hauptperson nach siebenundzwanzig Ehejahren ihren Mann erschlagen hat – er hatte sie immer wieder misshandelt, fast getötet. Dafür las ich Reports, Analysen. Was ich da gelesen habe über Misshandlungen in der Ehe – bis dahin hatte ich geglaubt, das kann es gar nicht geben.

Anfangs habe ich mit der Hand geschrieben, im Herbst hat mein Mann dann eine Schreibmaschine für unsere Ungarnfahrt eingepackt und alles abgetippt. Er war mein erster Leser, er war ein kritischer Lektor, er hat ein paarmal nachgefragt: »Sag mal, hör ich da 'ne Botschaft?« Das bezog sich immer auf Stellen, wo es darum ging, dass man eine Beziehung nicht im Alltag untergehen lassen darf. Aber das tun wir ja nicht.

Ich habe Freunden aus diesem Manuskript vorgelesen, nach anderthalb Stunden hat der Gastgeber 'ne kleine Pause vorgeschlagen: »Wir können ja ein andermal weiterhören«, aber die anderen haben gesagt: »Nö, weiterlesen, wir wollen wissen, wie das zu Ende geht.«

Bei uns im Ort treffen sich einmal im Monat Frauen meines Alters, da habe ich auch etwas vorgelesen. Hinterher kommt eine Frau auf mich zu, drückt mich und sagt: »Anita, woher wusstest du das?« Ich habe gesagt: »Hilde, du?« – »Ja«, sagt sie, »ich hatte vier Stunden Zeit, meinem

Mann zu entfliehen.« Da denkst du: Oh Gott. Hilde und Axel – die haben mein Mann und ich selbst erlebt als Paar. Er war immer der Liebevolle, sie die Abweisende. Er wollte ihr zum Beispiel den Arm um die Schulter legen, als wir mal zusammen beim Sommerkonzert standen. Sie hat mit den Schultern gezuckt, als wenn sie ihn abschütteln wollte. Wir dachten: Hat der 'ne kühle Frau. Verständlich, wenn man weiß, was da zu Hause passiert ist, aber das habe ich ja erst Jahre später erfahren.

In meinem Roman konnte ich jedenfalls die Wirklichkeit gestalten, wie ich sie für wünschenswert halte: Die verlassene Ehefrau besinnt sich, dass sie was kann, ich helfe ihr aufzustehen, sie findet eine Arbeit. Meine Hauptperson lasse ich noch schwanger werden, aber ob sie einen neuen Partner findet, das bleibt offen. Es ärgert mich, dass die meisten Geschichten mit einem Happy End enden, warum muss das immer so sein? Die Wirklichkeit ist doch nicht so.

Mein Mann hat auch bei dieser Buchgeschichte wieder so toll mitgezogen. Ich bin ihm wirklich dankbar, dass er nie versucht hat, mich einzuschränken oder zu bremsen. Er hat das immer unterstützt, dass ich Neues anfange.

Ich staune, dass wir uns gerade jetzt so verstehen, vielleicht, weil wir uns mehr Zeit nehmen. Mein Mann kommt immer öfter auch mit eigenen Plänen. Als er in der Zeitung las, die Frankfurter Universität Viadrina sucht Paten für ausländische Studenten, hat er gleich gesagt: »Wir nehmen eine Ungarin.« Im Herbst und im Winter haben wir mit Ilonka ganz viel gemeinsam unternommen, besonders an den Wochenenden waren wir mit ihr in unserer schönen

Umgebung unterwegs, haben Museen besucht, sind Dampfer gefahren.

Alle neuen Ideen und Verrücktheiten haben immer Abwechslung in unsere Ehe gebracht. Wohlgemerkt: Das waren meistens meine Ideen. Mein Mann sagt bis heute: »Man kann ja über dich denken, was man will, aber langweilig bist du bestimmt nicht.« Ich bin ja auch nicht einfach, ich bin diejenige von uns, die vorprescht, die macht. Ihm ist das sicher manchmal zu viel gewesen, aber ich kann nur sagen: »Du kennst mich doch.«

Danke

Mein ganz besonderer Dank gilt einer Frau, die ich durch die Hilfsorganisation Weißer Ring kennenlernen durfte und die sich entschlossen hat, mir von ihrer Ehe mit einem gewalttätigen Ehemann zu erzählen, um anderen Frauen in ähnlichen Situationen Mut zu machen.

Für zahllose Gespräche zum Buch, zu Unzeiten bei maßlos Kaffee und Tee, für Kritik von zart bis hart und rückhaltlose Unterstützung danke ich meinen Freundinnen und Freunden, allen voran Christine und Martin. Und meiner geduldigen Familie verspreche ich, dass ich in den nächsten Monaten wieder richtig viel Zeit für sie haben werde …